中公文庫

岸信介証言録

原　彬久編

中央公論新社

岸信介証言録◉目次

はじめに　編者序説　13

第一章　戦前から戦後へ　33

第四章　安保改定と政治闘争——新条約調印前——　205

第五章

新安保条約の調印から強行採決へ

第六章　強行採決から退陣へ――333

第七章　思想、政治、そして政治家――405

岸信介証言録

はじめに　編者序説

編者（左）とのインタビューに応じる岸信介氏（1982年3月5日、杉沢宏氏撮影）

岸信介氏との出会い

あれから二十二年の歳月が流れた。私が岸信介《きしのぶすけ》氏に初めてお会いしたのは、一九八〇年の暮れである。メモによれば、十二月十八日午後四時少し前、東京・西新橋の岸事務所に入っている。ある自動車メーカーの要人と入れ替わりに、私が岸氏の個室に通されたのは四時きっかりであった。先客を払って約束の時間を厳しく管理するその秘書機能に軽い驚きを覚えたのは、いまでも記憶に新しい。眼前の岸氏は、実は喪服姿であった。黒いネクタイを平服用のそれに替えているところであった。秘書の女性がこれを手伝いながら、「先客の方には失礼しましたね」と誰にいうともなく呟《つぶや》いていた。岸氏はどこかの葬儀から帰るや着替えの暇《いとま》もなく何人かの客人を迎えたのか、その余韻がまだ部屋に漂っていた。

早速参上の主旨を述べた。インタビューに応じて頂きたいが、目的は二つあること、その一つは岸内閣時代に展開した安保改定の政策決定およびそれをめぐる政治過程について、当時の国政最高指導者として歴史の証言者になって頂きたい、ということである。いま一つはそもそも激動の昭和史を動かしてきた岸信介なる政治家がいかなる像を結ぶのかを私なりに探ってみたい、というものであった。インタビューはあくまでも学問的な問題意識に裏打ちされたアプローチによって行なわれるであろうことも加えて申し上げた。

岸氏はようやく沈黙を破った。八十歳を越えて腹の底から発する声量はなお豊かであり、言《こと》の葉《は》は明瞭、語尾に曇りはない。しかもその応答は、聞きしに勝る彼の飲み込みの速さを物語っている。問題の核心をすぐさま掌中にするその俊敏さはいささかも衰えていないかのようであった。彼はこういう。「政治家はメモや日記などの記録を残すべきだね。私も残しておけばよかった。弟（佐藤栄作氏）は日記を書いていたんだ。新聞社からいまこれを出すべきかどうか問題になっているが、出版するのは早すぎる。あまりに生々しすぎるよ。原敬日記だって死後二十年以上経って公表されたんだからね」〔佐藤栄作氏の日記は、十七年後の一九九七年から九九年にかけて、朝日新聞社が伊藤隆監修『佐藤榮作日記』（全六巻）として順次これを刊行した〕。

岸氏が戦前戦中書き溜めていた文書は、戦後A級戦犯容疑者としてGHQに逮捕される直前すべてこれを焼却したという。戦後も、巣鴨プリズンでの獄中日記を除けば資料価値のある岸氏自身の文書はほとんどないといってよい。「私も残しておけばよかった」という岸氏の悔恨ともとれるその肉声は、ほかならぬ岸氏自身が私の要請に応じて、この時まさに歴史の語り部になろうとしていたことと無関係ではなかったであろう。

初対面はおよそ一時間で終わった。別れ際岸氏はこういった。「よし、あなたの研究に協力しましょう。いつでも来てください」。政治の第一線を退いたとはいえ多忙を極めていた岸氏ではあったが、彼はこうして私とのインタビューを承諾したのである。以後一年半、二十数回に及ぶ聞き取りの始まりであった。

オーラル・ヒストリーとして

岸信介氏とのインタビューは、同氏の「オーラル・ヒストリー」といい換えてもよい。政治学とりわけ政策決定過程（あるいは政治過程）の実証研究においてこのオーラル・ヒストリーの果たす役割は重要である。政策決定者およびその周辺にインタビューして、「その時」彼らが何を考え誰に何を働きかけたか、そして誰からあるいはどんな事態から影響を受け、かくしていかなる決定・行動をしたのかを聞き取る作業、これがオーラル・ヒストリーでありインタビューである。

政治は、人間における論理の表現態であると同時に心理の表現態でもある。「政治的なるもの」はそれが人間の最も奥深いところと結びついているがゆえに、情報として記録されていない部分もまた多いのである。オーラル・ヒストリーは、まさにそこを衝《つ》いていく。政策はそれが最終的に決定（アウトプット）されるまでには、どろどろした権力事情の中で激しく揉《も》まれ翻弄され、そして変形される。この生々しい政治のダイナミクスについて、そして文書資料では知り得ない当事者の苦悩、迷い、人間関係の赤裸々な実相について当事者その人をして語らしめる、これがインタビューでありオーラル・ヒストリーなのである。

もちろんこの作業は、政策決定者たちの決定・行動にかかわる政府および諸機関の一次資料や、既出文献の収集・渉猟《しょうりょう》と相俟《あいま》って行なわれなければならない。つまり政策決定過程の実証研究は、オーラル・ヒストリーないしインタビューで獲得する「記録されなかった情報」と、政府、諸機関、諸個人の手になる「記録された情報」とを掛け合わせることによって、より一層の成果を挙げることができるのであり、両者は補完の関係にあるといってよい。

独裁政体ならいざ知らず民主政体においては、ある政策なり方策が最終的に決定されるまでには、さまざまな個人・集団が押し合いへし合いをしつつその政策形成に影響を及ぼそうとする。それが一個の政治過程をつくりあげていくのである。したがって政策決定者は、大きく分けて二つの仕事をしなければならない。一つは政策そのものの決定ないし形成の作業であり、これを私は政策作業と呼んでいる。いま一つはこの政策決定ないし政策形成をできるだけみずからの意に沿うよう多くの個人・集団から支持、協力を獲得し、あるいはこれらと対立、抗争し、さらにはこれらと取引、調整していく作業である。これを私は権力作業と呼ぶ。

例えば、戦後岸氏が主導した保守合同＝自由民主党結成（一九五五年十一月）に至る政治過程においては、政界再編という名の権力作業が圧倒的な部分を占めた。党役員・閣僚を人選するための人事工作なども、おおむねこの権力作業が中心になる。これとは反対に、ある政策テーマにかかわる官僚作成の法案が、権力作業をほとんど経ることなく最終決定に至るという場合もある。

しかし、一国の安全保障政策に関するすぐれて論争的な政策テーマともなると、政策決定者の政策作業と権力作業は渾然一体となって巨大な政治過程を練り上げていく。その最も典型的な事例が、あの六〇年安保すなわち岸政権時の「安保改定」過程であった。オーラル・ヒストリーは、政策作業と権力作業のせめぎ合いあるいはぶつかり合いのダイナミクスを明らかにする上で特に有用なのである。

私はこれまで、戦後日本外交の政策決定過程とりわけ日米安保体制をめぐる日本の外交・政治過程の実証研究に携わってきた。特に岸政権時の「安保改定」過程に関連して、かつて岸氏の他に、当時の藤山愛一郎外相を含む関係閣僚、官僚群、自民党派閥領袖《りょうしゅう》、社会党有力者、さらには大衆運動指導者等々数十人の方々にインタビューする機会を得たことがある。こうした人々を含めて私が各種研究の必要からインタビューをお願いした人物は、おそらく百人前後を数えるであろう。わけてもインタビューの回数・分量において圧倒的に多かったのが、安保改定作業の最高意思決定者すなわち岸信介氏であったというわけである。

岸氏はしばしば「昭和の妖怪」といわれる。半世紀を優に超える「昭和」という名の時代は、戦乱と平和、軍部専横と民主主義、天皇主権と国民主権、不況と繁栄等々……およそ人間社会が経験し得るあらゆるものをみずからの胃袋に詰め込んで疾走していった。岸氏が「昭和の妖怪」といわれる所以《ゆえん》は、第一に彼がこの陰陽、功罪に彩られた激動の昭和史をそのすぐれて核心的な地点から常に衝き動かしてきた数少ない人物の一人であったということと結びつく。しかも第二に、岸氏の特異な個性と並外れた才幹、そして清濁・曲直を併せ呑んでまで歴史の主線を紡《つむ》ごうとする権力への強靭な意志力が、時に人々から激しい憎悪を招き、時に人々から恐れられ、そして時に人々から称揚されてきた、ということとこれまた結びつく。政治家岸信介は常に毀誉褒貶《きよほうへん》に包まれ、それだけに漠《ばく》として捉え難い妖気を放つのである。

だからだろうか、政治家岸信介の全体像があまりに複雑であるがゆえに、彼への評価は意外にも単純化され固定化されるという逆説が生まれてくる。どうやら私たちはモノトーンの短絡的なステレオタイプに寄りかかれば寄りかかるほど、物事を容易に斟酌《しんしゃく》し納得してしまうようである。人物・事象をみる時、そして人物・事象を評する時、私たちは既成の固定した観念に引きずられやすい。人物・事象が組成する歴史を単純化し抽象化することはそれ自体間違ってはいないが、しかし問題は、その単純化、抽象化の作為が「あるがまま」の豊饒《ほうじょう》な「現実」と常に相互交通しているかどうか、ということである。戦前戦中におけるその行状からして、岸氏に例えば「戦争責任」、「国家統制論者」、「右翼タカ派」のレッテルを貼るのは簡単である。だが、同氏をかく評して事足れりとするには、岸氏の実像はあまりに大きく、そして錯綜しているといえよう。

革新官僚から政治家へ

ここで岸氏のプロフィールを簡単に素描しておこう。岸氏が生まれたのは一八九六年、すなわち日清戦争開戦の二年後である。山口県は吉敷《よしき》郡山口町（現在の山口市）で生を受け、田布施《たぶせ》で育っている。少年時代、佐藤家から実父秀助の実家である岸家に養子として迎えられた。岸氏の曽祖父佐藤信寛《のぶひろ》（一八一六—一九〇〇）は一八七六年島根県令（現在の知事)となるが、吉田松陰(一八三〇─五九。幕末の思想家。松下村塾を開き多くの門下生を育てた）に軍学を教授し、伊藤博文（一八四一—一九〇九。初代総理大臣）、井上馨《かおる》（一八三六—一九一五。伊藤内閣の大蔵大臣）、木戸孝允《たかよし》（一八三三—七七。内務卿）ら維新の志士たちと深く交わっている。岸氏のなかに占める信寛の存在は圧倒的である。もし岸氏が時代への野心と「革新」の人であるとするなら、その気風は多分この信寛を介して維新群像の烈々たる体臭につながっているのかもしれない。

岸氏の秀才ぶりはつとに有名である。東京帝国大学では我妻栄《わがつまさかえ》氏（一八九七—一九七三。後に東大教授。民法学者）と終始首席を競っている。一年次で我妻氏と分け合った平均点八十九・一は次席を大きく離して屹立《きつりつ》していた。上杉慎吉《しんきち》（一八七八—一九二九。東京大学教授。明治後期から大正時代の憲法学者）の国粋主義、北一輝《いっき》（一八八三—一九三七。一九三六年の二・二六事件に関与したとして刑死）の国家社会主義、大川周明《しゅうめい》（一八八六—一九五七。右翼の理論家。戦後A級戦犯容疑で逮捕されたが、精神疾患で釈放）の大アジア主義に岸青年が心ひかれていったのは、この頃である。革新官僚岸信介の原像がみえてくる。

少年時代から政治家志望であった岸氏は東京大学卒業と同時に、すなわち一九二〇年農商務省（後の商工省）に入る。当時の優秀な学生たちが内務省や大蔵省を目指すなか、政治的野心に燃える岸氏が敢《あ》えて農商務省の門を叩いたのは興味深い。「政治の実体は経済にある」と考えた彼は、農商務省（および商工省）での十六年間を文字通り「政治の実体」としての国家経済に取り組むことになる。折から強まる国家統制および軍国体制の軌道と絡まりつつ、岸氏は国家改造志向の革新官僚として政治の表舞台につながっていくのである。

岸氏が商工省工務局長から満州国（一九三二年建国）国務院実業部総務司長へと転進したのは、一九三六年である（翌年産業部次長として事実上同部を掌握する）。広田弘毅《こうき》（一八七八―一九四八。戦後はA級戦犯として刑死）内閣の時であった。擬似国家満州国の産業開発にその辣腕を揮《ふる》いながら国家経営の戦略的スキルを身につけたのは、この在満三年の間であったといってよい。ソ連の第一次（一九二八―三二年）、第二次（一九三三年開始）五カ年計画に大きく影響されてできた満州国の産業開発五カ年計画は、ほかならぬ岸氏によって実践されていくのである。満州での三年間は、革新官僚岸信介が政治家岸信介に変貌していく三年間であった。しかもこの三年間は、彼が国家社会主義・大アジア主義を背負って権力と人脈を大きく培養しつつ、「国家」をいわば鷲掴《わしづか》みにするその実感を会得していく三年間でもあったといえよう。

満州から帰国した岸氏にやがて重要なポストが用意される。東条英機《ひでき》（一八八四―一九四八。日米開戦時の首相。戦後はA級戦犯として刑死）内閣における「商工大臣」である。近《この》衛文麿《えふみまろ》（一八九一―一九四五。一九三七―三九他首相。戦後は戦犯容疑者に指定されたが自決）内閣が主導した日中戦争（一九三七年勃発）や、日独伊三国同盟（一九四〇年調印）等で抜き差しならなくなった日米関係は完全に破綻し、後継の東条内閣はついに一九四一年十二月、真珠湾攻撃＝太平洋戦争開戦への道を選ぶのである。岸氏が商工相として開戦詔書に副署したのはもちろんである。

戦時体制下商工相として岸氏が目指したのは、みずからのべているように、「一にも二にも三にも生産増強」であった。戦争遂行のためのあらゆる物的条件を確保することこそが、岸商工相の至上任務であった。一九四三年十一月商工省と企画院の統合機関、すなわち軍需省の次官（国務相兼任）となった岸氏は、この頃から盟友東条首相と対立するようになる。半年後（一九四四年六月）のサイパン陥落に至って岸（早期終戦論）・東条（徹底抗戦論）関係は、戦争政策をめぐって決定的な破局を迎えるのである。東条内閣崩壊の導火線であった。

巣鴨プリズンから権力の頂点へ

岸氏の戦後は、横浜拘置所を経て巣鴨プリズンから始まる。A級戦犯容疑者として三年三ヵ月、幽囚の日々が続くのである。東条英機、板垣征四郎《せいしろう》（一八八五―一九四八。満州事変の主導者の一人。関東軍参謀長。近衛内閣の陸軍大臣）ら七名が処刑されたその翌日（一九四八年十二月二十四日）、岸氏は他の十八名のA級戦犯容疑者とともに獄窓から放たれる。同氏五十二歳の時であった。太平洋戦争の開戦・遂行の中枢にあった岸氏がなぜ起訴されなかったのか、これについては未だ解明されていない。しかし同氏への「不起訴」処分が、当時激化しつつあった米ソ冷戦の時代文脈と無関係でなかったことだけは確かである。すでにソ連との苛烈な政治闘争に入っていたアメリカは、占領政策をそれまでの「対日懲罰」から「日米共同防衛」へと転換を迫られるが、岸氏の「不起訴」はまさにこのアメリカ対日占領政策の変更と少なからず結びついていたといえよう。「冷戦の推移はわれわれの唯一の頼みだった。これが悪くなってくれれば、首を絞められずに済むだろうと思った」（第一章）という岸氏の述懐は、同氏と冷戦の運命的な相関図を暗示している。

いずれにしても、岸氏は戦後日本に復活した。しかも、彼が戦後政治に刻み込んでいくその足跡は深大である。とりわけ一九五五年に実現した「政界再編」という名の保守合同と、一九六〇年に完成した安保改定作業は、戦後史における岸氏の最も顕著な事績であった。彼にとってこれら二つの事績は、日本に国家的自立をもたらすための重要なステップであり、彼が生涯を賭して執念を燃やした「憲法改正」は、実はその延長線上にあったといえよう。吉田茂氏（一八七八―一九六七）がアメリカとともに固めた日本の「被占領体制」を打破して「独立の完成」を果たすこと、これが岸氏最大の政治的眼目であった。

まず「保守合同」について触れておきたい。民主主義の根幹が政党政治の成否にかかっていることはいうまでもない。敗戦後およそ十年、日本の政界は保守・革新両陣営とも諸政党の合従連衡《がっしょうれんこう》、離合集散を繰り返してきた。一九五三年のいわゆる「バカヤロー解散」（衆議院予算委員会で吉田首相が右派社会党の西村栄一《えいいち》氏の質問に対して「バカヤロー」と暴言を吐き、これをきっかけに解散となった）による総選挙で初当選した岸氏が真っ先に取り組んだのは、「保守結集」である。岸氏は三木武吉《ぶきち》氏（一八八四―一九五六）らとともに自由党内の「反吉田」勢力、改進党（一九五二年二月結党）、そして日本自由党（鳩山支持グループ）を糾合して、まずは一九五四年十一月日本民主党（以下「民主党」ともいう）を結党し、鳩山一郎（一八八三―一九五九）政権を実現するに至る。

重要なことは、民主党結党と同時に岸氏（幹事長）が三木武吉氏（総務会長）らを語って、今度はそれまで激しく対立していた自由党との合同に向かったということである。五五年二月の総選挙で民主党が自由党（同選挙前は第一党）を追い抜いて比較第一党になるや、岸・三木（武吉）氏ら民主党指導部による保守大結集への動きは大きく加速していく。彼ら二人が自由党幹事長の石井光次郎《みつじろう》氏（一八八九―一九八一）、同党総務会長の大野伴睦《ばんぼく》氏（一八九〇―一九六四）との間に持ったいわゆる「四者会談」は、実に六十数回を重ね、ついに十一月十五日両党は「自由民主党」という名の保守単一政党を生み出すのである。折しも革新陣営では、それまで分断されていた左右両社会党がこの保守合同より一足早く統一（日本社会党）を完成していた（十月十三日）。自民党・社会党対決のいわゆる「五五年体制」の始まりである。政党政治、議会制民主主義に最後まで馴染めなかった「英米派」吉田茂氏とは対照的に、戦前「国家統制」で鳴らした岸氏が戦後政党政治を大きく設計していったという事実は、戦後史における一つの皮肉ではある。

政権交代を可能にする「二大政党制」の構築という岸氏の狙いは、ともかく一応その形を整えた。しかし結局のところ、「政権交代」は幻に終わった。一九九三年の細川護《もり》熙《ひろ》「非自民」連立内閣誕生までの三十八年間、自民党はほぼ一貫して単独政権を保持し続けた。それどころか、五五年体制における一方の当事者日本社会党は九〇年代半ばに戦後政治史の舞台から事実上その姿を消し、他方の当事者自民党だけが五五年体制崩壊後もなお他の小党を抱き込みながら辛くも国家権力を握っている。いずれにしても、岸氏が公職追放解除（一九五二年四月）からわずか四年十カ月にして総理大臣になり得た最大理由の一つは、この保守合同＝自民党結成への彼の主導力が与《あずか》って力あったといわなければならない。

戦後政治において岸氏がなし遂げたいま一つの事績は、岸政権時代（一九五七―六〇年）の「安保改定」（「六〇年安保」ともいう）である。吉田氏が手がけた旧安保条約は、アメリカの占領既得権を盛り込んだいわば「駐軍協定」であった。旧安保条約に託したアメリカの最大目的の一つは、日米両国が対等の立場で助け合う「相互防衛」ではなく、在日基地を自在に使用する権利を日本から獲得することであった。「被占領体制」の延長線上にあったいわゆる「サンフランシスコ体制」を打破し「独立の完成」を目指す岸氏にとって、旧条約の「改定」は、「沖縄返還」とともに必然の道であったといえよう。

かくして安保改定をめぐる日米交渉、安保改定をめぐる与党内派閥抗争、そして安保改定をめぐる与野党攻防と大衆運動は、岸内閣のあらゆる局面を徹頭徹尾貫いていく。いい換えれば、岸政権のほとんどすべてのエネルギーは「安保改定」の一点に傾注されていったといえよう。総理在職中の全仕事を十とすれば、「（安保改定作業に割いた精力は）七ないし八くらいに相当するだろう」（第六章）という岸氏の肉声は、何よりもこのことを物語っている。もっとも、安保改定作業の陰に隠れて目立たなかったとはいえ、岸政権が展開した重要施策は他にもある。中小企業育成を目的とする中小企業団体組織法

（一九五七年十一月公布）、最低賃金法（一九五九年四月公布）、国民年金法（一九五九年四月公布）等々の社会主義的政策の遂行はその一例である。ともあれ、岸氏はこの安保改定の実現を見届けた上で、一九六〇年七月政権の座を降りたのである。

戦後政治において岸氏が主として取り組んだ「保守合同」と「安保改定」はいずれも戦後日本の屋台骨にかかわるものであった。そして、岸氏が政権を手放してその死を迎えるまでの二十七年間、政界に隠然たる権勢を揮いつつ最後まで執着したのは、「憲法改正」である。現行憲法の基本理念ともいうべき「平和主義」、「民主主義」を彼が否定していたわけではない。しかし、国家の基本法としての憲法が他国の「押しつけ」であることは、「国家の自立」を戦後政界復帰の原点とする岸氏自身にとっては許し難いものであった。佐藤栄作（一九〇一―七五）政権の後を襲って「もう一遍総理を」と密かに権力への炎を燃やしたのも、実は「憲法改正」をいま一度「政府の方針」として打ち出したいためであった（第七章）。九十年の生涯を生き抜いた岸氏の体内には、最後まで「政治」という名の血がざわめいていたのかもしれない。

本書の構成

　さて本書は、岸信介氏とのインタビューの実録である。冒頭で紹介したような経緯で岸氏とのインタビューは開始されたが、その内容は極めて多岐にわたりその量において膨大であった。インタビューにおいて私が質問するにあたっては、岸氏の証言をできるだけ容易かつ正確に引き出すためのいわば舞台づくりに心を砕いたつもりである。岸氏がタイムトンネルをくぐって当時の時代状況にみずからを置くことが重要であった。同氏が決定し行動したその時々の時代装置のなかで、いま一度みずからの姿を見出して頂きたいというのが、私の岸氏に対する期待でもあった。したがって「舞台づくり」の部分がかなりの分量になったことは事実である。本書では煩雑さを避けるため、その部分を大きく割愛した。質問の骨子となる部分については、当方でこれを予め用意したが、岸氏にはこれを前もってお知らせすることは敢えてしなかった。インタビューの目的からして、岸氏による事前の〝答案〟準備を当方が望まなかったからである。したがって同氏の応答は即興的であり、私の質問もその流れに沿って変化していくことしばしばであった。岸氏の証言はときに前後し、思わぬ方向に〝脱線〟し、そして繰り返しもある。本書の編集にあたっては、語りないし座談特有のこうした〝乱れ〟を交通整理した。

　目次が示す通り、本書は七つの章から成っている。第一章『戦前から戦後へ』は本書のいわば助走部分にあたる。岸氏の戦後政治活動の理解を助ける貴重な材料がこの章のなかに垣間見《かいまみ》えるであろう。第二章『政界復帰、そして保守合同へ』は岸氏の戦後政治活動の始発点、すなわち巣鴨プリズンから解放された後、「保守合同」を実現して総理総裁になっていくその直前までの足跡を振り返るものである。第三章『政権獲得から安保改定へ』、第四章『安保改定と政治闘争——新条約調印前』、第五章『新安保条約の調印から強行採決へ』、そして第六章『強行採決から退陣へ』の四つの章は、岸氏が総理として安保改定作業を進めていくそのプロセスとそれに関連する諸問題に焦点を当てている。

「安保改定」の政策決定過程は日米間の国際的要因に絡められていたと同時に、すぐれて国内政治的な諸要因と結びついていた。前記の通り、特に日本の場合、政治的争点として常に鋭角化していく日米安保体制の問題ともなると、最高政策決定者としての総理は政策次元の諸条件によってよりも、むしろ与党内権力闘争をはじめとする内政上の要件に大きく、時には決定的に左右される。安保改定の政治過程はまさにこうした特質を持っていたことが、第三章から第六章までの四つの章によって理解されよう。最後に第七章『思想、政治、そして政治家』は、文字通り政治家岸信介の人間像をいろいろな角度から探り当てようとするものである。岸氏の思想形成、権力観、政治家評等々を知ることによって、昭和史を走り抜けた岸信介なる政治家の思考様式ないし行動様式のようなものもまたみえてくるであろう。

それにしても、八十歳を越えてなお衰えをみせない岸氏の記憶力には、端倪《たんげい》すべからざるものがあった。質問への応答は終始意欲的であり、しかも過去の「現実」に向き合う岸氏の姿には迫力さえ感じられた。しかし証言のなかにある、例えば年月日、人名その他の固有名詞、数字等の事実関係については、念のため改めて編者の責任で厳密にこれを検証・確認作業をしたことを付記しておきたい。

なお、岸氏の証言はこれをできるだけ客観的文脈のなかに置いてみたいという編者の想いから、章ごとに幾つかの囲みを設けて各種文書資料や関係者の肉声（編者によるインタビュー）を適宜挿入した。記録文書の旧字体漢字は原則として新字体に変えた。

第一章

戦前から戦後へ

1943年11月の軍需省発足と同時に次官（兼国務大臣）に就任した岸信介氏。右は東条英機首相　読売新聞社提供

編者解説

太平洋戦争は、詰まるところ、日本の対アジア拡大政策を世界がそしてアメリカが認めるかどうかの戦いであった。満州事変（一九三一年開始）、日中戦争（一九三七年開始）、日本の南方進出（一九四〇年開始）、そしてアメリカに対抗するための日独伊三国同盟（一九四〇年調印）等々は、世界中のとりわけアメリカの対日不信を決定的なものにしていった。日米対立が膠着したままアメリカに追いつめられた「窮鼠《きゅうそ》」日本が巨大な「猫」（アメリカ）を噛んでしまった瞬間、それが一九四一年十二月八日の「真珠湾」であった。

三年八カ月にわたる戦闘の末、戦争は日本の惨敗をもって決着した。一九四五年八月十五日である。日本敗戦二週間後の八月三十日連合国軍最高司令官マッカーサー元帥（ダグラス。一八八〇―一九六四）が厚木飛行場に降り立ち、いよいよ総司令部（GHQ）による占領統治が始まるのである。アメリカ対日占領のまず最初の仕事は、戦争犯罪人の摘発であった。対米戦争指導者の一人であった岸氏にA級戦犯容疑者として逮捕令状が発せられたのは、九月十一日である。板垣征四郎ら軍幹部とともに、岸氏と同じ「真珠湾内閣」の東条首相、東郷茂徳《しげのり》（一八八二―一九五〇。戦後はA級戦犯として服役中に病死）外相、賀屋興宣《かやおきのり》（一八八九―一九七七。戦後はA級戦犯として服役し、一九五八年正式赦免。池田内閣の法務大臣）蔵相らもまた逮捕されたのである。

巣鴨プリズンに収監された岸氏は、毎日のように日記を書き記している。私はこのインタビュー終了後暫《しばら》くして、獄中の岸氏が大学ノートや便箋の表裏に書き込んだ日記すべてを読む機会に恵まれた。印象的なのは、獄につながれた岸氏の心境が絶えず「極刑」と「不起訴」との間で揺れていたということである。しかしそれでいながら、極東（軍事）裁判に対する彼の批判は挑戦的なまでに痛烈であった。戦争が日本側の「正当防衛」であり、もし岸氏みずからに「反省」ありとすれば、それは「開戦」に対してではなく、何よりも日本の「敗戦」に対してであった。「敗戦」こそ、彼の人生「最大の恨事」であった。事後法たる「平和に対する罪」によって裁こうとする極東裁判を「茶番」であると断ずる岸氏の怒りは、三年三カ月の幽囚の日々を貫いていたといえる。

しかし「極刑」と「不起訴」との狭間に揺れながらも、岸氏が獄窓から見据えていたものは、敗戦直後の荒れ果てた「日本」であった。岸氏が戦後日本に期待したものは、もちろん「強力な指導態勢」である。新憲法下初の衆議院選挙で比較第一党になった日本社会党は片山哲《てつ》（一八八七―一九七八）首班を実現するが、獄中の岸氏はクリスチャン宰相片山氏の脆《ぜい》弱《じゃく》性を指摘してこう書き記す。「何時《いつ》までも説教をし愛を説くのみが政治の要諦に非ず」（一九四七年六月二十五日の項）。インフレと生活不安にあえぐ飢餓国家日本の指導者に「空手形や空理空論」は「禁物なり」と道破するのである。幽囚岸信介は時に「起訴の可能性」に苛立ち、時に戦後政治の弱体を救うための「一大愛国的運動」への想いを獄舎の粗末なノートに叩きつけている。

本章で岸氏は、後に相戦うことになるあの「アメリカ」を農商務省（後の商工省）の少壮官僚として初めて訪れた時のこと、満州事変の五年後に商工省を辞して渡満し満州国産業開発の主導者として活動した当時のこと、そして、いまのべた三年余の獄中生活などについて語っている。米ソ冷戦と政治家岸信介の運命的な相関図については、先の「編者序説」で触れたが、巣鴨プリズンにあって岸氏が冷戦の芽生えを鋭く感得しこれをみずからの命運と結びつけていくさまは、本章で生々しく語られている。

岸氏が「反共」・「反ソ」であることは、いまさらいうまでもない。しかし岸氏における「反共」・「反ソ」は、日本敗戦に絡むソ連の国家行動と結びつく部分が大きい。ソ連が日ソ中立条約（一九四一年四月調印。日ソいずれかが第三国からの攻撃の対象となった場合、一方の締約国は中立を守るとする条約）を一方的に破って対日戦争に参戦したこと、ソ連がアメリカの「広島原爆投下」の翌日（一九四五年八月七日）、すなわち日本敗戦決定的なるを見届けて参戦していること、しかもソ連がすでに半年前のヤルタ会談（一九四五年二月の米英ソ三国首脳会談）で「対日参戦」と引き換えに千島列島などを取得することでアメリカと密約していたこと、そして対日参戦と同時にソ連が満州、樺太、千島に侵攻して日本の軍民八十万人をシベリアに連行、抑留したこと等々は、岸氏の「反共」・「反ソ」を決定的にしたといってよい。

しかし一方で、岸氏が敗戦後もなお「昨日の敵」アメリカに好ましからざる感情を抱いていたことは、これまた事実である。巣鴨の獄中にあって岸氏がアメリカ主導の極東裁判を厳しく糾弾していたことは前述の通りだが、いま一つ、獄舎におけるアメリカ側の「暴虐」に対する岸氏の憤激には並々ならぬものがあった。獄中日記はいう。「表面民主主義の美名の下に此の人権蹂躙が行はれて然かも何ら抗議の方法も無きなり」（昭和二十一年十一月二十二日の項）。岸氏の「反米」がその「反ソ」と同様、幽囚の日々のなかでいよいよ確たるものになっていったことは間違いない。

しかし、米ソ冷戦の激化は岸氏に「日本の出番」を模索させる。「日本の出番」は、もちろん「日本の好機」であった。かくて岸氏における「反米」は、「反共」・「反ソ」を前にして後方へと退けられていく。日本をアメリカの「戦略的同盟国」に仕立て上げる構図である。ともあれ岸氏が「起訴」を免れていよいよ戦後政治の荒野に躍り出るのは、東条英機らA級戦犯七名の絞首刑が執行されたその翌日、すなわち一九四八年十二月二十四日のことであった。

それにつけても岸氏のマッカーサー嫌いは徹底していた。第二次世界大戦におけるヨーロッパ戦線の英雄がアイゼンハワー元帥（ドワイト・デイヴィッド。一八九〇―一九六九）であるとすれば、太平洋戦争の英雄はダグラス・マッカーサー元帥である。アイゼンハワーは一九五三年一月、トルーマン（ハリー・S。一八八四―一九七二）大統領の後継として第三十四代大統領となり、名うての反共主義者ダレス（ジョン・フォスター。一八八八―一九五九）国務長官を従えて対ソ強硬策すなわち戦争瀬戸際政策を遂行することになる。一方マッカーサーは、対日戦争を勝利に導いた後連合国軍最高司令官（SCAP）としておよそ五年七カ月間日本占領統治に君臨した。「アイク」と愛称されたアイゼンハワーはその庶民的な人柄と魅力的な笑顔（「アイク・スマイル」）で国民から親しまれたが、マッカーサーは何ぴとをも寄せ付けぬ孤高の雰囲気を漂わせていた。

岸氏は奇しくもこの二人の英雄に浅からぬ因縁を持つことになる。マッカーサー元帥率いるGHQにA級戦犯容疑者として逮捕収監され、獄中三年三カ月にわたってみずからの命運がマッカーサーの絶対的権力に支配されていたとなれば、岸氏が同元帥に強く反発するその気持ちは、決して不自然ではない。同時に、占領軍の最高責任者としてマッカーサーが日本の「非軍事化」・「民主化」を中核とする「戦後改革」→新憲法制定をなしたとなれば、「被占領体制」打破を叫ぶ岸氏の「反マッカーサー」は抜き難いものとなる。

他方アイゼンハワーは、岸氏の政治的目標であった「安保改定」を受けて立つ立場であった。つまりマッカーサー占領体制の中で吉田茂氏が主導した「駐軍協定」としての旧安保条約を岸氏が「主権回復」を視野に入れつつその修正に動き、この岸氏の動きにアイゼンハワー政権が呼応するという図式である。しかもアイゼンハワー政権は早くから日本側に憲法改正を促している。自衛力増強と集団的自衛権の行使を可能とする憲法改正は、少なくともアイゼンハワー政権時には歓迎されていたのである。時代が岸氏とマッカーサー元帥を引き離し、時代が岸氏とアイゼンハワーを近づけたともいえよう。ちなみに、岸氏が政権を握ったのとほぼ同じ時期にアメリカ駐日大使として来日し、安保改定をめぐっては当然アメリカ国益の推進者でありつつも岸氏の信頼を勝ち得た外交官、それは誰あろうマッカーサー元帥の甥ダグラス・マッカーサーⅡ世であった。歴史の不可思議な巡り合わせではある。

戦争に向かって

——岸さんが商工省工務局長から満州国の国務院実業部総務司長に転出されたのは一九三六年でした。ちょうど四十歳ぐらいの時じゃございませんでしょうか。商工次官として三九年十月に帰国されるまでのまる三年間、満州国の経営に辣腕を揮ったわけですが、さてこの満州時代は、岸さんが革新官僚から政治家に変貌していくちょうど節目にあたるのではないかと私などは思っているのです。その点いかがですか。

岸　満州では、ご承知のように、国会というものもないし、満州国の官吏は単純な官僚の仕事だけではなしに、政治的な考慮も加えなければならなかった。その上に関東軍というものがあったんです。初め関東軍はいろいろな行政事務にも口出しをしていたんです。それに、建国当時の満州国の役人の多くは浪人をしていた連中です。満鉄の人たちも多かった。そこに、初めて星野直樹《なおき》君（一八九二—一九七八。満州国国務院総務長官。近衛内閣の企画院総裁。東条内閣の書記官長。戦後はA級戦犯）が大蔵省のナニを率いて満州に渡り、次いで商工省や農林省から役人たちが行くようになったんですよ。それでも日本から官僚が渡満した当初は、とにかく関東軍が政治・行政の一切を握っておって、役人連中はその下に押さえつけられていたんだ。

――そこに岸さんが乗り込んでいった……。

岸　僕が満州に行ったとき、関東軍の板垣征四郎参謀長に面と向かっていうたことがあるんです。満州国経営の基本に関しては関東軍が考えればいい。われわれはそれに従っていくが、しかし日常の行政の本体はわれわれに任せてもらわないと困る。関東軍の若い軍人が行政にいちいち干渉してくるということは、軍人の威信にもかかわる問題だ。軍人はもう少し大所高所で満州国の統治ならびに治安というものを考えてもらいたい。われわれが商売、実業をやる、といったわけだ。板垣征四郎もこれを了解したんです。

ただ満州で事業をやるということになると、官僚だけの力では無理だということで、鮎川義介《あいかわよしすけ》君（一八八〇―一九六七。日産コンツェルン創設者。満州重工業総裁。戦後はA級戦犯）も満州にやって来て満州重工業開発会社をつくるわけです。その他財界の優秀な人材にも来てもらって、だんだん満州が形を整えるようになったんです。満州における政治・行政の基本を形づくるという仕事を僕はやってきたもんだから、日本に帰って商工省の次官になっても、本省からそのまま上がってきて次官になったものとは、やはり経験からいっても違っていたと思うんですよ。

――岸さんが第二次近衛内閣の商工次官として、時の商工大臣の小林一三《いちぞう》さん（一八七三―一九五七。阪急社長）と大喧嘩をなさいましたね（自由経済論の小林氏が岸氏の国防国家・

統制経済論を「アカの思想」と批判し、両者は公然と対立した)。あのときはすでに半分は政治家であったと思うんですが。

岸 確かに小林一三さんと喧嘩をしたときは、役人としてのあり方から逸脱していたと思うんだ、私自身がね。例えば、右すれば法律に違反し、左すれば法律には適《かな》うが結果がうまくいかんという場合、純粋な官僚である以上は左をとって几帳面《きちょうめん》にやっていかなければならんのです。満州から帰ってきたときには、どうもそれを逸脱して右のほうに行きかねないような状態であったと思うんです。満州では、こういう場合には結果のいいほうを選んでいたからね。よい結果を得るために法律を改正しようではないか、つまりこれは勝手にできたわけだ。事実上国会なんていうのはないからね。しかし、法律改正をするまでは、悪い結果の道をとるかといえばそれはとらない。法律が悪ければ、法律を変えようではないか、こういうやり方を満州ではとってきたんです。日本における几帳面な官僚たるべき次官としては、あの小林さんとの喧嘩は逸脱しておったと思うんだ。商工次官を辞めてからは、いよいよ本格的な政治家としてのスタートを切るようになったわけですよ。

――戦後は政治家として再起なさって総理大臣にまでおなりになった。満州は政治家岸信介にどんな影響を与えたんでしょうね。政治の手法といいますか、考え方というものを満州あたりで身につけたということでしょうか。

岸　確かに満州では、単純なる官僚的な基準あるいは官吏道というものを外れていたね。しかし、政治というのは、いかに動機がよくとも結果が悪ければ駄目だと思うんだ。場合によっては動機が悪くても結果がよければいいんだと思う。これが政治の本質じゃないかと思うんです。したがって私は大連を去るときに、こういうことをいったんです。満州を振り返ってみると、下手ではあるかもしれんが、俺の描いた作品が満州にずっと残るだろうといったんです。しかし、これから帰る日本をみてみると、先輩たちがいろいろな方面から描き散らしているもんだから、かつて自分が（日本で）描いた絵などはどこにあるか分からん。満州には、下手なりに自分の作品が残っていく、そういうことをいったんです。政治の世界では、やはり自分が何かを残す、付け加える、新たに拓くというか、何かをしなければならん。

――官僚の世界には、それはないですか。

岸　そう、官僚の生活にはそれがないんです。だから私にいわせれば、官僚の最高の人物は吉野信次《しんじ》さん（一八八八―一九七一）だと思うんです。あれほど立派な官僚はいないと思うんだ。しかし、政治家としてはね……。先生はのちに参議院議員になり、それから（鳩山内閣の）運輸大臣もやられましたがね。政治家としてはともかく、あれ以上の官僚はもう出ないだろうと思いますね。

――ところで、岸さんは一九四一年十二月に商工大臣として（太平洋戦争の）開戦詔書に副署なさいますね。そして以後軍需行政の最高指導者として、また戦時統制経済の責任者として足跡を残しました。戦後、岸さんに対する評価というのは、戦争遂行の責任者の一人であったという理由から、いわば旧時代のシンボルともなったわけです。岸さんご自身、戦前戦中のご自分の行動足跡をどのように評価しておられますか。

岸　私が一九三九年満州から帰って来たときには、準戦時経済であったと思うんです。アメリカとの戦争を間近に控えていたという意味でね。その後昭和十六（一九四一）年からは戦時経済です。戦時経済というものの本質は、いかにして戦争に勝ち抜くか、つまりみずからの精力を戦争目的に集中して戦いに勝ち抜く、ということです。企業の経営も含めてあらゆる経済行動は、戦争の勝利という目標に統一され、その方向に限定されていくわけだ。準戦時経済および戦時経済というものを頭に置いた統制経済、計画経済が行なわれるのはそのためなんです。だから私が統制経済論者であったり、計画経済論者であるというよりは、戦時あるいは準戦時という特別の状態にあったからこそ、そうであったということです。戦争がなくなって平時の時代になれば、経済は基本的には自由経済になるということです。しかしその自由経済は、いまのような野放図、無原則な自由経済ではなしに、ある程度の規制を加えた自由経済でなければならない。経済活動の基本は、民間の創意と工夫というものに中心を置いて諸々《もろもろ》の政策や行政をやればいいんです。

追いつめられて

――商工大臣や軍需次官というお立場は、日本の戦争遂行能力を一番熟知している立場でもあったわけですね。アメリカと戦うについては、最初から自信はございましたか。

岸　そりゃね、われわれがあのままジリ貧で進んでいけるはずはないよ。とにかく油（石油）を最小限確保するというのが、そのときの戦争目的だったと思うんです。しかし当然のことだが、アメリカと戦う以上はワシントンに攻め入って「城下の盟《ちか》い」をそのアメリカになさしめるという決意を持たなければ、本来日米戦争などできないと思うんですよ。しかし、そういう考え方は軍部にもわれわれにも全然なかった。戦争に勝つということ自信は誰にもなかったと思うんだ。ただ問題は、「生か死か」ということ、すなわち最小限にわれわれの生存を確保するという、それだけであった。そういう戦争というのは、他になかろうと思うんだ。だから最小限の生存を確保したときに、いかにして戦争を終結するかということを考えるべきであった。ところが、そのままズルズルと戦争を続けてしまった。あのとき一体日米戦争を本当に「最後までやり遂げよう」と思った人が何人いただろうか、一人もいなかったと思うんです。軍人も入れてですよ。

――石油を確保するためには、アメリカと戦う以外に方法はなかったんでしょうか。(開戦前の)日米交渉は結局失敗に終わりましたが……。

岸 うん、交渉は駄目だった。一番の障害はやはりハル・ノート(一九四一年十一月二十六日コーデル・ハル米国務長官より日本側に示された提案。「中国・インドシナからの日本軍全面撤退」を含むこの米国対日強硬案によって日本は開戦を決意する)を押しつけられたことだよ。東条内閣において最後まで野村(吉三郎《きちさぶろう》。一八七七―一九六四)駐米大使と、(一九四一年二月まで駐独大使であった)来栖《くるす》(三郎。一八八六―一九五四)を特に派米して何としても平和的に解決しようとしたんだが……。ハル・ノートが満州における日本の権益を認めてだ、しかし中国大陸から撤兵するという条件であったなら、話は違っていたと思う。満州事変以来の大陸における日本の権益を全部放棄せよというのが、ハル・ノートだったわけです。

岸氏が巣鴨プリズンにあったときに書き綴った「断想録」のなかに、次のような一文がある。
「大東亜戦争を以て日本の侵略戦争と云ふは許すべからざるところなり。之れ事実を故意に曲するものなり。事実を知らずして云ふは尚ほ恕《ゆる》すべし。事実を誣《し》ひ更に時流に阿諛《あゆ》せんが為めに謂《い》ふは断じて許すべからず。先進国の二世紀に亘る世界侵略に依る既得権益の確保を目指す世界政策が後進の興隆民族に課したる桎梏《しっこく》、之れを打破せんとする後進興隆民族の台頭、之れ其の遠因たり。日米交渉に於ける日本の動きの取れぬ窮境、之れ其の近因たり」（ルビは編者）

――そうしますと、その段階では日米戦争はやむを得ないというお考えであったわけですか。

岸　私はね、戦争開始前、東条英機さんから商工大臣になってくれといわれたとき、東条さんに聞いたんだ。一体戦争をやるのかどうなのか、とね。東条さんはこういっていた。戦争をやろうとは思っていない。いかにして戦争の可能性をなくして日米間をナニするかということに最後まで努力する。もし不幸にしてそれができないならば、日本が生きるために戦争をせざるを得ないが、われわれとしてはあくまでもアメリカとの平和交渉によって妥結するんだ、とね。私が商工大臣をやるときの、私と東条さんとの話は、こういうことだったんです。だから当時、おそらく軍人の間でも、本当に戦争をやろうと思っていたのは何人いただろうか。

——陸軍の東条さんとしては、やはり対米戦争積極論者ということではないですか……。

岸　いや、積極論者ではないですよ。

東条英機

——つまり、対米戦争には「賭け」という要素はあったわけですね。

岸　うん……賭ける……誰もだなあ、戦争すりゃあ勝つという自信なんか一つもありゃしないんだよ。ただ、あのままでいれば、ジリ貧のまま油でやられ、しかもＡＢＣＤ（アメリカ、イギリス、中国、オランダ）の包囲陣によって、日本は急速に駄目になってしまうんだ。これを打破するには、もう一か八かやる以外にないというのが、あの時の戦争の基本観念だった。だから、まず朝鮮において必要なものを押さえてしまえば、あとは手を上げて戦争を早くやめるべきだというのが、われわれのいい分だったんです。ところがなかなか……。

——軍部はそうはいかんでしょ。

岸　とにかく、インパールまで攻めていったなんていうのは、無謀といえば無謀ですよ。

最近この戦争の足跡がね……太平洋諸国が最近独立しているが、この間この近辺をずっと回ってきたんです。われわれはAPPU（Asian-Pacific Parliamentarian's Union—アジア・太平洋国会議員連合）というものをつくって日本や韓国や太平洋諸国の国会議員を集めて会議をしているんです。最初この組織はAPU（Asian Parliamentarian's Union—アジア国会議員連合。一九六五年自民党有志議員の提唱で設立）というものだったんですが、あとで太平洋（Pacific）の名前を入れたんです。この太平洋の新しい国の大統領とか総理に会うと、日本語の名前の人が随分いるんだ。日本人の親の血が流れているわけですよ。戦争で現地に行った海軍守備隊の兵曹長の息子だとか、親のはっきりしている連中もいるらしい。東南アジアから太平洋諸島に戦争で行ったということについて、その戦争には負けたけれども、足跡は残っている。

——それにしましても、太平洋戦争では緒戦では対米優位に立ったとはいえ、案の定日本はアメリカに惨敗します。あそこまでめちゃくちゃに劣勢になる前に、日本としてはアメリカに対して、あるいは他の国を通して停戦に向けて働きかけることはできなかったのですか。

岸　そりゃあナンですよ、あの戦争ではシンガポールを陥れたあたりで（一九四二年二月）……やめりゃね。アメリカとの戦争をやめさせるナニがあったらねえ……。

――私どもが知っているのは、アメリカによるサイパン陥落（一九四四年六月）のあと岸さんが東条さんに継戦反対を唱えたということですが……。

岸 サイパンを敵に占領されたらね、B29が昼夜を分かたず日本を襲撃するような態勢になるわけだ。そうなると、日本の軍事力というか戦力というものは急激に低下してしまう。大事な工場なんかは全部やられてしまう。そこで私は東条さんに（戦争をやめるよう）いうたんだ。だけど、東条さんの力では、当時の軍部を抑えることができなかった。むしろ東条さんは、それなら早く大事なものは地下に入れろというんだ。だけれど、地下に入れるというても、どう考えたって半年や一年はかかってしまうんです。その間にみんなやられてしまうんだからね。僕は軍需次官として、軍需生産に責任を持つナニとして、B29の日本攻撃というものが一番怖かった。これに対しては日本の防衛力は全く駄目なんだから。

アメリカに圧倒されてドイツに学ぶ

――対米戦争の開始前あるいは開始後、アメリカに対する岸さんのイメージというのはどんなものでしたか。当時アメリカのイメージというのは、「自由主義」、「資本主義」、そして「世界最大級の経済力・軍事力」というものでありました。

岸　そりゃあナンでしょ、国力においてアメリカは日本と比べ物にならないし、あらゆる面で世界の第一等国でしたよ。

――アメリカに対して感情的にはどのような印象をお持ちでしたか。例えば近衛文麿公はアメリカが持てる国であり、またアメリカの支配下にある弱小国にはあの方なりに同情を示していましたが、岸さんはこのアメリカという国を一体尊敬していたのか、あるいは反感のようなものを持っておられたのか、その辺はいかがでしたか。

岸　私はね、実は初めてアメリカに行ったのは一九二六年なんです。アメリカの独立百五十周年の記念博覧会がフィラデルフィアで開かれましてね。そのとき私は博覧会事務官として出張したんです。日本がその博覧会に参加し出品していたものだから、それを監督し処理するために事務官としてフィラデルフィアに渡ったんです。初めてのアメリカ訪問でした。その当時のナニからいうとね、日本は一年間の鉄鋼生産の目標を百万トンに置いていたのだが、百万トンなどは到底達成できなかった。ところがアメリカは、一カ月の生産が五百万トンぐらいあるんだ。全く違うんだよ。それから、日本では自動車の数がまだ非常に少なくて、しかも、ポンコツになるまで修繕して使っていた。しかしアメリカでは、使い捨ての自動車が原っぱに積み重ねられている。こんな光景は、日本にはもちろんなかった。日米の間にはそのくらい違いがあった。石炭や鉄鉱石その他の資源の産出量を比べると分かるが、日本がアメリカを目標にして経済政策を考えようとしたって、土台スケールが違っていた。アメリカ経済の偉大さに圧倒されちゃってね、むしろあなたのいうように、一種の反感すら持ったね。

——そういう意味での反感ですか。

岸　ところが、フィラデルフィアに三、四カ月滞在したあと、ヨーロッパに行ったんです。ロンドンを訪ねたら、コール・ストライキに出くわしました。

——炭鉱のストライキですね。

岸　ちょうど冬の時期でしたが、その頃のロンドンは普段でしたら暖房用に石炭を焚《た》いて黒い煙を出しているはずなんです。だから霧のロンドンになるわけだ。ところが僕が行ったとき炭鉱のストライキのために、焚く石炭がないものだから煙も出ない。ロンドン名物の黒い霧がみえないんです。本当に寒かった。その後ドイツに行ったんです。ドイツでは日本と同じように資源がないのに、発達した技術と、経営の科学的管理によって経済の発展を図ろうとしていた。私は「ああ、日本の行く道はこれだ」と確信したんです。アメリカにはとても歯が立たないけれども、ドイツ式であれば日本もできるということだ。ドイツでは当時産業合理化運動というものが起こっていて、それが技術の発達と経営の科学的管理に現れていたわけです。私は帰国してからこのことを役所に報告したわけです。僕の頭のなかでは、アメリカと日本との間ではあらゆることについて比較すべき単位が違っていると思ったね。アメリカと競争しようとか対抗しようということは考えられない、というのが僕の率直な印象でした。

――この後、もう一度ヨーロッパにいらっしゃいますね。

岸　そうです。昭和四（一九二九）年でした。浜口内閣のときです。浜口雄幸《おさち》さん（一八七〇―一九三一。立憲民政党総裁。首相として緊縮政策を実行。一九三〇年十一月東京駅で狙撃され重傷を負う）が金解禁を行なったわけですが、国内における不況は大変なものでした。いかにしてこれを克服するかということで随分苦労していたわけです。僕がそれ以前にドイツの産業合理化運動についての報告書を出していたもんだから、もう一遍岸をドイツに行かせて産業合理化の実態を少し具体的に研究させてはどうか、ということになったんです。国民経済の建て直しをやろうというわけだ。商工省に（臨時）産業合理局（一九三〇年六月設置）というものをつくってそこの部長（第一部長兼第二部長）には木戸幸一《こういち》さん（一八八九―一九七七。近衛内閣の文部大臣。天皇側近。戦後はA級戦犯）がなり、僕がその下の事務官をやったんです。

ともかくもアメリカの資源および工業力のとてつもないスケールからいって、日本がこれと戦争するということは、国力の上から考えられないという気持ちでしたね。ただ先ほどいいましたように、日米戦争の開戦は、日本人が追い込まれていって、全面的にアメリカに屈服するか、あるいは日本自体死滅するしかないという気持ちだった。だからアメリカに対抗して、アメリカに勝ってアメリカに上陸しようとか、カリフォルニアをどうしようとか、そんなことを考える人は軍人でもいなかったはずだ。とにかく、アメリカがこっちに出て来るのを抑えておいて、日本が東南アジアにおけるインドネシアの石油を確保し、中国大陸および東南アジアの資源によって日本の生命をつないでいく、ということだったんです。

——ヨーロッパやアメリカを回ってこられて、これら両地域では随分違っていたんですね。

岸　違う違う。アメリカでその産業行政を学んでも、日本ではこれを実行する方法はまずないと思ったね。ドイツの産業をみて初めてこれだと思った。

——そうですか。アメリカの自由主義体制といいますか、あるいはそのデモクラシーといいますか、そういうものについてはあまりご関心がなかったのですか。

岸　いやアメリカではゲティスバーグ（ペンシルバニア州）に行ってリンカーン（エイブラハム。一八〇九—六五。アメリカ第十六代大統領）のあの有名な碑を実際にみましたよ。「人民の、「人民の、人民による、人民のための政治」という例の言葉にあるように、僕はアメリカがわれわれの今後の政治にとって学ぶべきものを伝えているという気持ちはしました。またそれに関連する文献もいくらか持ち帰ってきたんです。しかし、とにかく経済の単位が違うんですから、経済政策に関しては参考にならんという気持ちだったね。

逮捕されて

――敗戦直後、岸さんはGHQから逮捕令状が出て、まず横浜拘置所に収監されますね。

岸　そうです。母親、女房、子供たちと水杯《みずさかずき》をしました。同時に、逮捕令状が出た以上、家宅捜索をされるだろうと予想して、過去のいろいろな文書をできるだけ集めて焼いてしまったんです。いまから考えると、馬鹿らしい話だけれども、本当に二度と自分は家へ帰れないという悲壮なる決意でしたよ。それで横浜に行くんです。県知事をしていた藤原孝夫（一九三七年山梨県知事、一九四〇年内務省警保局長）というのが、私と岡山中学で同年で、いまでも元気にしておりますがね。それともう一人、（フィリピンで）憲兵隊長をやっていた太田（清一）という鹿児島の人と一緒に車に乗せられて、横浜拘置所に連れて行かれたんです。横浜拘置所というのは、横浜の町から逗子の方に行く途中にありました。いまでも覚えていますが、監獄の門というのは重い扉でして、あれがギイーッと開いて車が入る。その後、バターンとその扉が閉まるんです。そのときの音を、何年か後までも夢にみました。あの音で外界と遮断されたんです。

——横浜拘置所をめぐってどんなことが思い出されますか。

岸　太田という人は、いま話したように、憲兵隊長だったんですが、間もなく横浜からかつての任地であったフィリピンに送られて、そこで処刑されました。横浜拘置所には、仲間である井野碩哉《ひろや》君（一八九一—一九八〇。東条内閣の農林大臣兼拓務大臣。戦後は参議院議員、岸内閣の法務大臣）、賀屋興宣君などが入ってきて、いろいろ話をしてみると、この連中は割合呑気なんです。「どうせ君、政府も黙っちゃいないし……」というような調子なんです。彼らは東京にいたのでいろいろなことを知っていたが、僕は逮捕される前は一人で山口にいたもんですから、東京の事情は何も知らなかったんです。それで、僕の秘書を東京に行かせて、東条さんその他二、三の人に会うようにいいました。秘書は、今後どうすべきかみんなの考えを聞いてきたのですが、このときも文官の連中は呑気に構えていたという報告でした。

——軍人はどんな様子でしたか。

岸　監獄に入ってみると、軍人のほうはみんな悲壮だった。しかし、みんな死んじゃいかん、とにかくわれわれがどんなに囚《とら》われの身になっても、（太平洋戦争の）開戦については陛下に責任がないということを法廷で明らかにすることが重要だということだったんです。勝手に死んではいかんという話で、僕もそうだという考えだった。

——とはいっても、自殺者が出ましたね。

岸　九月十一日に東条さんが自殺を図って未遂に終わった。それから（東条内閣で）厚生大臣の小泉親彦《ちかひこ》君（一八八四—一九四五）と文部大臣の橋田邦彦君（一八八二—一九四五）の二人が自決された。そういう状態だから、とにかく様子は分からんけれども、非常に重大に考えてナニしたことは事実です。

——占領軍については何か印象がありますか。

岸　その時にアメリカの兵隊は剣付鉄砲で立っておって、何かいうと、「イエス・サー」とか「ノー・サー」と、「サー」をつけてわれわれに敬意を払っていました。

——それは巣鴨プリズンに行ってもそうでしたか。

岸　いや、ところが十二月巣鴨プリズンに移されてからは、まるでわれわれは馬鹿にされちゃって、ひどい目にあったんだよ。一番癪《しゃく》にさわったのは、彼らは口を開けば日本の警察制度、監獄制度、裁判制度というものは怪しからん、と批判するわけだ。彼らは、自分たち民主主義国の法制においては、有罪の判決を受けるまでは無罪の人として扱うが、日本では一度嫌疑を受けると罪人扱いをして怪しからん、というんです。しかし大嘘なんだ。われわれを無罪として扱うどころか、ひどい目にあわしたんだからね。

――巣鴨プリズンでの岸さんの日記の一部が最近発表されましたが（岸信介・矢次一夫・伊藤隆『岸信介の回想』、文藝春秋、一九八一年）、そのなかで目につくことの一つは、極東裁判への強い批判というのがあることです。岸さんはこの極東裁判というのは非常に常識はずれで非論理的であるとして激しく怒っておられます。極東裁判への批判は、結局のところアメリカへの批判ということになると思うのですが、当時アメリカに対しては非常に激しい怒りの気持ちというものがあったのではありませんか。

岸　マッカーサー元帥がとにかく日本を占領してだな、日本の主権が完全に制約され、マッカーサーが主権者として踏ん張っていたわけです。この状況を巣鴨から覗《のぞ》いたところによれば、日本各界のイエスマンというか、そのご機嫌をとる奴ばっかりが（マッカーサーを）取り巻いてだな、私としてはそりゃあ反米的なというか、反マッカーサー的な気持ちが強かった。それは事実だ。

――マッカーサーの政策、とりわけその民主化政策と非軍事化政策は占領政策の根幹をなすものであったと思うんですが、マッカーサーの占領政策について具体的にはどのようなお考えをお持ちだったんですか。

岸　僕にいわせれば、いかに日本を弱体化させるか、いかに日本を再び立ち上がらせないようにするかが、占領政策のすべてであったと思うんです。このマッカーサーの政策を巣鴨プリズンの窓から眺めていた同志たちが憤激しながら論じあっていたことは事実だ。

――マッカーサーの占領時代につくられた憲法ですが、一九四六年十一月に新憲法が公布されたときには、すでにその内容について巣鴨プリズンの岸さんはご存じだったわけですね。

岸　総司令部の指示によって、新憲法の草案が松本烝治《じょうじ》さん（一八七七―一九五四。戦前は東京大学教授。戦後は幣原《しではら》内閣の国務大臣）によってつくられているという話はプリズンで聞いていたんです。松本さんがやるんなら、そんな変なものはできないだろうと思っていたら、その案がGHQによって蹴られた。次に出てきたのは、アメリカが押しつけた英語の草案であって、日本はこれを翻訳せいといわれたわけだ。

ダグラス・マッカーサー

――そういった情報は、獄中の先生には逐一入ってきたのですか。

岸　いろいろな方面から入ってきた。誰がいうてきてるかはいえないがね。

——新憲法では特に第九条が重要であったと思うのですが、これについてはどのように受け止めておられたのですか。

岸　全体の条文がすべて分かっていたわけではないですよ。第九条の「戦争の放棄」とか、第一条の「天皇の地位」について具体的なことは分からなかったが、要するに何か押しつけられている、日本側の意向を無視したものをつくっているんだ、ということは感じていました。

——当時吉田内閣（第一次）ができて、そのあと片山・芦田（均。一八八七—一九五九）内閣になって、また吉田さんが内閣をつくりますが、巣鴨での岸さんは、戦後日本の内政および外交についていろいろ思いをめぐらしておられたのではありませんか。

岸　巣鴨では敗戦後の日本について思い悩んでいた同志は何人もいましたよ。毎日散歩で庭に出されると、彼らとはいろいろな話をしました。要するに、獄外の本当の様子が分からないものだから、いまから考えると、見当違いの議論があったように思う。日本をこんなひどい目にしたについてはわれわれにやはり責任があるんだから、これを何とか立て直さなければいかん。それにはわれわれが出ていって全力を尽くさなければならんが、われわれの一生涯をかけてもこれほどまでの破壊と打撃は回復できないのではないかと思ったよ。少なくとも松の木の芽が伸びて、これなら将来この木は大丈夫、育つぞという見通しがつくぐらいの苗木には全力をあげて育てなければならん、という程度の気持ちでした。生きて獄を出て、しかもその松の木が十年も経たないうちにこんなに大きくなるとはね……。

巣鴨プリズンで「米ソ冷戦」を知る

——巣鴨にいらっしゃるときには、だんだん米ソの対立が激しくなってきましたね。

岸　冷戦の推移は巣鴨でのわれわれの唯一の頼みだった。これが悪くなってくれれば、首を絞められずに済むだろうと思った。したがって、米ソ（関係）の推移は非常に関心が強かったですよ。

——米ソ冷戦についての情報というのは、どういうところから来てたのですか。

岸　それがね、分からんのですよ。

——いまからお考えになって、その情報は大体正しかったですか。

岸　うん、大体は間違っていなかったね。

——米ソ冷戦はいつ頃からお感じになりましたか。

岸 （極東国際軍事裁判への）第一次起訴があったでしょ。あれは昭和二十一（一九四六）年の四月の終わり（二十九日）ですよ。それから暫《しばら》くして同じ昭和二十一年頃、つまり第二次起訴があるかどうかが関心の的であった時期に冷戦のことを知ったんです。夏頃だったと思うんだ。

――随分早い時期から米ソ冷戦のことを知っておられたのですね。

岸 この情報については、誰から知らされたというわけではないんだが、われわれの非常な関心事であったことは事実だ。この問題については何とかして情報を取ろうとしたんです。米ソ関係がどうなっているのか、ということを何としても聞き出したいということでした。そういえば、弁護士の三輪寿壮《みわじゅそう》君（一八九四―一九五六。戦前戦後を通じて日本社会主義運動の指導者。岸氏とは一高・東大時代の同期）やジョージ・ヤマオカ君（一九〇三―八一。日系アメリカ人の弁護士）などが会いにくると、このことについて聞いたもんです。

岸氏は巣鴨プリズンにおけるいわゆる「獄中日記」（一九四六年八月十日の項）のなかで、米ソ冷戦について次のように書き残している。

「巴里《パリ》講和会議ニ於ケルモロトフ（ソ連外相）、バーンズ（米国務長官）ノ対立劈頭《へきとう》演説ヨリ互ニ毒ヅキ合ヒソ連ノ機関紙プラウダハバーンズノ挑戦ナル見出ノ下ニ全頁ヲ挙ゲテソノ演説ノ全訳ヲ掲載シテ国民ノ注意ヲ集メタリ。（中略）四相会議以来ソ連ハ平和会議ヲ遷延《せんえん》シテ其ノ間バルカン及地中海方面ニ既定事実ヲ築キ上ゲン事ヲ企図シ一日モ速《すみやか》ニ平和的国際関係ノ樹立ヲ欲スル米英ト明白ナル対立ヲ示シツツアリ」

（括弧およびルビは編者）

――ジョージ・ヤマオカという方はどういう人ですか。日系二世のようですが。

岸　そうです。面白いのは、先ほどお話ししたように、一九二六年の記念博覧会でアメリカへ行ったとき、事務の手伝いとしてジョージ・ヤマオカという人物を雇ったんです。彼は当時ペンシルバニア大学の学生だった。まだ日本語は片言であったが、よく彼をいじめたもんです。もし日米相戦わば、君はどうするんだい、とね。日米が戦争をしないようにあらゆる努力をわれわれはやるとしても、もし戦争になったら、君は日本につくのかアメリカにつくのかといって、よくからかったんだよ。そのジョージ・ヤマオカが大学を出て、相当の弁護士になってニューヨークで開業しとった。その彼が戦後日本に来ましてね、私の弁護をやってくれたんです。先年亡くなりましたがね。戦後は東京にも事務所を持って活動していました。彼の親父さんが明治二十（一八八七）年頃に起きた静岡事件（一八八六年に発生した自由民権運動の武装蜂起事件の一つ。政府高官暗殺計画で一斉検挙された。関係者に静岡県人が多かった）というのにかかわった人なんです。

――例の政府転覆計画事件ですね。

岸　自由民権運動にかかわる事件で騒擾《そうじょう》があったんですが、その首謀者の一人がジョージ・ヤマオカ君の親父さんであったらしいんだ。この親父さんがアメリカに亡命してアメリカの国籍を得たわけです。

――なるほど。岸さんのなかでは、一方では戦後、米ソ冷戦を待望してしかもアメリカを頼りにする一面と、他方では極東裁判にかけられていたということからすれば、アメリカ批判の立場にあったというわけですね。まあアンビバレントな感情というものがおありになったのではないでしょうか。

岸　そうそう。だから私はとうとうマッカーサー元帥には彼が死ぬまで会わなかったんですよ。マッカーサーはアメリカに帰ってから、ニューヨークのアストリアホテルに居を構えていたんです。私が総理になってあのホテルに泊まったりしたけれども、全然表敬（訪問）もしなかった。後に安保条約の改定を一緒にやったマッカーサー大使というのは元帥の甥ですよ。

――元帥には表敬する気にもならなかったですか。

岸　ならなかった。

――いずれにしましても、米ソ冷戦というのは岸さんにとっても運命の分かれ道というか……。

岸　結局極東裁判への起訴も一回だけで二回目がなかったのは、米ソ冷戦のためですよ。米ソ冷戦がなかったら、アメリカは二回目、三回目の起訴までやったと思うんだ。

――先生の獄中日記を拝見しますと、例えば一九四八年十月の日記には面会に来た三輪寿壮さんと「その政界の現状や昭和電工事件などにつき裏面の消息などを語る」とあるのですが、岸さんは日本の政治の様子というものを巣鴨からどんな風にご覧になっていたのですか。

岸　私の性格からして、政界のいろいろな出来事というものには相当興味を持っていたことは事実です。例えば昭和電工事件（復興金融金庫融資をめぐって一九四八年に摘発された贈収賄事件。昭和電工の日野原節三《せつぞう》社長らが逮捕された）のようなものの実態がどうなっているのかというようなことに対しても、関心は深かったですよ。

岸氏は巣鴨プリズンにおける「獄中日記」（一九四八年二月二十四日の項）のなかで当時の日本政治について次のような感想を書き記している。

「(一九四八年二月)二十一日の議会で芦田君が後継内閣の首班に指名せられた。新憲法に依る民主政治の運用上悪い先例を作ったものだ。吉田(茂)氏や自由党に特に大きな期待を持つ訳ではないが今後の政変では吉田氏を後継内閣首班に推すことが理の当然でありかくてこそ新生日本の民主政治の明朗化が出来(た)であろう。極めて不愉快な政治現象である」(括弧は編者)

——巣鴨におられて、よし命が助かりそうだ、ひとつ政界へ復帰しようとお思いになったのはいつ頃からですか。

岸 第一回の起訴があって、二回目の起訴が米ソ冷戦のゆえもあってどうもなさそうだという情勢になってきたものだから、そうなれば、日にちはいつだったか分からないけれども、われわれもいずれ外へ出されるだろうという気持ちにもなった。しかし外へ出ても公職追放ということになるだろうが、公職追放もいつかは解けるのではないかと思っていました。そうなれば、一つの道として一切政治をせずに一種の隠棲生活といいますか、世間と交渉のない、いわば自分のやったことの懺悔《ざんげ》の生活に入ろうかという気持ちを持ったこともあります。しかしもう一方では、そうじゃない、これだけ日本を不幸な状態にしたことについては指導者の一人として責任があるんだから、やはりその償いとして日本の再建に努力すべきだとも考えた。この二つのどちらを自分が選ぶかということについてある期間悩んだことがあるんです。巣鴨を出る頃には、結局自分は政界に出て政治の上で日本の立て直しを考えるべきだという気持ち……しかし、これもまだはっきりした形ではなくて、決定的にそうするんだ、というわけではなかった。

反ソと反米と

——獄を出られてから山口に帰られますね。

岸　そうです。巣鴨を出てから国へしばらく帰っておったんですよ。山口に引っ込んでおって世間の状況をみるにつけ、戦後のひどい惨状に目を背けて自分一人田舎でのんびりしているのは無責任だ、と思うようになったんです。自分としては、この不甲斐ない日本を同志とともに立て直していかなくってはというような気持ちになりましてね。そこで翌年（一九四九）の十二月に東京に出て来たんです。箕山社《きざんしゃ》という（後援会）事務所を銀座につくったのはそのときです。しかし公職追放の身だから政治活動はできない。じゃあ、どう行動すべきかということを同志と話し合って研究することになるんですがね。

——巣鴨プリズンを出られて懺悔の生活に入るということもお考えになったというお話でしたが、どういうところを懺悔なさるというお気持ちだったのですか。

岸　戦争責任ということに関していえば、アメリカに対して戦争責任があるとはちっとも思っていないよ。しかし日本国民に対しては、また日本国に対しては責任がある。ともかく開戦にあたっては詔書に副署しているし、しかも戦争に敗れたという責任は自分たちにもある。

——先生の獄中日記のなかには、マッカーサー元帥の占領下で日本人が過去のあらゆるものを捨ててアメリカナイズされているということに対して嘆いておられますね。また、インドのネルー（ジャワハラル。一八八九—一九六四）首相が全アジアから他国の支配を排除することの急務を訴えるとともに、インド復興は日本の道に拠《よ》るべしと主張していることについて、先生は大変感銘を受けたと獄中日記に書いておられますね。

岸　とにかく私はマッカーサーには非常な反感を持ったわけだ。その点アイゼンハワーは対照的でしたね。マッカーサーは難しいことをいってだな、日本人はなっておらんからこれを啓蒙するという、何か高いところからお説教するような調子があるでしょ。アイゼンハワーという人は同じ軍人でありながら、しかもノルマンディー上陸作戦を成功させた英雄ではあったが、軍人特有のいかめしい印象は与えなかったね。

——あのアイク・スマイルは有名でしたね。

岸　アイゼンハワーは一切理屈はいわんしね。マッカーサーとは全く対照的なんだ。そういう点からもマッカーサーに対する反感は確かにあった。とにかく彼は詔書みたいなものまで出したからね。

——岸さんの獄中日記ではアメリカへの強い不信感を一方でお持ちになりながら、同時に中国共産党の大陸支配にかなり強い危機感を抱かれています。アメリカこそその軍隊を使って中国共産党を制圧すべきだとその日記には書かれてありますが……。

岸　中国大陸の赤化という問題には、僕は相当強い関心を持っていたんです。

——巣鴨プリズンをお出になったあと、先生の対米観というのは、やはり徐々に修正されていったんじゃございませんか。

岸　アメリカに対する反発よりも、やはりナンですね、ソ連に対する反感が強くなっていったんでしょうね。「反ソ」がだんだん強まるにつれてアメリカに対する反発はナンだなぁ……。

——アメリカへの憎しみはだんだん薄くなっていく……。

岸　うん、そうだ。

——ソビエトに対する反感というのは、例えばどういうところから強くなったんですか。

岸　ソ連が日本の分割占領を主張しましてね、北海道ですよ。アメリカが分割占領をしないということで日本は難を逃れた。しかし北海道は別にして、北海道に付属する国後、択捉、歯舞、色丹の四島はソ連に持っていかれたんだ。

――北海道についてはソ連は釧路と留萌をつなぐ線の北をよこせと主張しました。

岸　うん、そうなんだ。満州についてもソ連のやり方はひどかった。いよいよ終戦の間際（一九四五年八月七日）になって、ソ連は満州国に侵入してきたんだが、われわれが知っている満州の役人連中を全部捕まえてシベリアへ連行したわけだ。満州におけるソ連軍の暴虐なやり方を、シベリアから帰ってきた者たちから聞くと、ソ連への私の反感が非常に強くなったことを覚えている。それだけに、ソ連に対抗するには日本の力だけではどうにもならん、アメリカを利用してやっていく以外に方法はないという考え方になったように思うんです。

――先生の戦後の反共主義はここら辺が原点ですか。

岸　そうかもしれない。（外務大臣の）松岡洋右《ようすけ》（一八八〇―一九四六。満鉄総裁。近衛内閣の外務大臣。戦後はA級戦犯。岸氏の姻戚）がソ連で例の日ソ中立条約（一九四一年四月調印）を結んで、日本はこれを忠実に守ってきた。ことに独ソ戦争（一九四一年六月勃発）が始まってから、ヒットラーは日本に対してシベリア方面を攻撃するよう要望してくるんだが、にもかかわらず日本は日ソ中立条約を守って一切それに乗らなかった。ところが、いよいよ日本が疲れて例の広島に原爆が落ちて日本の敗戦が決定的になったところで、ソ連は参戦してすぐさま満州に入ってきたんだ。日本は日ソ中立条約以前にはノモンハン事件（一九三九年五月勃発。ノモンハン近郊の国境をめぐるソ連・モンゴル軍と日本・満州国軍との紛争）のようなことはあったがね。ともかく終戦に前後するソ連の行動は、共産主義の実態が何であるかを具体的にみせつけたようなものなんです。

――ところで、巣鴨プリズンにおける生活は随分不自由ではございませんでしたか。

岸　一年を通じて五時半に起きて、夜は八時半消灯、電気が消えちゃうんだからね。大学を出て役人をしたり政治家になったりしていると、その生活は不規則極まるものだよ。それが監獄に入ると早寝早起きで、食べるものは腹八分目……。

――坊さんの精進料理のようなものですかね。

岸　精進料理というよりも、アメリカの監獄だからカロリーについてはやかましいし、相当のものが出たですよ。しかし間食は一切なかった。

――運動の時間はございましたか。

岸　運動は廊下の掃除を含めていろいろな所を掃除させられた。その上、日に一時間は散歩をし……。健康面では理想的だったなあ。それで僕は体質がすっかり変わったと思うんだ。巣鴨を出てから間もなく太って体重が六十五キロにまで増えたんです。巣鴨のおかげで体の調子が非常に良くなった。何が幸いするか分からんよ。

――本当に分かりませんね。

岸　われわれの仲間の賀屋興宣、彼はひどい喘息《ぜんそく》持ちだったんです。判決を受けてから八年程巣鴨にいたんですが、その間にすっかり喘息が治ってしまった。賀屋君にいわせると、喘息の一番いい治療法は監獄生活だと……（笑い）。

――ところで、戦前の日本と戦後の日本というものを考えますと、どうでしょうか、例えば国民の愛国心などというものは随分変化したのではないかと思うのですが、岸さんはどのようにお考えになりますか。

岸　戦争に負けたことによって、自分たちがそれまで歩んできた道をかなぐり捨てて新しい道を求めようという考え方が一方にはあった。それから、戦争に負けたことのない日本が負けてしまって、ああいう悲惨な状態に叩き落とされたわけですから、積極的な意欲とか建設的な考えがなくなって、一種の気抜け状態に陥ったということが他方にあったように思うんです。大方の日本人の気持ちは、敗戦後この二つが結び合ったところにあったんです。敗戦直後の混乱時代にはなんとしてでも食っていかなきゃならんし、国土全体も荒廃していた。しかし朝鮮戦争の結果、日本経済も立ち直り予想以上に国力が回復したんです。そこで初めて日本の進むべき道がみえてきたし、本当の意味の愛国心というものが少しずつ蘇ってきたように思うんですがね。昭和三十年前後くらいではないかなあ。

——ということは、岸さんが総理になる前後ということですか。

岸　私が政界に復帰したのは、昭和二十八（一九五三）年の総選挙ですからね。要するに、非常に大きなことは、サンフランシスコでの講和条約によって日本が国際社会に復帰したことですよ。占領下から解放されて国家として独立したことによって、国民のなかにみずからの道を決め理想を立てていくべきだという自覚がようやく出てきたわけです。

——対日平和（講和）条約による独立は一九五二年でした……。

岸　ですから、私自身も平和条約発効と同時に追放解除になって、政治的活動が自由になったんです。そこでまず日本再建連盟（一九五二年四月設立。救国国民運動の拠点となること、保守勢力と社会党の一部を含む一大新党をつくることを目的として結成された）の運動を起こし、次にいまの話のように昭和二十八（一九五三）年に代議士になるわけです。

——岸さんは、戦後日本の民主主義というものをどのようにご覧になっていましたか。戦後民主主義によって日本国民はやはり変わったと思うんです。つまり戦前とは違う価値観を身につけましたし……。

岸　日本の今後の進路として、民主主義が清新潑剌たる民族活動の一つの淵源《えんげん》とみていましたよ。

――（戦後の民主主義は）間違ってはいなかった……。

岸　うん、間違ってはいない。これこそ日本の若い世代の進むべき道だ、と思いましたよ。日本人は誤りのない教育と自立した考え方を持つ必要があったし、これがそもそも日本再建連盟をつくった私の狙いでもあったわけです。

――日本国民が戦後の民主主義、これは象徴的にはマッカーサーが持ってきたといえるかもしれませんが、あの民主主義によって、一つの権利意識といいますか、個人主義といいますか、そういうものを時には歪曲した形で取り入れてきましたが、概ねこの価値観は正しかったと……。

岸　うん、そう思っている。

――マッカーサーのやったことも、そういう意味では肯定なさいますか。

岸　私はね、マッカーサーがナニした、また日本国憲法の基本となった平和主義、戦争をしないという平和主義、それから民主主義、そして個人の自由、この三つの原則というものはね、日本が新しい時代に踏み出すところの基本であって、正しいですよ。将来的にもそれはだなあ、あくまでナニしていかなきゃいかん、堅持していくものだ、というのが私の大体の考えです。

第二章

政界復帰、そして保守合同へ

自由民主党結党大会（1955 年 11 月 15 日）における岸信介氏（壇上前列右から二人目）
読売新聞社提供

編者解説

一九四八年十二月岸信介氏は、「起訴」を免れて巣鴨プリズンを出獄した。第二次吉田内閣の時である。対日講和条約発効によって公職追放解除（一九五二年四月）になった後、岸氏が真っ先に取り組んだのは、救国国民運動の拠点づくり、すなわち「日本再建連盟」の結成であった（一九五二年四月）。保守勢力と社会党右派を含む一大新党の設立、これが同再建連盟の目的であった。

しかし、岸氏のこの壮大な構想は挫折する。再建連盟の将来に見切りをつけた彼が次にもくろんだのは、みずからの「社会党入党」であった。日本社会党は講和・安保両条約締結をめぐってすでに左右に分裂していたが（一九五一年十月）、岸氏は学生時代からの親友三輪寿壮氏（右派社会党）を通じて右派社会党への「入党」を打診している。かつて戦時体制末期、岸氏を陰の主役にしてつくられた「護国同志会」なる政党が、そもそも三宅正一（一九〇〇―八二）、川俣清音《かわまたせいおん》氏（一八九九―一九七二）ら戦後の社会党指導者や、船田中《なか》（一八九五―一九七九。鳩山内閣の防衛庁長官）、赤城宗徳《むねのり》氏（岸内閣の防衛庁長官）ら同じく戦後の保守党有力者を含む多彩な人材を配下に擁していたことからすれば、政界復帰後の岸氏がまずは「保革新党」に走り、さらには社会党入党を試みたとしても驚くにあたらない。

したがって、その後岸氏が保守結集すなわち「保守合同」を目指したことは、彼においては「保革新党」の「次善の策」として理解されるのである。かくて「保守合同」に岸氏が期待したものは、同氏みずからのべているように「議会主義の擁護と、左右の独裁政治に対する防壁の役割」（後援会機関誌『風声』第十一号、一九五六年一月）であった。彼はいう。「我々国民政党は右の方に於いてファッショ的なるものに対して自から鉄壁となって左に緩いスロープを描いて行く、社会党は左の方に於いて共産主義に対して自から防壁を築いて右にスロープを持って行く、斯ういう形態に進んで行くことが二大党対立のよさであると思うが、私共は我が自由民主党の結成を機会に、統一社会党と呼応して、斯様な二大党対立のよさを充分発揮することに努力して行きたいと思う」（同誌）。岸氏における「二大政党」論である。

ところで、戦後保守の政党史を俯瞰《ふかん》すると、二つの大きな流れのあることが分かる。一つは保守本流といわれるもの、いま一つは保守傍流といわれるものである。前者は日本自由党（一九四五年十一月結党）が日本進歩党系民主クラブを吸収して民主自由党（一九四八年三月結党）となり、この民主自由党が同じく進歩党の流れを汲む民主党の一部（犬養健《たける》・保利茂氏ら）を吸収して自由党（一九五〇年三月結党）をつくっていく流れである。

後者にはまず日本進歩党（一九四五年十一月結党）→民主党（一九四七年三月結党）の系譜と、日本協同党（一九四五年十二月結党）→協同民主党（一九四六年五月結党）→国民協同党（一九

四七年三月結党）の二つの系譜があった。そしてこれら二つの系譜すなわち民主党の一部（芦田均《ひとし》・苫米地《とまべち》義三氏ら）と国民協同党が合流して国民民主党（一九五〇年四月結党）をつくり、これがやがて改進党（一九五二年二月結党）を生むのである。岸氏らによる日本民主党（一九五四年十一月結党）は、主としてこの改進党と自由党内「反吉田」勢力を糾合して結成されたものである。

保守本流といわれる前者は、敗戦直後GHQの公職追放処分を受けた鳩山一郎氏から日本自由党を託された吉田氏主導の路線、すなわち「被占領体制」に順応しつつ「対米追従」と「軽武装」・「経済重視」を推進していく潮流であった。これに対して保守傍流といわれる後者、すなわち改進党↓日本民主党へと流れ込む水路は、その人脈・路線において「反吉田」であった。その大勢は、「憲法改正」・「安保改定」による「独立の完成」と「自衛軍創設」を標榜していく。岸・三木（武吉）氏らによる「保守合同」＝「自由民主党」は、実は改進党内の「保守合同反対」論（三木武夫・松村謙三氏ら）を抱えつつも、これら保守本流と保守傍流を大同合流させた結果なのである。

しかし、合同後の自由民主党内における「本流」と「傍流」との区分けは、徐々に薄められていく。強いていえば、「対米重視」・「日米安保体制強化」・「経済大国主義」を掲げる岸、池田、佐藤氏らの流れが「本流」であるとするなら、元来保守合同に反対し「保守二党論」

を掲げた改進党系の三木武夫氏（後に首相）、松村謙三氏（一八八三―一九七一。鳩山内閣の文部大臣）らは「傍流」といってよいであろう。

本章でのインタビューは、岸氏が戦後政界に返り咲いて政界再編に奔走していくプロセス、そして保守勢力を結集して自由民主党を誕生せしめ、その勢いを駆っていよいよ政権をうかがう時期までを扱っている。本章での主要なテーマが「保守合同」を中心とする政界再編の問題であることはもちろんだが、ここから派生して特に興味深いのは、岸氏が吉田・鳩山関係をどうみていたか、そして吉田、鳩山それぞれをどのように評価し、それぞれにどのような感情を持っていたか、これらをみずから語っていることである。

吉田、鳩山両氏の関係は、一言でいえばアンビバレンスのそれであったといえよう。敗戦の翌年すなわち一九四六年五月、組閣を直前にして鳩山氏はGHQから公職追放されたため、吉田氏に政権担当を要請する。この要請を受けて吉田氏が総理に就いた時、彼自身必ずしも自信と意欲を持ってこれを受けたわけではなかった。鳩山氏にしても、追放処分が解除されるまでの間、すなわち「暫時」吉田氏にみずからの身代わりとして政権を預けておこうくらいの心積もりであったに相違ない。後に鳩山氏ないし鳩山支持グループが、鳩山氏の政界復帰にあたって政権を「返す」素振りもみせない吉田氏に反発し、しかもこの反発が吉田氏の「ポツダム体制」・「親米一辺倒」への政策的反発と絡まって、やがて政治過程の大きなうねりになっていくのである。岸氏や三木武吉氏の政界再編・保守合同運動は、その起点において鳩山派の立場とは明らかに異なる部分があるとはいえ、「対米追従」の惰性を強いられる吉田氏のいわゆる「サンフランシスコ体制」を打破すべきだという点では、確かにこの鳩山一派と同じ基盤に立っていたといえよう。

こうした吉田・鳩山・岸の相関図のなかで、岸氏が個人的には鳩山氏よりもむしろ吉田氏を好んでいたことは、本章での岸氏の証言からもうかがえる。保守合同完成に至る岸氏の政治行動、そして政権の命運を賭してなし遂げた安保改定など、岸氏の戦後活動は突きつめていえば「吉田的なるもの」へのアンチテーゼであった。しかしそれにもかかわらず、岸氏が吉田氏に人間的な親しみと畏敬の念を抱いていたという事実は興味深い。

さて、「反吉田」の日本民主党を与党にして一九五四年十一月政権を握った鳩山氏は、続く保守大合同＝自由民主党結党の後も総理の座にあってついに宿願の「日ソ国交回復」（日ソ共同宣言調印）を実現する（一九五六年十月）。しかし鳩山内閣によるこの宿願達成は、同時に同内閣総辞職（同年十二月）への花道でもあった。かくて鳩山氏の後継すなわち自民党第二代総裁を選ぶための選挙が、石井光次郎、石橋湛山《たんざん》（一八八四—一九七三）、岸信介の三氏の間で争われる（十二月十四日）。国会議員四百二十一名（衆議院議員二百九十七名、参議院議員百二十四名）と地方代議員九十二名、計五百十三名の過半数を獲得するための闘いであった。

第一回投票では岸氏が二百二十三票で一位、二位は百五十一票の石橋氏、そして三位は百三十七票の石井氏であった。岸氏の優勢は予想された通りであったが、しかし過半数には及ばなかった。一位岸と二位石橋の決選投票でものをいったのは、いわゆる「二・三位連合」である。石橋・石井間ですでにできあがっていた密約、すなわち第一回投票で石橋、石井両氏が二、三位になった場合は三位の票を二位の候補者に回すという約束である。岸氏はこの「石橋・石井連合」に敗れた。わずか七票差（石橋氏二百五十八票、岸氏二百五十一票）で岸氏を破った石橋氏は、一九五六年十二月二十三日内閣成立を果たすのである。

「保革新党」の失敗

——岸さんの長い政治歴をみてみますと、その節目節目にいわゆる新党構想というものが出て参ります。例えば戦時中、東条内閣崩壊後に護国同志会というのができますが、これは先生の最初の新党運動であったかと思うんです。護国同志会の組織は、戦後保守党に身を置く船田中、井野碩哉《ひろや》、赤城宗徳その他の方々、戦後社会党の指導者となる三宅正一《しょういち》、杉山元治郎《もとじろう》（一八八五—一九六四）、川俣清音といった人々、つまり思想的にかなり幅広く人材を集めています。この政党は、要するに岸さんが表に出なかったにしろ、いわば黒幕的存在であったわけですし、井野さんによりますと、岸さんを盛り上げる組織でもあったわけです。また岸さんは商工大臣辞任後は山口に帰省して防長尊攘同志会なるものをおつくりになっている。

さらに戦後は日本再建連盟をつくりますね。この再建連盟の最初の構想では、かなり大胆な保革合同の新党構想を打ち出したともいわれました。つまり社会党の三輪寿壮、河上丈太郎（一八八九—一九六五。後に日本社会党委員長）、水谷長三郎《ちょうざぶろう》（一八九七—一九六〇。片山内閣の商工大臣）、浅沼稲次郎さん（一八九八—一九六〇。後に日本社会党委員長）などとも、この新党構想で密かに会合を重ねておられますね。そしてその後日本民主党をつくり

(一九五四年十一月)、さらにはこの日本民主党と自由党を糾合した自由民主党の結党を実現するわけです。政治家としての岸さんの履歴を辿《たど》りますと、どうも「新党」なるものとご縁が深いようですね。

岸　別段新党に関しては、特別何もないんですがね。ただ戦後の保守合同に関していえば、議会制民主政治を進めていくには二大政党制がどうしても必要だという考えがその基礎にあったんです。保守党も革新政党もその裾野は富士山のように大きく広がっていてだね、しかもその裾野がどこかで交わっているということが必要なんだ。保守党の一番左の考えは、革新政党の一番右の考え方よりも左に位置するというぐらいが丁度《ちょうど》いいんです。思想的に交わるような政党が二つできると、議会制民主政治を行なっていく上で僕は非常に望ましい姿だと思っているんです。政権が代わっても社会的に激変が生ずることのないのがいいのであって、二つの政党間に大きな距離があって相交わっていない場合には、一方が勝って一方が負ければ、社会革命ということになりますよ。

　だから、相交わることができる政党を何とかつくりたいというのが、僕の一貫した狙いであった。いまあなたがいわれたように、私が巣鴨を出て再建連盟をつくったとき、三輪寿壮、西尾末広(一八九一―一九八一。片山内閣の官房長官)、河野密《みつ》(一八九七―一九八一)、三宅正一、川俣清音といったかつての無産政党の連中にも新党構想で呼びかけたわけだ。

そもそも再建連盟というものには自由党だけではなしに、改進党的な考えを持っている者も、社会党的な考えを持っている者も入れてですよ、国民運動をやって、そしてある程度の基礎ができた上で国会に出ていくつもりでおったんですよ。

——しかし、これは実際のところ実現しなかったわけですね。

岸　再建連盟が失敗したのは、一つは同志の連中が目標に向かって割合急いでしまったことだ。つまり、一つの政党にしようとして性急にことを運んだということです。私としてはもう少し時間をかけて、すなわち数年はかけて国民運動をおこし政党の基礎をまずはつくろうとしたんです。国民運動においては政治勢力の幅を広げていくつもりだったんです。いきなり当時の連中に保革一緒になれといったって、なりっこないんだから。特に若い世代を動かして、政党が本当に日本を立て直す勢力の柱になるということだ。保守党と革新党というものを対立的に考えるのではなしに、これらを網羅《もうら》したものをつくろうという構想だった。私にいわせれば、同志のみんなが草の根の国民運動ではなく政界の方へ早く転身しようとして、十分な準備がないまま選挙に出てしまったために、再建連盟から立候補した連中はみな落選してしまったんです。たった一人、武知勇記《たけちゆうき》君（一八九四—一九六三。鳩山内閣の郵政大臣）だけが当選したんです。

——先生はそのとき立候補を見送ったのですね。

岸　そうです。再建連盟の非常に重要な地位にあった三好英之君（一八八五―一九五六。鳩山内閣の北海道開発庁長官）も落ちちゃってね。

――再建連盟は見事な失敗でしたね。それにしましても、これまでのお話からしますと、後年の保守合同は、岸さんの大きな構想からみると、いわば次善の策であったとも思われるのですが……。

岸　ああ、次善の策、そうかもしれない。だけどね、僕のこの再建連盟の運動に非常に共鳴した人がいたんだよ。それは鳩山一郎さんですよ。岸君、えらいことを考えとるね。君の考えは一番正しいが、しかしそれは大変な道だよ、と鳩山さんがいうんです。当時鳩山さんは友愛運動というのをやっとってね。先生は政党政治家でありながら、既成政党にはやはり不満をもっておられた。僕が再建連盟の国民運動を始めるということに対しては、非常な共鳴と激励を与えられたんです。ところが一緒にやってきた連中が本当のことが分からんものだから、みんな選挙に飛び出しちゃってね、変なことになっちゃったんだ。本当のことをいうと、あなたのいう通り、保守合同は次善の策としてだ、既成政党を集めて保守勢力を結集することだったんです。とに

鳩山一郎

かくいずれにしても、強力な政治を行なっていかなきゃならんですからね。それには数だ、ということだ。

――そういう意味では、数を持たないものは、やはり政治の場においては軽視されても仕方がないということでしょうか。

岸 仕方がない。

――さて、その後岸さんは、一九五三年三月のいわゆるバカヤロー解散による総選挙で自由党から代議士に当選するわけですね。

岸 衆議院に立候補したとき、選挙区に帰ったら若い連中が随分怒っていた。何ですか、あなたは厳しく吉田さんの自由党を批判しておったのに、その自由党から出るとは怪しからん、無所属で出なければ自分たちはあなたを助けるわけにはいかん、というんだ。私は若い連中が怒るのも当然だと思ったよ。何せ私がドイツに行っている間に、あのバカヤロー解散があって、幹事長の弟（佐藤栄作氏）や川島正次郎君（一八九〇―一九七〇。岸政権時の自民党幹事長）あたりから「すぐ帰れ」という電報が来たんです。帰ってみると、弟が私を自由党に入れてしまっていたんだからね。

――それにしても、再建連盟の設立にあたって保革合同の新党構想というものがあったというふうに先ほど話が出ましたが、もしも社会党の三輪寿壮、西尾末広、河上丈太郎、水谷長三郎、それに浅沼稲次郎さんたちが岸さんら保守派と合同することに成功していたならば、日本の戦後政治はいまとは随分違ったものになっていたのではないですか。

岸　確かに、社会党の右派辺りまでを取り込んでいれば、保守党の底辺を広げるということでは大きな意味があった。やはり両勢力の間に何人か入れ違いはあるとしてもだな、保守政党と革新政党……この二つの政党で政治をやっていくべきだという考え方なんです。社会主義とか資本主義とかいうけれども、要するに結果が善ならばいいんだ。主義とか理論とかに囚《とら》われてナニするんではなくて、そのときの必要に応じ国民の要望に従うことが肝要なんだ。ある意味からいえば、社会主義的な政策もどんどん取り入れることが重要なんです。昭和の初め頃に社会主義者たちが唱えておった社会保障の問題などは、戦後の保守党においてもどんどんそれ以上のものを遂行していると思うんだよ。理論をまず立ててその理論に基づく政策に囚われてしまうのはおかしい。いまいったように、時代の要望、社会の要請に応えていくのが一番だ。

社会党入党の打診

――先生はこの保革合同の構想とは別にご自身が社会党に入党しようという目論見《もくろみ》もあ

ったのではございませんか。

岸　それはありました。三輪寿壮君にね、打診したことがあるんです。戦後衆議院に出るときに、社会党に入党して立候補しようと思ったんだから。

――それはいつ頃ですか。

岸　例のバカヤロー解散で衆議院に出る少し前、そうね、追放解除（一九五二年四月）の前でした。三輪君に、俺は追放解除になったら国会に出ようと思うんだが、ついては社会党に入党したいと申し入れたんだ。三輪君をはじめ社会党の連中は真面目にこれを研究してくれたんです。しかし社会党幹部の連中が岸の入党は許さない、つまり駄目だというんだ。鮎川義介君なら入れてもいいという話だった。これは真面目な話だったんだよ。

――真剣に社会党にお入りになろうとしたのは、どういう狙いだったのですか。

岸　社会党というものを保守党に交差させてもいいし、ある意味における保革連合の政党をつくるその基礎もできるということだ。両方の政党が、先ほどいうたように、裾野が交わるということが必要なんです。僕なんかのように国粋主義者あるいは自由主義者であり、資本主義の考えを持っている者も社会党に入ったらいいんです。社会党内にかける最右派としてですよ。保守党のほうには、かつての護国同志会をつくったときのように、社会主義の西尾とか河上丈太郎さんなんかを入れたらいいんじゃないか、というような気持ちが私にはあったわけだ。

——再建連盟による「保革合同」はうまくいかなかった、それでは俺のほうから社会党に入ってやろうというお気持ちがあったわけですね。つまり先生にしてみれば、「保革合同」による一大新党の結成と「社会党入党」とは同じ線上にあったということでしょうか。

岸　社会党と保守党というのは何か相容れない二つの政党というような考えでは駄目ですよ。政党の特色というものは当然あっていいけれど、根本的に対立してしまうことがおかしいんでね。一方は保守的な色彩が少し勝っており、他方は革新的な色彩が勝っているという程度がいいんだ。両党はその下のほうでは共通のものを持っていることが望ましいんです。したがって、そういうものの実例を拓くために保革連合の政党をつくってもいいんじゃないかと思うんです。

——こうしたお考えは、結局はうまくいかなかった……。

岸　いかん、いかん。

——何が障害でしたか。

岸　やっぱりね、そういう考え方は、説いてもなかなか分からんよ。僕からいわせれば、政治というものは、何というかな、イデオロギーに囚われすぎですよ。最近社会党内で社会主義協会（一九五一年、社会党や総評の一部および労農派理論家を中心に結成された戦闘的マルクス・レーニン主義の集団）などというものが力をもっておるが、これなどは自分の持っている主義、理論というものに囚われてすっかり先鋭化してしまっている。政治というものはそういうものではないと思うんだがね。

――社会主義協会などに対しては、これを支持する大衆はちっとも増えませんね。

岸 政治の社会においてはね、共産党は別にしても、その他の政党においては、現実的に高い理念があるわけじゃないですよ。学問的な、基礎的な考え方ということになれば、違いはあるかもしれないけれどもね。生活の面においては、現実の問題においては、もう少し共通の点が多いと思うんですよ。そこのところにことさら目をつぶってだな、それをみまいとする傾向があると思うんです。そうではなしに、現実というものにもう少し手を触れてみることが重要なんだ。この間、日韓協力委員会（一九六九年二月設立）の総会を開いたんですが、今まではこれに出かけてくる者は、ほとんど自民党の人たちだけだったんです。今度は民社党の春日一幸《かすがいっこう》君（一九七一―七七民社党委員長）だとか、公明党（委員長）の竹入義勝君とか、それから新自由クラブの山口敏夫君（中曽根内閣の労働大臣）などがきて、祝辞をのべて、この会に協力してくれるというんだ。

こうなるとね、物事は非常に現実的になってくる。韓国人を好かないとか、あるいは向こうからすれば日本人に対してナニがあるかもしらんけれども、韓国と日本が仲良くしていかなければならないということは当然なんだ。隣が嫌だから引っ越すというわけにもいかないんだからね。結局、お互いに仲良くしていく以外に方法がないと思うんですよ。現実の政治からみて、特に野党だから韓国と話をしないというようなことは間違っていると思うんですよ。

吉田氏は改憲論者

――先生はあのバカヤロー解散による総選挙で、戦後初めて代議士になられる。それも吉田さんの自由党の代議士になったわけですね。ところが、早速吉田さんに楯突《たてつ》くかのように保守再編の動きに出ますね。この選挙の年の暮れ（一九五三年十二月）、自由党総務会は党内につくられる自由党憲法調査会の会長に岸さんをもっていくことに決定しますね。自由党を脱党していた鳩山一郎さんの「復党」を条件に、吉田さんはいわば仕方なく岸さんをこの憲法調査会の会長に迎え入れたわけですが……。

岸　確かに吉田さんから憲法調査会の会長をやれといわれた。私はこのとき吉田さんに

「自分としては、実はいまの憲法を改正しなきゃいかんと思っている。この憲法はそもそも制定の経緯からして間違っている。憲法調査会会長としてはそういう考えでやりたいと思いますが、いいですか」といったんです。

——吉田さんの反応はいかがでしたか。

岸　吉田さんはこういうんだ。この憲法なんていうのは、改正しなきゃいかん憲法だよ。自分は実はこの憲法を仕方なしにあのとき受諾せざるをえない立場にあった。これを改正しなければならないと考えてきた。しかし改正は容易ならんことだ。そこで占領下のうちに改憲をやろうと思って、朝鮮戦争が起こった当時（一九五〇年）、マッカーサーに相談した。マッカーサーも、自分がこれを日本にナニしたのは間違いだった、改正すべきだといっていた、とね。

——吉田さんがマッカーサーに憲法改正の話を持ち込んだのは、朝鮮戦争勃発の頃だったのですか。

岸　うん、そうです。憲法九条では朝鮮戦争に際して日本は何もできない。そうこうしているうちにマッカーサーが（トルーマン大統領によって）首を切られちゃって、後任にリッジウェイ（マシュー・バンカー。一九五一年四月第二代連合国軍最高司令官に就任）が来た。吉田さんの話によれば、リッジウェイにも同じように相談した。しかし、リッジウェイにはマッカーサーほどの力はなかった。だから占領下に憲法改正をすることはできなかった、ということだった。

――岸さんと吉田さんとは戦後政治においては、とりわけ保守再編をめぐっては全く反対の立場に立っておりましたね。

岸　結局、私が吉田さんに反対して、吉田さんに総理を辞めてもらうような運動を起こすことになったんです。しかし、私が安保改定を進めるについては、大事なことは吉田さんにずっと相談してきました。あの人は非常に礼儀正しい人で、私が大磯（吉田茂氏は神奈川県大磯に私邸を構えていた）を訪問すると、必ず東京へ出てきたときには私の家に名刺を置いていく……。

――答礼の意味ですか。

吉田 茂

岸　「俺は何も岸信介なんていうものを尊敬しているんじゃない。しかし日本の総理大臣に対しては自分は敬意を表する。この総理大臣が我《が》を曲げて自分の家を訪ねてこられた以上は、それに返礼するのは当然のことだ。あの岸信介にではなく日本の総理大臣に俺は礼を尽くしているんだ」という話をされておったけれども、吉田さんはそういう人だよ。だから、ある意味において吉田さんは非常に旧式の人だともいえるだろうが、しかし頑迷固陋《がんめいころう》の人じゃないよ。吉田さんはいろいろなものを書いておられるが、それは加瀬俊一《としかず》君（外交官。ユーゴ大使、国連大使などを歴任）が原稿を書いたりなんかしているんだよ。吉田さんは冗談をいっていた。君、「吉田茂」というのは加瀬俊一のペンネームだよ、とね。

――吉田さんご自身がそうおっしゃった……。

岸　そう、そう。

――加瀬さんという方は筆が立ちますね。いまでも本を書いていらっしゃいますけれども。

岸　加瀬君はちょっとキザだよ。なかなか頭もいいし、勉強家でもあるが、とにかくキザな男だ。

――先ほどおっしゃったように、岸さんは、一時吉田さんには随分反対というか刃向かったわけですが、そういうことは安保改定の当時でも吉田さんご自身はあまり根にもっておられなかったのですね。

岸　根にもってはおられない。私が「反吉田」であったのも、吉田さんに個人的な恨みや反感があったからではなしに、日本の政治を粛正し、政治の新しい流れをつくるためにやったことだ。吉田さん自身、そのことをある程度理解しておったから、私が訪ねて行っても快く迎えてくれたんだと思う。

――政治の新しい流れをつくるというのは、岸さんにとりましては、結局は占領時代の残り滓《かす》を一掃するということになるわけでございますか。

岸　そうです。私は保守と革新の二大政党制にすべきだと主張していた。当時、保守勢力が自由党と（日本）民主党に分かれて、保守党同士が喧嘩をするという状況でした。保守党同士だから政策にあまり違いがないとなれば、選挙のときだって、演説の内容は個人攻撃ばかりになるんですよ。いわば人身攻撃です。そういうことは政治の浄化の上からしてよくないことです。保守勢力を結集すべきだ、というのが私の立場だから、それには吉田さんが邪魔になるということだった。

日本民主党の結成

――そしていよいよ保守合同に向かって行動する……。

岸　まだ保守勢力が自由党と改進党に分かれているときでした。選挙になると保守政党同士の争いは全く激しいものでした。大した政策上の違いがないにもかかわらずにだ、変な人身攻撃だけが突出してくる。必然的に選挙の争いが汚くなる。革新政党にもまた同じ傾向があったんです。だから、共産党を別にして保守と革新がそれぞれ結集し議会制民主主義のなかに入っていく姿を求めたんです。保守政党の側からすれば、できるだけ進歩的な人々も入れるべきだ、というのが私の一貫した考えでした。

——政局の安定ということも視野にあったわけですか。

岸　もちろんです。ともかく日本の政治を断行していくためには政局を安定させなければ駄目ですよ。政策を実行するだけの、国民の圧倒的な支持を受ける二つの政党をつくって政局を安定させるということが必要なんです。そういう意味では保守合同は非常に成功だったと思うんです。議会制民主主義の政治を行なっている国で、一つの政党が三十年近くも政権を担当してですよ、国民の信頼を失わないという例はちょっとないんじゃないかなあ。

——そこで、この保守合同について少し詳しくお尋ねします。まず一九五四年十二月七日吉田内閣が総辞職し、三日後の十二月十日（第一次）鳩山内閣が成立します。鳩山政権を成立させたその政治基盤は、同年十一月反吉田勢力を糾合して結成された日本民主党です。この日本民主党は、結党に先立って同年九月十九日東京音羽の鳩山邸で行なわれた、いわゆる六者会談（自由党の鳩山・岸・石橋、改進党の重光《しげみつ》・松村、日本自由党の三木武吉）が一つのキーポイントでした。この六者会談では「反吉田」で意見が一致し、「新指導者、新組織、新政策で新党を結成する」ということが確認されましたね。

岸　確かにこの会談は、鳩山さんの私邸で行なわれました。

――日本民主党は四つのグループの寄合所帯であったといわれます。一番目は自由党内の鳩山・石橋氏のグループ、二番目は自由党内の岸派、三番目は三木武吉氏、河野一郎氏（一八九八―一九六五。鳩山内閣の農林大臣）らの日本自由党、それから四番目は重光葵《まもる》氏（一八八七―一九五七。鳩山内閣の外務大臣）、三木武夫氏らの改進党グループでした。この四つの流れがあって日本民主党という政党ができたように思うのです。この新党結成は、岸さんの戦後政治活動の、おそらく最初にして最も重要なステップであったと考えるのですが……。

岸　実はね、私がこの新党運動を起こしたについては、こういう考え方があったんです。当時保守勢力は自由党と改進党に分かれていたんだが、日本の議会制民主政治のためには、この状態ではいかんと思っていた。革新政党も一つになり、保守陣営も一つにならなければならない。しかし、保守政党が一つになるには、ただ二つのものが合併するだけでは意味をなさない。新しい保守主義、脱皮した保守党をつくるというのが私の狙いだった。この運動を起こすについては芦田均君、石橋湛山君、それに私の三人がじっくり話をしたことがある。つまりわれわれ三人が中心となって新党運動を起こそうじゃないかという話し合いをしたんです。

──それはいつ頃ですか。

岸　この年（一九五四年）の五月頃だったと思います。銀座の交詢社《こうじゅんしゃ》でときどき会ったんだ。この三人が会う少し前、造船疑獄（計画造船の割り当てと利子補給法をめぐって起こった、海運・造船業界および政界の贈収賄事件）に関連して（法務大臣の）犬養健さん（一八九六―一九六〇）がいわゆる指揮権発動（造船疑獄に絡んで、佐藤栄作自由党幹事長に対する検察庁の逮捕請求方針を、法相が検察庁法第十四条によって事実上阻止した）を行なって大問題になった。それに前後して（副総理の）緒方竹虎《たけとら》さん（一八八八―一九五六）が保守勢力の結集を呼びかけた有名な「爛頭《らんとう》声明」（四月十三日。「政局の安定は現下爛頭の急務である」という内容）を出したりして保守合同の気運が出てくるんだが、実際にはなかなか進展しなかった。

こうした状況のなかで芦田君から交詢社で会いたいという話があったんです。私はまだ駆け出しの代議士でね。こういう大きな話で芦田さんから声をかけられ、「君、今の政界の状況をどう思うか」と聞かれたんですよ。私はいったんだ。いまの自由党と改進党がそのままの形で合同しようとしても、これはできっこない。彼らが一枚も二枚も上着を脱がなければ駄目だ。鱗《うろこ》のたくさんついた古い汚れた上着を脱ぎ捨てて、まずは裸になって出発しなければ駄目だ。私は芦田さんにそういったんです。芦田さんは非常に共鳴してくれて、「君のいう通りだ。新党をつくろうじゃないか」というんだ。その後芦田さんが「石橋君も君と同じような考えをもっているから、彼も誘おう」というんです。こんなふうにして、まず三人が新党運動を起こそうという決意を持つことになるんです。

保守合同に関する岸氏の基本的な考え方は、同氏の後援会機関誌『風声』のなかにその一端をうかがうことができる。

「然《しか》らば、如何なる形に於ける政局の安定が最も望ましいであろうか。私は保守勢力の結集に依《よ》って其の基礎の上に政局を安定することが、我国の現状として絶対に必要であると確信するものである。（中略）私は議会政治の運用を円滑公正にし効率的にする上からも、政局を安定する上からも二大政党に政界が再編成せられねばならぬと予《かね》てから主張して来ているのであるが、其の見地から云えば、当然二大政党共に相当の幅を持たねばならぬこと当然である。小異を捨てて大同に著《マ》く《マ》見地から保守勢力はよろしく結集して、一大新保守党を結成すべきである。此《こ》の安定勢力の上に強固な安定政権を作りあげて国民の熱望に応え、国家再建への強力な政治を推進すべきであ

る」（『風声』創刊号、一九五三年七月、六—七ページ。ルビは編者）

——新党三人組ですね。

岸　この運動の手初めとして全国遊説をするんです。この遊説には随分力が入りました。この遊説の第一声は、大阪の中之島公会堂であげることになったんです（自由党の岸信介氏、石橋湛山氏、改進党の芦田均氏らを含む新党結成促進協議会は、七月二十五日から同公会堂で全国遊説の第一歩を印す）。この年の秋には政権末期の吉田さんはちょうど外遊に出掛けるし、その留守中に新党運動はますます盛んになったんだ。

——保守合同については随分ご苦労があったのでしょうね。

岸　それはあった。石橋さんと私は自由党から除名されたんだから（一九五四年十一月八日自由党の臨時総務会は岸、石橋両氏の除名を強行する）。われわれが除名されたのは（一九五四年）十一月でした。このあと新党気運はますます盛り上がることになるんです。それで思い出したんだが、十一月になって鳩山さんをいよいよ新党の総裁にする動きが強まった頃、緒方竹虎さんから面会を申し込まれたことがある。彼はこういうんだ。君たちは鳩山を新総裁にしようとしているけれど、鳩山では健康が許さない、とね。そのときの私の印象では、緒方さんはこういいたかったんだと思う。つまり、岸たちが考えているように、吉田さんは引退させなきゃいかんだろう。しかしそのあと俺が、つまり緒方さん自身が総理になりたいというような気持ちであったように思うんです。私はこのとき緒方さんにいったんだ。緒方さんは私が尊敬している先輩なので、将来必ず一緒に仕事をしなければいかんと思っているが、現在の状況ではあなたと吉田さんとは一体だ。だから吉田さんに代わってあなたが総理をやるということでは新党の連中はおさまらない。鳩山さんが病身であることは、確かにマイナスであるが、しかし活動もできない、政治をやるのに耐えられないというような健康状態ではない。気をつけてやれば十分に総理を務めることができる。そして新しい保守主義の衣を着た政党をつくりあげることが将来のために必要なんだ。私はこう説いたんですよ。

――この頃吉田さんはどうしていたのですか。

岸　新党のお膳立てができた頃、吉田さんも外遊から帰ってきたんです（十一月十七日）。吉田さんは帰国後、総辞職をせずに解散するといったんです。これを松野鶴平《つるへい》（一八八三―一九六二。戦前は米内《よない》内閣の鉄道大臣、戦後は参議院議長）とか、大野伴睦《ばんぼく》あたりが強く諫めて総辞職ということになった。そしてそのあと自由党の後継総裁として緒方さんの名前が出たのだが（十二月八日自由党総裁に就任）、吉田さんはこれに不満だったんだ。結局、これに前後して新しく日本民主党が結成され（十一月二十四日）、総裁の鳩山さんが社会党の賛同を得て内閣を組織した。これは選挙管理内閣だったがね。

――その当時の政治の流れは実に緊迫していましたね。

岸 まったくそうでした。妙な話だけれども、新党をつくるにあたっては資金不足に随分悩んだ。カネがなかったんだ。新聞紙をお札と同じ大きさに折って……。

――厚みをつけて……。見せ金ですか。

岸 うん。上にお札を置いて、下にもお札を置いて中身は新聞紙だ（笑い）。そりゃあ高く積み重ねていたんだ。見かけだけはこれだけのカネがあるというふうにね。支持者が金庫を開ければカネが堆《うずたか》く積まれていたというわけだ。まさに見せ金ですよ。

――それはいつ頃ですか。

岸 新党運動で全国を遊説している最中です。同志を集めているときだった。

――同志糾合のための見せ金ですね。

岸 あそこにはカネがあるぞ、というわけです（笑い）。

――それは奇手ですね。

岸 面白い話ですよ。あれは永田町のグランドホテルでした。そこに一室を借りて新党運動の根城にしていたんです。私は代議士になってからまだ二年経っていないぐらいだからね、まだまだ駆け出しでした。幸いに当時私は、戦前から知っていた（参議院議員の）三好英之、それから（衆議院議員の）川島正次郎君などを参謀のようにしていました。あのとき一緒に新党運動をやった芦田均さんは一高の先輩で、しかも名演説家だった。演説がうまかったなあ。鶴見祐輔《ゆうすけ》（一八八五―一九七三。参議院議員。鳩山内閣の厚生大臣）なども やはり演説がうまかった。新党をつくるための全国遊説で芦田均さんの演説には随分勉強させられた。私などはどちらかというと、役人上がりのいわば講演型なんだよ。演説型ではないんだ。

――講演型と演説型ではどう違うんですか。

岸　まあ要するに、講演は主として聴衆の理性に訴えるんだ。演説は感情に訴えるといってよいかもしれない。

――演説には特別なものが必要なのでしょうね。

岸　うん。もちろん演説でも理性に反するようなことをいったって駄目だけれども、ところどころ聴衆の反応をみて盛り上げていくテクニックは必要だ。私もこの点苦労したけれども、新党遊説のときの芦田さんの演説には学ぶところがあったね。

保守大合同へ

――日本民主党の結成というのは、先ほど申しましたように、岸さんの戦後の政治活動においても非常に重要なステップになったかと思うんですが、そもそもこの日本民主党に何を期待したのでしょうか。

岸　日本民主党には大して僕は期待していなかった。これは、対する自由党と一緒になって保守大合同をする一つのケルンだと考えていた。日本民主党の結成は、この党が将来の大合同の中心になるということを狙いとしていたんだ。それだけの意味であって、これで終わりじゃないんだ。あくまでも保守結集の第一歩だったんです。

――保守大合同が最終の目的だったということですか。

岸　そうです。日本民主党は金平糖《コンペイトー》の中心であると考えていた。しかし、保守大合同といっても、ただ数を合わせるということではなかった。やはり日本民主党が中心になって、しかも立党精神そのものになって保守大合同をするということでした。できるだけ早い機会に保守合同をするというのが、日本民主党の結成の狙いでした。

岸信介氏とともに保守合同を主導した三木武吉氏は、日本民主党の誕生に際して次のように語っている。
「実はだ。昨日認証式のすんだ後、音羽で鳩山に会つたら大変喜んで『お蔭で内閣がとれた。有難う』と、礼を言うから、わしは、わしの力じやない。世論が鳩山に内閣をとらせたのだといつてやつた。その国民の世論はこんな鳩山内閣などに満足してありやせん。（中略）。民主党も鳩山内閣もそのため（保守結集による日本再建のため）の一里塚に過ぎん。そのためには明日といわず今日からでも鳩山内閣を倒す方向に動くかも知れん。この内閣も民主党も、その大目的のための埋草《うもれぐさ》に使うだけだよ。鳩山にそういつておいた。君とわしの戦ももう始まつているかも知れん。よく考えておいてくれ、とな。昨日の敵は今日の友、自由党総裁緒方はもとより、吉田といえども今度は手を握る努力をせねばならんのだ」（三木会『三木武吉』、一九五八年、非売品、四百三十一ページ。括弧およびルビは編者）

三木武吉

――日本民主党の政策大綱に、現行安保条約を「双務的条約に改訂する」とありますが、この文章はどんな経緯で（政策大綱に）入れたんですか。

岸　日本の安全保障の一切をアメリカに依存するとい

うことではなしに、日本の独自性というものを持たなければいかん、というのが立党の精神でした。しかし、日本は自国だけの単一の力ではそれができないのだから、アメリカとの安保条約は必要だけれども、その安保条約は、あくまでも日本が自主的に防衛するということが基本でなければならない。そしてアメリカと対等の条約をつくる、そういう考え方であった。

――「安保改訂」をわざわざ政策大綱に入れたのは、日本民主党の岸幹事長だったのですか。

岸 政策の問題は、大部分私の考えでした。

――では、もうすでにその頃、いずれ安保改定をやろうということであったわけですね。

岸 もちろん、そうです。

――ところで、日本民主党ができあがって「岸幹事長」が実現するわけですが、こうなると、俺は「総理」に一歩近づいた、というお気持ちにはなりませんでしたか。

岸 いや、そんな気持ちはなかったな。でもやっぱり、一日も早く保守大合同を実現したいとは思ったよ。

――鳩山内閣が誕生して間もない五五年二月には総選挙が行なわれますが、この選挙は岸さんにとっては随分力の入った選挙だったようですね。新党の幹事長として公認候補の決定や選挙資金を集めることまで全部おやりになったわけですね。

岸　確かに、あの選挙には力が入った。

――選挙の結果は、衆議院の全議席四百六十七のうち日本民主党が百八十五議席で比較第一党になりました。緒方さんの自由党が百十四議席で（選挙後の追加も含む）、両党の間には相当の差がつきました。この時日本民主党が単独で過半数（二百三十四議席）をとるということを、最初から期待しておられたのですか。

岸　それを狙ったんだけどね。

――狙っていたんですか。結果は、予想を下回った……。

岸　選挙をやったあとで考えてみると、少し無理な目標だったと思いましたよ。しかし、あの選挙の結果自由党と民主党が議席数で逆転したんですから、民主党の大成功だった。とにかくそれまで圧倒的な勢力を誇っていた自由党よりも、この選挙で日本民主党が多数の議員を獲得したことは、その後の保守結集には極めて重要であったわけです。

――この選挙では、いわゆる岸派の勢力は、相当伸びたのではないでしょうか。

岸　あの時は、まだ岸派なんていう考えはなかったがねえ。

――当時の新聞は選挙で岸派が三十人ぐらいになったというふうに書いていました。それから、旧改進党の芦田派とか大麻唯男《おおあさただお》さん（一八八九―一九五七。衆議院議員。鳩山内閣の国務大臣）のグループなどが岸さんに近づいていくということで、岸派の予備軍のような人たちがこの選挙で増えたように思いますが。

岸　まあねえ、僕は幹事長として、とにかく目標の保守大合同を完成するという一念に燃えていました。あの選挙の時点でホッとしたという状況ではなかった。したがって、岸派をどうする、こうするという考え方は当時なかったですね。岸派について考えるようになったのは、自分が鳩山さんの後、（自民党第二代）総裁選挙（一九五六年十二月）に臨むとか、自分が政権を握るとかという状況になってからですよ。

――そうしますと、派閥としての岸派を意識なさったのは、やはり鳩山引退後の自民党総裁公選で石橋湛山さん、石井光次郎《みつじろう》さんと争ったあのときですか。

岸　そうです。

――五五年二月のあの総選挙では、日本民主党の幹事長として資金を集めるのに随分ご苦労があったのではないですか。

岸　苦労したね。当時経団連に植村甲午郎《こうごろう》君（一八九四―一九七八。戦前は商工省を経て企画院次長。戦後は経団連事務局長から会長）がいたもんだから、彼に頼んだよ。財界は随分ナニしてくれたよ。あの選挙では財界からカネを集めた。

――植村さんが中心でしたか。

岸　経団連のなかではね。金融関係は福田君（赳夫《たけお》。後に首相）がナニしとった。

――カネ集めについては福田さんはやはり強かったのですね。それにしましても、この総選挙では相当財界に岸さんご自身顔を広げたのではございませんか。

岸　確かに広げたよ。カネづくりと選挙運動で東北から九州、四国まで行きましたからね。いまのように飛行機を使うような時代ではなかった。夜行列車で行ったこともあったなあ。

緒方竹虎氏の急逝

――五五年十一月には、いよいよ保守合同が完成しますね。つまり自由民主党が誕生するわけですが、この保守大合同に至るまでには、民主党から岸信介、三木武吉、自由党から石井光次郎、大野伴睦のいわゆる四者会談が数え切れないくらい持たれました。この保守合同で一番苦労された点は何でしたか。

岸　要するに総裁問題ですよ。それだけですよ。後は大したことはなかった。

――総裁問題といえば、結局は代行委員制をとって決着がつきましたね。総裁を一人に絞ることができずに、鳩山一郎、緒方竹虎、三木武吉、大野伴睦の四人が代行委員になって党を集団指導するという態勢でした。なるべく早い時期に初代総裁を鳩山氏に、そしていずれは緒方さんに総裁の椅子を譲るという話が暗黙のうちにあったといわれていますが、こうした約束はあったのですか。

岸 約束というわけではなかったが、黙々のうちにそれはあったと思う。とにかく鳩山さんについては日ソ国交（回復）問題が解決すれば引退して、次は緒方さんに総理総裁になってもらうというのが大体の筋だったなあ。

――鳩山の次には自分だというお考えは、先生にはなかったのですか。

岸 いや、そんなことはなかった。鳩山の次は緒方さんだと思っていました。緒方さんが途中で死ななければ、当然そうなっていたでしょう。要するに、四人の代行委員のなかで三木武吉と大野伴睦は総理総裁の人柄じゃないしね。そうすりゃあ、鳩山と緒方しかいない。

――ところが、保守合同の二ヵ月後の翌年一月末、緒方さんは急死なさいます。これはやはり岸さんご自身にとっても、全く予想外でしたでしょう。

岸 だから私は、非常に早く総理になった。

――追放解除から岸さんが総理になるまで五年かかっていませんね。

岸 思いのほか早く首相になったのは、何といっても緒方さんが死に、それから石橋さんが病気になったという、予期しないことのためですよ。両方が健在であったなら、果たして政権が私にきたかどうか分からんなあ。たとえ私に政権がきたとしてもだ、それから七、八年後だな。大体誰かが総理になれば、三、四年はやるだろうからね。運というか巡り合わせというか、ただ力があれば総理になれるというわけではないですよ。

――緒方さんが亡くなられたときには、ご自分が「総理」に近くなったとお考えになったのではありませんか。

岸　いや、そんなことはないよ。保守合同が完成した翌年（一九五六年）、確か一月五日か六日だったと思うが、私は熱海の別荘から、近くに静養していた緒方さんのところへ年賀に行ったんです。私が訪ねて行くと話が弾みましてね。以前から心臓に欠陥があるといわれていた緒方さんはそのときこんなことをいうんだ。自分は昨日心電図をとったが、非常に結果がよろしい、安心した、とね。緒方さんの言をもってすれば、ところで鳩山君は病身だから、いつ故障が起こるか分からん。そういう場合に混乱が生じないように、（鳩山首相の後継として）自分も心構えをしていなければいかん、というんだ。つまり自分が鳩山の後に総理をやるという決意の披瀝《ひれき》であった。緒

緒方竹虎

方さんはこうもいっていた。ついてはその場合、今日の一番大事な問題は外交だ。自分が首相になったときの外務大臣のことをいろいろ考えているんだが、自分は岸君、君にやってもらうのが一番いいと思う、とね。緒方さんは自分が組閣にあたる場合には、外務大臣を岸にするつもりであったと思うんです。ところが一月の末に（一月二十八日）急に亡くなったんだからね。

――岸さんはそのとき、緒方内閣になれば外相を引き受けてもよいとお考えになっていたのですか。

岸　そうです。私もこれを受けてもいいと思っていた。緒方さんには、「確かに外交が大事だ」という話をしたことを覚えています。

――緒方さんが急死された後の四月五日、自民党は臨時党大会を開きますね。ここで（自民党）初代総裁はすんなり鳩山さんに決定されますが、岸先生ご自身としては緒方さん亡きあとですから、鳩山さんの後継としていろいろと意識されていたのではありませんか。

岸　そりゃそうだ。

――その頃すでに、「鳩山の後は岸」ということを鳩山さんご自身からは何らかの形でお話があったのではありませんか。

岸　いや、鳩山さんが辞めるまで鳩山さん自身からは後継問題の話はなかったですがね。しかし河野（一郎）君からは……。

――河野さんからは、かなりはっきり「後継者は岸」ということで支持表明があったわけですね。

岸　その通りです。

――しかしそれにしましても、先生は戦後政界に復帰して、みるみるうちに総理大臣の椅子を得たということになりますね。

岸　先ほどいったように、要するに緒方さんが死に、石橋さんが病気で倒れられたということ、つまり運ですかね。それから、まあナンだね、私は安倍晋太郎《しんたろう》（岸信介氏の女婿《じょせい》。自民党政調会長から、鈴木善幸《ぜんこう》内閣の改造人事――一九八一年十一月――で通産大臣に就任）やその他若い世代の連中にいうんだけれども、僕が昭和二十八（一九五三）年に政界に復帰して、わずか四、五年で総理になったとはいえ、その間における僕の活動ぶりは、ただのほほんとしておって、果報は寝て待てというわけではなかった。棚からぼた餅が落っこちたというんじゃないんだから。

――それは獅子奮迅《ししふんじん》でしたでしょう。

岸　うん。運と獅子奮迅の二つですよ。しかし僕の獅子奮迅は、総裁総理になろうと思ってそうしたというよりはだよ、この日本における議会制民主政治の将来のあり方に対する僕の考え方を実現するためにナニしたんであって、私自身が総理になるために獅子奮迅したというわけではないんだ。

――結果として、ということですか。

岸　結果としてそうなったんだ。最近の政治家はみんな自分自身が総理になるために何か努力し、いろいろ工作するという傾向がある。だからその意味で、いま僕は（行政管理庁長官の）中曽根君（康弘。後に首相）にいうんだ。君は総理になるなんて思わずに、とにかくいま問題になっている行政改革を断行することだ。それが日本の政治を立て直す基本だ、とね。本当に行政改革を実現したのは、過去においてはいないんだ。僕をしていわしめれば、本当の行政改革をやったのは、明治維新のときの先輩たちと、占領時代のマッカーサーぐらいのものだ。後は歴代の内閣が行政整理、行政改革をやるといいながら、実際はみな竜頭蛇尾《りゅうとうだび》に終わっているんです。だから中曽根君には、総理になろうと思っちゃ駄目であって、行政改革をやり遂げたら否応なく君は総理にならざるを得なくなるし、みんなが推すんだ、と私はいってるんです。

――中曽根さんにおっしゃったのは最近ですか。

岸　うん、そうです。半年ぐらい前ですよ。

――行政改革の進捗ということになると、最近少々心もとないですね。

岸　あのとき中曽根君は、岸からこういう激励を受けているというようなことをあちこちにいっていたようだ。行政改革を断行する、と中曽根君はいっていたんだがねえ。

――最近は、行政改革はちょっと難しい状況ですね。

岸　それでは駄目なんだ。行政改革をやり遂げれば、誰が何といおうと、その人が総理になりますよ。

憲法改正と日ソ交渉

――話を戻しますが、鳩山政権の主な課題は、憲法改正と日ソ国交回復の二つに集約されると思います。憲法改正は五五年二月の総選挙で社会党を含めた革新勢力が改憲阻止に必要な三分の一の議席数（当選議席数は左派社会党八十九、右派社会党六十七、労農党四、共産党二。すなわち議席率は三十四・七％）を獲得します。これで、鳩山政権は改憲を断念することになるわけですが、翌年六月の参議院選挙でも、先の衆議院選挙に続いて革新勢力が三分の一を上回りました。まず五五年二月の総選挙に対して、岸さんは当時（日本民主党）幹事長としてかなりの決意を持って臨んだと思うのですが、この選挙では憲法改正を狙っていたのですか。

岸　憲法改正は私の政界における一貫した狙いだが、そう容易にできるものとは思っていなかった。だからこの選挙でもって（改憲のための）三分の二の議席が取れるなんて、そんなことは考えていなかったですよ。そりゃ、取れないもの、実際。憲法改正ということについて、この選挙で国民に理解を求め国民を啓蒙するということは、もちろん考えていましたよ。しかしこの選挙の結果、すぐ憲法改正をするんだ、そういう考えはなかった。なにせ、改憲は大事業なんですから。

——改憲については、鳩山さんもかなり熱心だったでしょう。

岸　それは熱心だった。

——鳩山政権の一つの特徴を打ち出すという意味で、憲法改正は一応政権党の旗印になったということですか。

岸　そういうことよりは、もう少しニュアンスは強かった。それはね、憲法改正は必ずやるということであって、それには保守勢力を結集して、その安定した政治基盤が必要なんです。また改憲を準備するには憲法調査会もつくる必要がある。単に一つの目標を掲げているということではなしに、本当に真剣に改憲を実現しようということだから、三年や五年でできるとは思っていないんだ。

――日ソ国交回復の問題はいかがでしたか。

岸　総理になられた鳩山さんの一番の願望は、自分が日ソ間の問題を解決するんだ、というにあった。憲法の問題はもちろん長い見通しで政治家鳩山一郎の信念として重要視していたと思うが、日ソ交渉のほうは自分（鳩山政権）がやる、という考えでした。鳩山さんにしてみれば、自分はもう病気で長生きはできないし、これは俺でなければできない、俺がやるんだ、という意気込みだった。鳩山さんの信念であり、ある意味の執念といってもいいだろうね。

――岸さん個人としては、この日ソ問題についてはどんなふうにお考えでしたか。

岸　私が日ソ交渉を成立させなきゃいかんと思った一番の理由は、日本が国際社会に復帰するということにあったんです。何としても国連に入らなければいかん、ということだ。日ソの国交がないあの状況ではソ連が日本の国連加盟を拒否権でもって邪魔をし阻止しているわけだから、日本はいつまでも国際社会の一員になれないんだ。日ソ交渉によって両国の戦争状態をなくして、ソ連が日本の国連加盟に拒否権を行使しないようにする必要がある。しかし、そのときに分かっていたことは、ソ連がなかなか北方領土を返さないということだ。領土問題を将来の懸案にしておいて、第一歩としてはとにかく日本が国連に加盟して国際社会の一員になるということが重要だった。

——当時の自由党の吉田派といいますか、池田勇人《はやと》さん（一八九九—一九六五。後に首相）たちのグループは日ソ交渉には強く反対しましたね。

岸　そりゃあ反対だった。

——吉田さんや池田さんたちは領土については絶対に譲れないということでした。それから、対米関係というものを非常に気にされていましたね。

岸　そうでした。池田君も日ソ交渉には反対したけれども、吉田さんや池田君に近い小坂君（善太郎。池田内閣の外務大臣）あたりが特に強く反対していたんですよ。

——小坂善太郎さんですか。

岸　ああ、善太郎さんです。なにせ吉田さんと鳩山さんとの関係は非常に悪かったからね。政策問題の前に、人間的、感情的に関係が悪かった。

吉田氏と鳩山氏

——もともとご両人の関係がそれほど悪くなかったからこそ、鳩山さんは戦後追放されると吉田さんに政権を委ねることになったのですが。

岸　そうそう、その通りなんだ。しかし吉田がその後鳩山に政権を返さないということでだよ、鳩山一派は吉田さんに非常な悪感情を持つことになったんだ。鳩山グループからすれば、吉田を首相にしてやったのは鳩山なんだ、吉田は忘恩の徒だということになったんです。

一九四六年五月、組閣直前の日本自由党総裁鳩山一郎氏は、GHQによって公職追放された後、吉田茂氏に党総裁と首相の地位を委ねることになるが、これについて鳩山氏自身次のように回想している。

「吉田君が総裁を引受けることになつた時、四ヶ条かの書いたものを向うから持つて来た。この書いたものはその後何うなつたか、紛失してしまつたが、あの時二人でこんな話をした。自分は政党のことは全く関係がなくて分らんから、政党の人事については一切君の方でやつてくれなきや困る。政党は一切君の力で押えてくれ。但し内閣の人事については干渉してくれるな――とこう吉田君が私に話した。又吉田君は自分は金はないし、金作りも出来ない。金の心配は君の方でやつてくれなきや困る。俺は辞めたくなつたら何時でも辞めるんだ。君のパージが解けたら直ぐ君にやつて貰う、とこういつて吉田君はこれを四ヶ条に書いて私のところに持つて来た」（鳩山一郎『鳩山一郎回顧録』、文藝春秋新社、一九五七年、五十五ページ）

——吉田さんも意地になって……。

岸　吉田さんの本当の考えは、日本の難局を打開していくには、鳩山の健康状態（一九五一年六月脳溢血で倒れて以来、体の不自由をかこっていた）ではどうにもならん、ということだったと思う。いわゆる鳩山派と吉田さんの考えは少し違っていたんです。吉田さんは鳩山さんに対して、一国の総理としてこの難局にあたるにはあの健康状態では駄目だ、ということだったんです。

——鳩山さんの健康問題は、吉田さん自身の政権延命の口実ではなかったのですか。吉田さんは本当に鳩山さんの健康状態を考慮に入れていたのでしょうか。

岸　いや、本当でした。吉田さんの考えのうちには、いやしくも一国の総理大臣として国を指導するには病気の身であっては困るということです。つまり病人は間違った判断をしがちだということです。一国の運命を両手に持つのだから、肉体的にも健全なる上に健全でなければならん、これが吉田さんの考えですよ。

——事実、吉田さんは健康であった……。

岸　健康だった。少なくとも本人はそう思っていたでしょう。

——少し前吉田さんはテレビに出ておりましたが、かなり前からあの方は高血圧症であったそうですね。マッカーサー元帥に会うと、少しオーバーだと思いますが、二百五十くらいに血圧が上がったとおっしゃっていました（笑い）。ところで、先生は鳩山さんを人物としてどういうふうにご覧になっていましたか。

岸　私は、人間的にどっちが好きかといわれれば、吉田さんのほうが好きだなあ。

——どうしてですか。

岸　どうしてって、そりゃ肌合いだよ。私は鳩山秀夫先生（一八八四—一九四六。一郎氏の実弟。民法学者。東京大学教授を経て衆議院議員）に非常に可愛がられて、よく秀夫先生のお宅に我妻栄《わがつまさかえ》君と一緒に訪ねて行ったもんです。そんなことで鳩山一郎さんとも、自然に学生時代から知り合いであったわけです。鳩山さんを嫌いというわけではないんです。しかし、吉田さんのほうが非常にユーモリストだったしね。

——吉田茂という人物は、一口でいえばどういう方なんですか。

岸　一面においては、皇室に対して「臣茂」なんていうぐらいに、陛下に対する臣下としての……したがって、物事の考え方はそういうことでは徹底している。人の好き嫌いがなかなか激しかったしね。河野一郎なんていうのは大嫌いだった。それから政治的には吉田さん自身が駐英大使をやられたためか、英米的な考え方であった。だから、戦争を早くやめなければいかんというので、いろいろな動きをしたために、（戦争末期には）憲兵隊に捕まって監獄へ入れられた。人間としてはなかなかユーモアがあってねえ。

——性格的にはカラッとしているんですか。

岸　なかなかカラッとしています。

——岸さんは戦前から吉田さんとはお付き合いがあったのですか。

岸　吉田さんの長女の桜子《さくらこ》という人がおったんだが、この人が私の従兄弟《いとこ》で外交官の吉田寛《かん》の細君になりまして、私は寛の東京における親戚代表として結婚式に出たんです。そこで吉田さんと知り合ったんです。その後私が満州に行く頃に接触がありました。戦後は巣鴨から出て昭和二十八（一九五三）年二月に私がヨーロッパに外遊するので、吉田さんのところに挨拶に伺った時、「参議院に出ろ」と勧められたんです。確かその年の四月に参議院選挙（第三回）があるはずでした。「私はガラが悪いから参議院のようなところには行かないで、出るとすれば衆議院に行きます」と話したら、吉田さんは「君は追放ボケしているな」といって、「君のガラの悪いのはよく知っているから、衆議院より参議院へ行けといってるんだ。この頃は衆議院より参議院のほうがガラが悪いんだ」というんだ。「参議院は労働組合上がりが多くなって、その連中が悪いから、ちょうどお前に向いていると思って、参議院を勧めているんだ」とね。そういう冗談をいう人でした。

——吉田さんは、なかなか洒脱の人でしたね。

岸　洒脱でしたよ。鳩山、吉田両方ともお坊っちゃんでしたがね。

――政治家としての特徴となりますと、ご両人はかなりタイプが違うのではないですか。

岸　鳩山さんは、政治家として長い間東京市会議員をしておられた。だから、政党政治家としての訓練ということでは、吉田さんより鳩山さんのほうがずっと上でしたよ。大体吉田さんは政党政治家ではないんだ。彼は死ぬまで本当の意味の政党政治家であったとはいえないね。その点、鳩山さんは本当の政党政治家だ。まあ私なんかも、やはり生まれは官僚だからね。そういう意味では吉田さんに近いのかもしれない。吉田さんには、やはり官僚主義的なナニが残っておったね。鳩山さんにはそれは全然なかった。

――鳩山内閣が誕生したときにアメリカの「AP東京電」が自由主義者、大衆政治家としての鳩山氏のもう一つの顔として、超国家主義的傾向の持ち主であるというふうに評したことがありました。この点岸先生は、鳩山さんの思想についてどういうふうにお考えでしたか。鳩山さんは吉田さんに比べて改憲に積極的であったと同時に、自衛力増強についても極めて熱心であったわけですが……。

岸　鳩山さんは、本質的には自由主義者でしたよ。しかし国体とか日本の伝統、歴史に対する考え方は、吉田さんとそんなに変わってはいなかった。戦後鳩山さんがパージにかかったのは、先生の戦前の著書（『世界の顔』など）が問題になったんじゃなかったかなあ。あの頃の自由主義者は吉田さんにしても、左翼の人々とは違って、やはり国体とか日本の歴史というものに対する尊敬の念はあったと思う。

——鳩山さんは総理大臣になってからは、お体が悪いということもあって、こんなことをいっては悪いけれども、いわば象徴的な趣があったのではないでしょうか。実際の舞台回しは岸さん、三木武吉さん、河野一郎さんといった面々がおやりになった……。

岸 やらざるを得なかった。それにしても、あの日ソ問題で一番苦労されたのは、僕は（自民党）総務会長の石井さんだったと思うんだ。鳩山さんとは親戚だし（石井・鳩山両家共通の姻戚がブリヂストンタイヤの石橋家である）、しかし吉田さんとは非常に近い人だからね。吉田さんは日ソ交渉に反対であったし、鳩山さんはまた執念として日ソ国交を実現したいというわけだ。その間に立って、石井さんは総務会長として党内の取りまとめをする立場だったからね。随分苦労したと思う。

——石井さんは板挟みになった……。

岸 そうなんだ。私は幹事長であったわけだから、もちろん党内の調整にあたったんだが、私以上に苦労したのが石井君だ。吉田派の池田君や小坂善太郎君などとの関係は私より深いからね。彼らを少し押さえて下さいよ、ということを石井君に私自身頼んだ覚えはある。

総裁選に敗れる

――鳩山さんが引退表明をされてその後継総裁を選ぶ選挙が持たれたのは、五六年十二月（十四日）でした。この選挙では岸信介、石橋湛山、石井光次郎の三氏が立候補を予定していましたが、石橋さんと石井さんとの間で、選挙前すでにいわゆる「二・三位連合」（第一回投票で石橋、石井の両氏が二、三位になった場合、三位になったものが二位の候補者を決選投票で支持するという約束）ができあがっていたようですね。岸さんはこの「石橋・石井連合」の可能性というものを事前に予想されていたのではないかと思うのですが、実際はどうだったのですか。

岸　私は少し迂闊《うかつ》だったんだけれども、そういうことは考えなかった。

――ということは、選挙ではご自分が勝つというふうにお考えになっていた……。

岸　そうなんだ。

――石橋湛山さんの腹心であった石田博英《ひろひで》さん（石橋内閣の官房長官）にやられたということですか。

岸　まったくそうなんです。

――石田博英さんはそれほどまでに「石橋総裁」実現に際立った働きをされたのですか。

岸 そりゃあそうだ。彼が石橋陣営の総参謀でした。何といっても「ばくえい」(博英)君の力だろうね。八十%ぐらい、いや百%といってもいいくらいだ。

――旧自由党内で一家をなしていた大野伴睦さんは、岸陣営につくか石橋陣営につくか、最後まではっきりした態度をとりませんでしたが、ついに石橋さんのほうを支持しましたね。大野さんをどういうふうに岸陣営に引き入れるかということについては、随分苦労されたのではございませんか。

岸 その辺は、僕自身あっさりしていたように思う。具体的な工作は河野(一郎)君と弟(佐藤栄作氏)がやってくれたんですよ。私自身はこの選挙に対してそれほど執念を持っていたわけではなかった。当然、(自民党総裁には)俺がなるんだ、というようなつもりでおったんです。だから、割合呑気だった。何といっても河野君と弟、それに川島正次郎君の三人が一生懸命票集めをしてくれたんです。

――相当カネもかかったのではないですか。

岸 いや、そうでもないよ。後の総裁選挙のようにはカネはかかっていませんよ。

――この総裁選挙で第一回目の投票は、岸さんが二百二十三票で第一位、第二位が石橋さんの百五十一票、そして第三位は石井さんの百三十七票でした。決選投票になりますと、結局「二・三位連合」としての石橋・石井連合が石橋さんに投票して二百五十八票の過半数をとり、第一回投票でトップであった岸さんは二百五十一票でした。つまり七票差で石橋総裁が実現し、石橋内閣が出発したわけですね。

岸　わずか七票差で勝敗を分けたということは、この選挙で党内勢力が真っ二つに割れたということだよ。

この総裁選挙について、岸氏の黒幕といわれた矢次一夫氏は次のようにのべている。「五六年十二月十四日の自民党総裁選で岸は石橋に負けたが、石橋の勝利は石田博英の際立った辣腕のためだ。あれ程有能に働いた人間もいないだろう。同時に岸の敗因の一つは、自陣営のある政治家の票の読み違いである。名前はいえないがこの政治家の誤算はかなり決定的であり、その後彼は政治的には浮かばれなかった」。「あの選挙では大臣ポストの手形濫発はもちろんあったし、多額のカネも動いた。総裁選で多くのカネが動いたのはあの時からだ。勢いのある政治家にカネが集まるのは当たり前の話だ」（矢次一夫氏とのインタビュー、一九八一年六月二十九日）

第三章
政権獲得から安保改定へ

第一次岸改造内閣発足（1957年7月10日）。前列左から二人目が岸信介首相

岸政権が正式に発足したのは、一九五七年二月（二十五日）である。病魔に倒れた石橋首相の後継として、副総理格の外務大臣岸信介が臨時首相代理（一九五七年一月就任）を経て戦後八人目の総理となるのである。

三年五カ月にわたる岸政権がそのエネルギーの大半を傾注したのは、「編者序説」でのべた通り、もちろん「安保改定」である。安保改定作業とそれをめぐる政治過程は、おおよそ四つのステージに分けられる。第一のステージは、岸内閣発足前後から岸氏の訪米＝日米首脳会談（同年六月）を経て、翌五八年五月の総選挙に至る時期である。第二のステージは、いわゆる「話し合い解散」によるこの総選挙で勝利した岸政権が、同年十月安保改定のための日米交渉を東京で開始し、十五カ月後の六〇年一月ついに新条約の案文を確定してこれを日米間で調印するまでの時期である。そして第三のステージは、旧条約改定の結果生まれた新安保条約が国会の承認を求めていく過程である。

本来なら、条約改定をめぐる政策決定過程ないし政治過程は、この第三のステージをもって終わるはずである。国会での新条約審議に続いて、「多数決」という名のルールに従って粛々とこの新条約の採否を決するのが議会制民主主義の常道である。しかし岸内閣による

「安保改定」は、実際にはこの第三のステージをもって完結してはいない。つまり第四のステージが用意されたのである。新条約をめぐる国会審議は、与野党攻防と院外大衆闘争の大波をかぶって混乱を極め、そのなかで岸首相は自民党単独のいわゆる「強行採決」によって「会期延長」と「新条約」の衆議院通過を実現したのである。六〇年五月十九日深夜から二十日未明にかけてのことであった。いわゆる「五・一九採決」である。第四のステージとは、この「五・一九採決」以後新条約の「自然承認」（六月十九日）→「批准書交換」・「岸退陣表明」（六月二十三日）に至るまでの一カ月にわたる戦後政治最大の激動過程を指している。

なお、これら四つのステージから成る「安保改定」過程には、これに先行するプロローグすなわち鳩山内閣時代の重光・ダレス会談（一九五五年八月）と、四つのステージに後続する若干のエピローグすなわち岸後継の「池田内閣」誕生（一九六〇年七月）までの政治過程があることを忘れてはならない。

本章でのインタビューは、岸政権時における「安保改定」過程の主として第一のステージに焦点を当てている。そもそも岸氏が戦後政界に復権（一九五二年四月）してわずか五年足らずで政権を得たのはなぜだろうか。その理由の一つは、岸氏が戦後政界の再編すなわち保守合同の完成に主導的役割を果したということである。いま一つ挙げるとすれば、鳩山一郎氏の後継首班と目されていた緒方竹虎氏の急死と石橋首相の「病気退陣」であろう。つまり、独立回復早々の日本政治に保守統合を実現して五五年体制をもたらした岸氏の行動力が「岸政権」誕生を早めたことは確かである。同時に、総理候補ないし総理として自身の前を走っていた人物が急逝あるいは病臥したことが、岸氏を意外にも早く総理に押し上げていったということなのである。

本章ではまず、石橋政権の組閣にあたって岸氏がどのようにして副総理格の外相に就いたのか、さらには外相として岸氏がどのように日本外交の見取り図を描いていたのか、等々が証言されている。またこれとの関連で、岸氏が外相として早くも「安保改定」着手の意向を持っていたことなどが語られている。

さて、石橋首相の病気退陣という「予期しないことのため」（第二章）に政権を獲《と》った岸氏が、内政・外交を通じて最初に手がけた重要課題は、「米国訪問＝日米首脳会談」であった。これにかかわる最大特徴は、総理みずから積極的にその準備にあたったということである。在日アメリカ極東軍司令官が「日本政府は今回の岸訪米の準備を、かつての最高首脳の訪米準備に比べてはるかに徹底して行なっているようだ」（FROM: CINCFE TOKYO. TO: DEPTAR WASH DC. INFO: CINCPAC PEARL HARBOR THE US AMBASSADOR TOKYO JAPAN, DEPGOURI OKINAWA RYUKYUS ISLANDS. NR: FE 805109 200133Z MAY 57.）とワシントンに報告している。岸氏の訪米準備は、確かに用意周到であったといえよう。

岸氏の訪米準備のなかで際立っているものは、二つある。一つはアジア諸国訪問によって「アジアの日本」を世界に示威し、これを背景に対米交渉に臨もうとしたことである。いま一つは、着任早々のマッカーサー駐日大使との間で精力的に予備会談を重ねたことであった。特に後者すなわち日米首脳会談に備えて開かれた岸・マッカーサー予備会談の意義は重要である。

なぜなら、岸総理はここで日米安保体制に対する基本的かつ体系的な見解を披瀝すると同時に、安保改定への意気込みをアメリカ側に強くアピールしているからである。この予備会談で岸氏が示した「安保改定」への意欲とスタンスは、「安保条約を再検討する」という原則的合意をやがて日米首脳会談でアメリカ側から取りつける駆動力の一つとなっていくのである。いずれにしてもこの日米首脳会談は、第一に岸内閣の諸政策とりわけ「安保改定」へのきっかけを摑んだという意味で、第二に日米首脳間の個人的信頼関係を構築し得たという意味で、そして第三に「サンフランシスコ体制」打破という岸氏年来の戦後史的課題を、それも政治的、実務的手法でアメリカ側に投げかけたという意味で重要であった。

それにしても、岸氏の「安保改定」に関連して重要なのは、鳩山政権時のいわゆる重光（外相）・ダレス（国務長官）会談である。政権獲得と同時に岸氏が迷うことなく「安保改定」に向かっていった、少なくとも直接のきっかけは、一年半前の五五年八月（二十九、三十日）

にもたれた重光・ダレス会談にある。当時政権党（日本民主党）幹事長の岸氏は河野農相とともにこの会談に陪席するが、目前で展開する重光・ダレス間の峻厳なやりとりは、岸氏に強い印象を植えつけていく。

もともと重光・ダレス会談に予定された主要議題は、折から進行中の日ソ国交回復交渉についてアメリカ側の理解を得ておくことの他に、日米安保体制の諸問題を話し合うことであった。「日米安保」に関連して特に注目すべきは、重光外相がダレス国務長官に「安保改定」を提起したということである。重光氏は予《あらかじ》め用意した「安保改定」に関する文書をダレスに手交し、日米対等の「新条約」作成を訴える。しかし、ダレスの反応は極めて冷たいものであった。当日（八月三十日）の会議録（米国務省文書）にはこう記されている。「国務長官は、もしアメリカが武力攻撃を受けた場合、日本が外国に軍隊を派遣してアメリカを助けてくれるのかどうかと疑問を呈するとともに、日本政府は相互性の基礎が存在する前提として、まずはより強力にならなければならないともいった。国務長官はこうものべた。日本が十分な戦力を持ち、十分な法的枠組みと修正された憲法を持つとなれば、状況は違ってくるだろう、と」(Department of State, Memorandum of Conversation, Date: August 30, 1955, Subject: Second Meeting with Shigemitsu, Defense Matters.)

国務長官が特に問題にしたのは、「仮にグアムが攻撃されても、日本はアメリカの防衛にやってくるだろうか」(ibid.) ということであった。つまりダレスは、日本の防衛力が不十分であることと、海外派兵を許さない憲法が改正されていない現状からして、重光氏の安保改定要求を受け入れることができないというのである。

岸氏は、与党幹事長である自分に何の相談もないまま、外相が安保条約の改定という重大問題をアメリカ側に提案したこと自体にまず驚くが、それよりも何よりも強く印象づけられたのは、「安保改定」がどんな形であれ日米公式会談のテーブルに上がったということである。しかもアメリカ側がこれを厳しく斥けたその理由が、日本における防衛力の未成熟と憲法にあったということである。裏返せば、ダレスは日本が防衛力を増強し改憲に動けば安保改定に応じるというシグナルを出した、ともいえるのである。

重要なことは、元来吉田氏の「旧安保条約」に批判的な岸氏が、「木で鼻をくくるような無愛想な態度で重光さんの提案を一蹴した」(本章) ダレスの応答を目の当たりにして、逆に「安保改定」への決意を強く触発されたということである。同会談で岸氏がダレスに対して、当時完成途上にあった「保守合同」こそ「安保改定」の前提条件、すなわち「防衛力増強」と「憲法改正」に資するだろうことを強調したのは (ibid.)、こうした文脈からすればとりわけ意味深長であったといえよう。

話は前後するが、岸氏は訪米＝日米首脳会談から帰国してすぐさま、すなわち五七年七月党・内閣の人事一新に着手する。前任の石橋内閣から引き継いだ党・内閣の布陣を、岸氏は訪米の「成果」を背景にして自前の人事へと全面改造しようとしたわけである。岸氏がみずからのリーダーシップを強化して岸内閣独自の施策を推進するためのこの人事は、実際には自民党内の派閥抗争に揺さぶられ、政治家個々人の愛憎に動かされていくという側面もまたみせるのである。

この人事の最大特徴は、当時「八個師団」といわれた八つの党内派閥のうち岸派、佐藤派、河野派、大野派が岸政権を支える主流四派体制を形成し、石橋内閣の主流勢力であった石橋派、池田派、三木・松村派が反主流派にまわったということである（石井派は「中間派」といわれた）。岸政権における党内派閥関係の原構図がここにある。岸内閣の基本的性格と岸氏自身の政治手法なり人間関係を知る上で強いメッセージ性を持っていたのが、この人事であったといえよう。

石橋内閣の組閣

――さて、わずか七票差で自民党総裁になった石橋湛山氏は、国会で首班指名を受けた後、早速組閣工作にとりかかります。まずは石橋内閣の人事に絡めてお尋ねしたいと思います。といいますのは、石橋政権の組閣工作のプロセスは、後の岸政権時における党内派閥関係との絡みで大変重要だと思うものですから。とにかく石橋内閣の組閣は、非常に難航しました。その最大の理由は、党内の主導権が実質的には反主流派にあったということだと思います。五六年十二月（十四日）の自民党総裁選挙で、石橋勝利をもたらした原動力は石田博英、三木武夫、池田勇人といった方々でした。また「岸総裁」を推したのは岸派、佐藤派、河野派などでしたが、これら反主流派勢力は石橋支持勢力、すなわち主流派勢力とほぼ拮抗あるいはそれより優越していたと思います。こうしたなかで、岸さんは十二月二十一日、石橋さんから組閣工作開始直後いち早く外務大臣就任を要請されましたね。外務大臣をお引き受けになった経緯というのはどういうことだったのですか。

岸　私は外務大臣という地位に、特別執着したわけではないんです。ポストについてはどことということを要望していない。外務大臣をやれというなら外務大臣をやるし、通産大臣をやれというなら通産大臣をやったでしょう。石橋君から外務大臣にという懇望があったんです。あのときの経緯は、要するにこういうことだったんですよ。石橋さんの組閣が非常に難しかったのは、具体的な人事の問題よりも根本的な問題があったからです。私は総裁選挙の決選投票では、先ほどのお話の通り、七票差で敗れたわけです。そして、私を支持した大部分の連中は、私に「入閣するな」というんです。河野一郎君をはじめ、私の入閣には非常に反対でした。私は石橋君から入閣の懇請を受けたとき、彼にこういったんです。組閣の基本をどう考えているか。党内の本当の結束を考えて私に入閣を要請するのか、あるいは先の総裁選挙の論功行賞として石橋君への協力者に報いる意味においてやるのか、ということです。石橋君には、もし総裁選挙の協力に報いるために石井君を副総理にして、そして私に入閣しろというなら私は入らない、といいました。

——かなり激しいやりとりでしたね。

岸　私はこうもいった。総裁選であなたに協力したんではなくて、私は反対の立場だったんだ。私はともかく七票の差で負けたんだから、約半数は私を支持しているということ、それを野に置いたんでは本当に自民党の結束というものができないから、その結束を図るという意味で私に入閣して欲しいというなら、私は喜んで入閣する、といったんです。個人的には石橋君に対して別にナニがあるわけではないが、石橋・石井間には決選投票でのいわゆる「二・三位連合」が成立していたんです。そして決選投票で「二・三位連合」が勝って総理総裁になったものは、組閣にあたって一方を副総理にするという密約があったんです。だから、（三位の）石井君を副総理にするような石橋内閣に私が入閣するわけにはいかない、そう石橋さんにいいました。

――石橋さんは随分困ったでしょうね。

岸　とにかく石橋君が総理総裁になれたのは、石井派が全部ではないにしてもその三分の二が石橋君を支持してあの七票差で勝ったのだから、密約通り、どうしても石井さんを副総理にするというのなら、それは構わない。しかし、僕のいうことはある意味において筋が通っているものだから、それでとうとう石橋さんは、「石井副総理」を諦めたんです。

石橋湛山

――「二・三位連合」の大団円というわけにはいきませんでしたね。

岸　何も私は石井君に非常な恨みがあったわけじゃない。だから、私が総理になったときには、石井君を特に副総理にしたんです。石井君は人間的にも立派な人だし、ただ、あの総裁選挙の経緯からいうと、彼を副総理にしてその下に私が入閣するということは、どうしても肯《がえ》んじ得なかったんです。

――他の人事についてですが、岸さんはこの時「三木幹事長」と「池田蔵相」に難色を示したといわれていますが。

岸 私は三木の「幹事長」には確かに反対しました。しかし、「池田蔵相」に反対したといわれるけれども、これは間違っていますよ。党のほうを三木君に任せる、つまり幹事長にするということには反対でした。

――「三木幹事長」に反対なさったというのは、何か具体的な理由があったのですか。

岸 私は三木君とはずっと……。先日（一九八〇年）、自民党結成二十五周年の記念行事で、保守合同の思い出を語れというので、いろいろ話をしました。そのなかで、三木なんかはあの保守合同に反対したんだ。しかし考えてみると、三木君が総理になったのは自民党ができたからなのだといったら、三木君がテレビに出てきて、えらい苦い顔をしておったそうだ。昔のことをグズグズいうのはおかしいとか何とかいってね。二十五年も前の過ぎ去ったことなのに、と三木君は話していたらしい。大体私は、三木とは思想が違うんだ。彼は日本民主党をつくるときからずっと私に反対しているんです。性格的に僕とは合わないんだろうな。向こうのほうでもそういっていると思うんだ。

――やはり政治にも人の性格というのがあるんですか。

岸　それはあるよ。だから、保守主流とか保守本流とかいう場合に、三木君などは同じ自民党ではあるけれども、傍流であり保守本流とは違う。彼の考えは、別ですよ。そういう意味において、大体三木君とは合わないし、考え方も違うし、幹事長就任に反対したことは事実だ。

「日米関係の合理化」＝安保改定

――岸さんは石橋内閣の外相に就任されて早々に（一九五六年十二月二十三日）記者会見をなさいますが、その時日本外交に関する「五つの原則」なるものを示されましたね。すなわち、「自由主義国としての立場の堅持」、「対米外交の強化」、「経済外交の推進」、「国内政治に根差す外交」、「貿易中心の対中国関係」というものでした。これは、後の岸政権の外交政策を知る上で重要であったと思うんです。この五原則のうちの「対米外交の強化」は、（一九五七年）二月四日の衆議院本会議での外交演説で「日米関係の合理化」という言葉でいい直されております。この時すでに「安保改定」ということは、岸さんのなかである種の位置を占めていたということでしょうか。

岸　その通りです。「日米関係の合理化」といったのは、旧安保条約の改定ということが頭にあったからです。旧安保なるものは、あまりにもアメリカに一方的に有利なものでした。というのは、日本が防衛に関して何ら努力をしないために、形式として連合軍の占領は終わったけれども、これに代わって米軍が日本の全土を占領しているような状態である。そういう状態を続けていくのでは、日米関係が本当に合理的な基礎に立っているとはいえない。したがって、これをどうしても改めていく必要があったんです。日米関係を強化する意味での、本当の同盟関係をつくりあげることが、（石橋内閣における）私の外相就任の第一義的な目的でした。他にテーマはいろいろあったがね。

――そうですか。石橋内閣の外務大臣をお引き受けになった時点で安保改定をおやりになるつもりだったのですか。

岸　ええ、そうです。しかし、この問題はまだ総理とは十分に話をしていませんから、できるだけ早い機会に石橋総理とこの件で話をするつもりでいました。しかし結局、そういうことを話し合う時間が一つもなかったんです。要するに、石橋総理は健康を害されて（一月二十三日病床につく。疲労のため持病の三叉《さんさ》神経《しんけい》麻痺《まひ》が悪化）国会にも閣議にも出てこられないし、したがって、私を臨時首相代理にして（一九五七年一月三十一日）病気療養に努められたんです。

――石橋さんの病気回復は予想以上に遅れましたね。

岸　石橋さんが国会に出てこられるのを待っておったんだが、それができないために、私が総理の代理として、石橋さんの書いた施政方針をそのまま読んだんです。石橋さんが病気ということだから、そしてすでに総理として編成した予算が国会審議にかかっていたわけだから、一応国会を乗り切るまでは（総理代理を）やろうということでした。

――石橋さんの病気によって岸外務大臣が臨時首相代理に就任されたその数日後には、早くも社会党側から安保条約および行政協定を変更せよという主張が出て参りますね。石橋内閣の臨時首相代理兼外相として、この社会党の主張をどのように受け止めておられましたか。

岸　先ほどいいましたように、私は安保の改定ということは心のなかで決めておりましたけれども、それにはやはり、アメリカ側の意向も確かめなければならないし、それから基本として日米が対等な条約をつくるとなれば、日本の防衛努力も強化しなければならないと思っていたんです。しかし、条約を改定するということをあまり早く、無責任にいうわけにはいかなかったんですよ。

――社会党は当時、安保条約の変更についてはいろいろな表現で、例えば安保条約の「解消」、「廃棄」、「改廃」、「再検討」、「改定」というような表現で主張していました……。

岸　最初の頃は社会党など野党の連中は、安保条約を廃止せよという議論ではないんです。現行の規定があまりにもアメリカに一方的であり、したがって、日本国内にいろいろな混乱やら問題が起こっていました。ことに行政協定をめぐってね。安保条約をみたって条約期限はないし、内乱条項（第一条は、日本国における大規模な内乱、騒擾を鎮圧するために米軍が援助することを規定している）があったり、そして何よりも、アメリカが日本を防衛する義務を負うという明確な規定がないんですよ。こうした条約の不備に対していろいろな批判があったんですが、その頃の社会党の考え方は、安保改定というのはなかなかの大事であって、特に在日アメリカ軍の権利を召し上げるとなれば、条約改定についてアメリカ軍部がいうことを聞くはずはないだろう、ということだったと思うんです。アメリカ政府の反対も強いので、アメリカ一辺倒でその顔色をうかがっている岸なんかにそんなものできるわけがない、という考え方も野党のなかにはあったわけです。

岸氏が臨時首相代理に就任して間もない頃、日本社会党委員長鈴木茂三郎《もさぶろう》氏は衆議院本会議（一九五七年二月四日）で「日本民族の独立のために不平等条約の改廃を断行するため、総理は国民とともに、政府をひっさげて力強く一歩を踏み出す決意を総理は持っていないかどうか」と質問している。これに対して岸臨時首相代理は次のように答弁している。「(安保条約と行政協定に関して) 日本の事情に適さないものがあるという議論につきましては、私は、個々の問題を考え、さらに日本の自力によるところの防衛状態が一そう完備した上において、これが改正を考えたいと考えます」(『第二十六回国会衆議院会議録第四号』、一九五七年二月四日、十一ページ。傍点および括弧は編者)

——その頃臨時首相代理として、また外務大臣として外務省の事務当局などに具体的に安保改定についての指示をお出しになりましたか。

岸　まだそのときは、しなかったね。具体的な指示をしたのは、私が総理になってからです。

——先ほど、岸外交の「五つの原則」に触れましたが、そのうちの一つに「国内政治に根差す外交」というものがあります。これは、後に先生が展開する安保改定作業に絡めても、外交原則としては大変興味深いものだと思うのですが。

岸　従来外交というのは、何か特殊な政策のごとく考えられていたと思うんです。内政との関連、噛み合いというものが外交にはなかったわけです。だから、外交に当たるものは、何か国内政治における自分の地位とか力関係というものから離れて、外交というものを特別なものとする傾向があったんです。

——それではいけませんか。

岸　それじゃいけない。本当に強力な政治を行なおうとすれば、内政の上にその外交政策というものが置かれて、内政との関連において組み立てていくということが重要なんです。そうすることによって外交が十分に各方面に理解されるんです。

——具体的にはどういうことでしょうか。

岸　例えば、日米関係を重視するという外交政策は、日本国内の経済政策とか、あるいは日本の文化の面と絡み合い、関連をもって樹立されなければいかんのです。外交政策だけを切り離して考えるということは問題です。外交官というものは一種特殊な立場であって、専門的な傾向を持つのだけれど、それでは駄目なんです。国内における政治と嚙み合い、国内的な根っこと絡み合わせて外交政策というものを立案し施行していかなければならないというのが、私の考えです。

——「五つの原則」のなかに「経済外交の推進」という項目がありますが、これは当時のインドネシア、（南）ベトナムへの賠償問題との絡みでもあったのですか。

岸　日本としては、軍事大国をいかなる意味においても目指すわけではないし、政治的に開発途上国を支配していこうという考え方でもないんです。純粋に経済的な立場に立って、そして日本の経済力拡大とともに、開発途上国の繁栄と経済発展のために協力すべきだという考え方なんです。

——それから、「五つの原則」の最後は「貿易中心の対中国関係」でしたね。

岸　これは、まだ中共を承認するという問題ではなかったということです。両国は地理的にも近いし、歴史的にも古い関係にあるんだから、たとえ政治体制、国の建て方が違うとしても、全然交際、往来しないということは不可能です。しかし中国側がいっているように、政治的な関係をつくり政治的に中国を承認するということは、当時私としては考えてはいなかった。中国との関係は貿易関係その他の経済関係において交通していくというものでした。これについては国内でも随分反対があって、中国大陸を承認しろという議論があったわけです。

重光・ダレス会談に同席して

——さて、石橋内閣の外務大臣に就任されたとき安保改定を推進したいというお気持ちがあったことは先ほどお聞きしましたが、そもそも岸さんにとって、安保改定というものを多少とも現実の問題として意識し始めたのはいつ頃からですか。

岸　政権に就いたとき、私は総理と兼務して外相を務めたんだが、総理になる前つまり鳩山内閣の幹事長（日本民主党）をしておったときに、実は安保改定のことを意識的に考えるようになりました。ときの外務大臣は重光葵さんでしたが、鳩山内閣は重光さんをアメリカに派遣するわけです。一九五五年の夏（八月）でした。鳩山さんは、民主党の幹事長であった私に対して、重光さんに同行して欲しいというのです。当時農林大臣であった河野一郎君もアメリカでは一緒でした。河野君は外遊先のヨーロッパからアメリカへ飛んで来て、重光外相とダレス国務長官の会談に私と一緒に参加したわけだ。

重光葵

——重光さんを派遣した鳩山さんの意図は何だったのでしょう。

岸　ダレス・重光会談の一番の大きな狙いは、当時進行していた日ソの国交回復交渉、つまり日ソ関係をよくするということについてアメリカの了解を十分求めて、アメリカがそれについて誤解したり異論を持ったりすることのないよう説得することにありました。決して日米関係を軽視するわけじゃない。日米（関係）強化は、もちろん日本外交の基本であるが、同時に、国境を接しているソ連と戦争状態をなくして、日本が国際関係に完全に復帰するための国連加盟を果たさなければならない、というのがこちらの希望でもあったんです。

——ソ連は当時日本の国連加盟に反対していましたね。

岸　そうです。ソ連は日本の国連加盟に対して、常に（安全保障理事会で）拒否権を発動していました。いまいいましたように、日本が国際社会に復帰するためには、どうしてもソ連と国交回復をしなければならなかったわけです。重光さんの訪米は、アメリカ側とこの問題を話し合うという目的が主たるものであったと思うんです。ところが、ダレスとの会談において、重光さんは自分には事前に何の相談もなく、アメリカに安保改定を提案したんです。重光さんは、安保条約が非常に不平等であること、日本側としては条約を対等なものに直したいということをダレスを前にして発言したんです。

——ダレスの反応はいかがでしたか。

岸　重光さんの提案に対して、ダレスは意外だったらしい。ダレスはほとんどそれを取り上げなかったんです。日本の現在の状況からいって、アメリカとの間に対等の安保条約を結ぶなんて、日本にそんな力はないではないか、と吐き捨てるようにダレスが答えたんです。木で鼻をくくるような無愛想な態度で重光さんの提案を一蹴したわけだ。

重光外相とダレス国務長官との会談は、一九五五年八月二十九日および三十日の二日間にわたって行なわれた。二日目の会談についてアメリカ国務省の内部文書は次のような報告をしている。

「現行の安保条約を新条約に変えるについて、国務長官の考えは、『これを現時点で考慮することは時期尚早である。なぜなら、新条約が受け入れられ実施されるに必要な強い支持、擁護が日本国内にあるかどうかは、いまだ不明だからである』というものであった。国務長官はこうもいった。『共産主義の脅威を迎え撃つにあたって日本政府の直面する困難を指摘した昨八月二十九日の外務大臣の提案には感銘とともに失望を禁じえない』。(中略)国務長官は『新しい条約の取り決めが、それに必要な効果的な支持を得ることができるかどうかは、疑問である。相互安保条約で重要なことは、相互協力の強い基盤があることだ』とのべた。長官は日本政府が新条約取り決めの下で一体となってこれを運用していく能力をもっているとは思っていない。アメリカとしては現行の状況から不透明な状況へと移行することはしたくないのだ」

(Department of State, Memorandum of Conversation, Date: August 30, 1955, Subject: Second Meeting with Shigemitsu, Defense Matters.)

——そのとき同席しておられて、どんな印象をお持ちになりましたか。

岸　私は、ダレスのいうことももっともだと思いました。日本はやはりみずからが自分の国を防衛する建前をもって自立していかなければならないし、防衛力自体を強化していかなければばならないと感じました。しかし、いくら防衛力を強化したって、ソ連に対抗するだけのものを日本単独で持つということは、これは不可能ですよ。また、そんなことをすべきでもない。やはり日米安保体制を合理的に改めなければならない。その前提として日本自身の防衛という立場を強化するとともに、日米安保条約を対等のものにすべきだ、という感じをそのとき私は持ちました。

——岸さんが最初にアメリカにいらっしゃったのは、前にうかがいましたが、この重光・ダレス会談のちょうど三十年前、つまり一九二六年でした。その後戦争を挟んでずっと訪米されていないわけですが、三十年ぶりのアメリカの印象はいかがでしたか。

岸　一九二六年に商工省の役人としてアメリカに行ったとき、私は日本とアメリカの経済をいろいろな点から比較して強い印象を持ったんです。日本とアメリカでは全体のスケールからして単位が違っていましたよ。戦後の日本も、敗戦によってその根本が打ち砕かれて、朝鮮戦争以来やや芽を出したというような状態でした。重光・ダレス会談でアメリカに行ったとき、やはりアメリカ経済が、私にとっては異様な力をもってのしかかってきたような感じだったね。

――巣鴨プリズンにいらして、アメリカに対してはいろいろ複雑なお気持ちもあったと思うんですが、公職追放解除になったのが一九五二年の四月、それからわずか三年後のアメリカ訪問ですから、やはり感無量ではございませんでしたか。

岸　感無量っていうほどでもないけれども、とにかく私は役人になってから満州にも行ったし、戦争時代の商工大臣、軍需次官として日本の軍需生産を推進して負けたんだからね。そして監獄へ入れられて出てきて、しばらくは公職追放されてようやくナニされてですよ、アメリカへ行くわけだ。ところが、私はそれまでダレスには会っていないんですよ。ダレスは度々日本にきて、鳩山さんとも会っている。私は重光・ダレス会談の時ダレスに初めて会ったんだが、日本に対して非常に好意を持ち理解をもっているのに、実は驚いたんです。

――この重光・ダレス会談の一方の当事者であった重光さんについてですが、岸さんは彼をどういうふうにご覧になっていたのですか。岸さんが巣鴨プリズンから出て、日本再建連盟をつくりますが、そのときの会長に重光さんを立てようとなさって結局逃げられましたね。また鳩山内閣の外相として重光さんがモスクワでの日ソ交渉にあたったとき、彼は突然歯舞・色丹の「二島返還」でソ連に妥協しようとしたこともありました

（一九五六年夏、重光外相はそれまでの「四島―歯舞・色丹・国後・択捉―返還」要求を棄てて、ソ連提案の「二島―歯舞・色丹―返還」に応じようとしたが、日本政府および米国側の反対によってこれを断念した）。

岸　しかしナンでしょうね、私どもの知っている外交官としては、松平恒雄（一八七七―一九四九。旧会津藩主松平容保《かたもり》の四男。戦前は駐米大使、駐英大使。戦後は初代参議院議長）や、石井菊次郎（一八六六―一九四五。大隈内閣の外務大臣。一九一七年石井・ランシング協定締結）、それに吉田茂さんなどは別格として、重光さんはやはりある程度の風格を持っておった人だなあ。日ソ交渉で名を馳せた松本俊一《しゅんいち》君（外交官。鳩山内閣の日ソ交渉の全権委員。衆議院議員）のような外交官とはスケールも風格も全然違っていたね。重光さんはいわば政治家的な外交官でしたよ。単なる役人的な外交官というわけではなかった。

――この重光・ダレス会談に岸さんとともに陪席された河野さんとは、その後ニューヨークで二人きりでお話をされたと聞いていますが……。

岸　うん、確かに河野君とはニューヨークで話し込んだことがある。河野君はこういってたよ。俺は総理総裁になる人物じゃない。岸君、君は生まれつきそういう器なんだから、君が総理になるんだ。しかし、それには君一人の力ではなかなかなれないし、俺というものをちゃんと抱いて俺の考えを受けてやっていけば上手くいくよ、とね。

――当時世間では、いわゆる「岸・河野密約」説が根強くありましたが、やはりそれらしいものがあったんですね。

岸 そうです。河野君は、(総理を)自分自身がやろうという気はないが、「岸君、君は俺の戦闘力、行動力を活用しなければ総理にはなれないよ。俺はそういう人間なんだ」というんです。河野君自身はみずからのことを知っているから、自分が総理になろうとは考えなかったと思うんです。

――でも、河野さんは岸政権になってからは、やはり「総理」を狙っていた節《ふし》は十分あったと思うのですが。

岸 確かにそうなんだ。長年政治家をやっていると、やはりそういう気持ちが起こることもちょいちょいあったろうと思うんです。しかし河野君はね、党総裁の器として、すなわち一城の主《あるじ》としては強力で優れているとしても、国全体の指導者というわけにはいかないですよ。

岸内閣誕生、マッカーサー大使との予備会談

――さて、岸さんがいよいよ国会で首班指名されたのは、一九五七年二月二十五日でし

た。石橋内閣総辞職の二日後ということになります。石橋さんの病気回復が思わしくなくて、ついに岸政権が誕生するわけです。このとき吉田元首相ないし吉田派は、特に財界の意向も汲んで、岸・池田連合といぅんでしょうか、岸さんと池田（勇人）さんを連携させようということで腐心されたといわれておりますが、当時吉田さんとは何か接触がありましたか。

岸　私は、吉田さんとの接触は総理になった当時は特別ありませんでしたがね。ただ吉田さんは、池田君に対して、岸への協力を説いたことはあるようです。

――岸内閣実現にあたって岸さんの最大の協力者であった河野さんは、「大野副総裁」、「河野幹事長」でもって党内の主導権を取り、内閣のほうは岸総理、石井国務相に任せるという構想をもっていたというふうにいわれていますが。

岸　私としても、大体党のほうは大野君と河野君に任せようと思っていたことは事実だ。もっとも、訪米後の人事（一九五七年）で河野君は閣内に入ったけれどね。ともかく自分としては、総理の仕事に専念しようと思ったからです。特に外交です。最近は年中行事みたいになっていますが、総理が各国を歴訪して、日本の政策なり基本（姿勢）を話し合うことが重要だと思ったんです。当時は総理大臣が東南アジアとかアメリカその他の国を歴訪することがなかなかなかったですからね。飛行機もいまのようにジェット機じゃなしに、プロペラ機の時代だから、外国を回るということはなかなかできない状態でした。私は日本が敗戦から立ち直っていろいろなことをしていく上において、例えば東南アジアにおける各国の要望というものを肌で感じてくる必要があると思ったんです。

――政権獲得直後の五七年三月ですが、総理は、着任早々のマッカーサー駐日大使、この方はマッカーサー元帥の甥に当たる人ですが、彼と会談をなさいますね。これと前後して岸総理兼外相は、三月二十六日の記者会見で、今後の日米関係からいっても、安保条約を再検討すべき時期にきている、とおっしゃいました。また四月十九日の参議院の内閣委員会ではさらに積極的になりまして、「安保条約、行政協定は全面的に検討すべき時代にきており、渡米の際、この点について率直に話し合いたい」と答弁されております。

岸　私が総理になったときに、何とかして日米安保条約を対等のものにしたいという気持ちはあったわけです。しかも、総理になって早々の国会で、野党である社会党は私に対する質問において、日米安保条約が非常に不平等であり、行政協定は日本がまるでアメリカの属国であるかのごとき内容であると主張していました。さらに社会党の人々は、総理はアメリカを説得して安保条約を対等なものに改める努力をする考えがあるかどうか、というような質問もしていたんです。

――これに対して総理のご答弁は……。

岸　私はこの社会党の質問に対して、自分としては必ず安保条約を改定するためにアメリカを説得する、ということを何遍も答弁したんです。この問題は、私が政権に就く前から、自分の考えとしてはその根底ができていたし、総理になると国会における野党の質問に対してははっきり自分の考えをのべていたことを覚えています。この問題はどんな困難があっても、やり遂げなければいかんという決意でおったわけですよ。

――そこでお尋ねしたいんですが、四月十九日のあの国会答弁の頃には訪米時に安保改定をアイクにぶつけてみようというご決意はあったのですか。

岸　それはありました。だけど、どこをどう直すかということではなしに、安保改定についてはアメリカ側と交渉あるいは下打ち合わせをするつもりでいました。その腹を決めておったことは事実です。

ダグラス・マッカーサーII世

――岸政権になって早々、マッカーサー大使との間で訪米前の予備会談と申しましょうか、四月に入りますと、極秘会談を含めて、精力的に会談を重ねられますね。マッカーサー大使との会談では安保改定の問題は最も重要なテーマであったと思うのですが。

岸　訪米前、マッカーサー大使とは安保改定の問題で随分話し合いました。もちろん（「安保改定」が）主要な議題でした。安保改定にはいろいろなやり方がある。例えば行政協定のほうはある程度改めるけれども、安保条約はそのままにしておいて、両方で覚書のような外交文書を取り交わすことによって、事実上主要な事項の変更をやり得る。それを一つ研究してもいいのではないかという話もあったと思います。

——もうその段階でそういう話をなさったのですか。

岸　その頃だと思います。

——マッカーサー大使は特にどんな話をされていましたか。

岸　マッカーサー大使はこんなことをいっていました。条約改正ということになると、各方面での波紋が大きいし、自分としても着任したばかりの大使だから、なるべく問題を起こさないほうが適当ではないか。それには、覚書方式とか、外交文書の交換などによって、いま非常に困っている問題を処理したらどうだろう、とね。とにかく当時は、マッカーサー大使との間で安保条約をどうこうするという具体的結論はまだなかったですよ。

——総理が特にマッカーサー大使に強調した点は何でしたか。

岸　安保条約の問題については、当時から数えて二年足らず前の重光・ダレス会談で、ダレスから日米対等の条約をつくろうなんて日本にはそんな力はないではないかといわれたのだから、マッカーサー大使に、あのとき（重光・ダレス会談）以来の日本の各種防衛努力というものを、具体的に向こう（アメリカ政府）に知らせてくれ、というような話もしました。

――総理の頭のなかには、やはり安全保障の問題が中心にあったということでしょうか。

岸　要するに、自分がアメリカを訪問した場合、根本はアメリカと日本が平等の立場で相互理解、相互信頼、そして相互協力を進めるということであって、いわゆる「日米新時代」というふれこみであらゆる問題を検討することでした。しかし、そのうちの最も大きな問題は安保条約のことであって、これに対するアメリカ側の意向や立場を自分としてある程度確かめておきたいということもありました。

――マッカーサー大使との予備会談では沖縄返還問題についても話し合いがなされましたね。

岸　沖縄問題については「返還」そのものは話にのぼらなかった。しかし、問題の所在については、マッカーサー大使に対して主張しました。あのときは「返還」ではなしに、アメリカをしてはっきりと沖縄における日本の潜在主権を認めさせるというのがギリギリの線でした。まだ、「沖縄を返せ」という段階ではないですよ。だけど、日本が沖縄に潜在主権を持っているんだ、したがって、いつかは日本に返されるべきものだ、というのが私の主張でした。ところが、日本が沖縄で潜在主権をもっているということをはっきり文書に書くとか、首脳会談の交渉議題として取り上げるということは、私の訪米前、アメリカがそれを認めるという状態ではなかったんです。いずれにしても、そういうことをはっきりさせるというのが、沖縄についてのわれわれの目標であった。

マッカーサー大使は（一九五七年）四月十三日午後四時発の国務省宛文書で、同日午前中一時間半にわたって行なわれた岸首相との会談について報告している。その内容は次の通りである。

「私の話に続いて、岸は議題二（EMBTEL2205）に関する二枚の会談用ペーパーを読み上げた。このペーパーにはまず（A）『安全保障・防衛条約』の項目があった。そこにおいて岸は、安全保障の協力における最優先の目的が平和の確保であることを日米両政府によって再確認することを提案した。そして彼は現行安保条約の全面的な改正のための詳細な提案を行なった。日本防衛力の増強、駐留米軍の最大限の撤退、米軍による緊急使用のために用意されている施設付きの多くの米軍基地を日本に返還することなども提案した。さらに岸は、（B）『領土問題』も提起した。ここで岸は小笠原諸島の返還など、十年後には沖縄・小笠原諸島におけるあらゆる権利と権益を日本に譲渡するという同様の遠大な提案を行なった」(From: Tokyo, To: Secretary of State, No: 2304, April 13, 4 PM, 傍点は編者)

「アジアの日本」

――さて、これも訪米前の準備にかかわることでしょうが、四月に入りますと、いわゆる防衛力増強施策が打ち出されます。総理の指示に従って五月二日には岸内閣初めての国防会議が開かれ「国防の基本方針」(防衛政策の基本理念)について大筋の合意をみます(五月二十日の第二回国防会議で正式決定)。また六月十四日の国防会議では「防衛力整備計画」(一九五八―六〇年度の三ヵ年に陸上自衛隊十八万人、海上自衛隊十二万四千トン、航空自衛隊千三百機の整備を目標)を決定します。これら二つとも閣議決定をされますね。総理としてはこの一連の防衛努力の決定というものを、ご訪米と関連づけておられたのですか。

岸　もちろんそうです。あの重光とダレスの会談で問題になったように、日本の防衛に関する基本方針というものがまだ樹立していなくて、極めて薄弱なものでしたからね。

安保を改定して日米対等の条約をつくろうなんて「日本にそんな力はないではないか」とダレスにいわれたんだから。私としてはそうではなしに、日本にもこれだけの努力をしてみずからの力で防衛する基礎を持つということをはっきりアメリカに理解せしめるつもりでした。日本もきちんとした防衛計画を樹ててこれに基づいて防衛整備を行なっていくという決意を内外に示しているんだから、安保改定というわれわれの提言に対して、重光の提案とは別にアメリカはこれを扱うだろう、そういう意味では、この防衛（力整備）計画は大きな切り札でした。

――アメリカにいらっしゃる前に、東南アジア六カ国（ビルマ――現在のミャンマー――、インド、パキスタン、セイロン――現在のスリランカ――、タイ、台湾）を訪問されたのはなぜですか。

岸　私がアメリカに行くには、非常に準備したんですけれども、現職の総理がアメリカへ行くその前に、東南アジアを回って、とにかく「アジアの日本」というものをバックにしたいという考えがあったんです。

――「東南アジア開発基金」構想（コロンボ計画加盟十八カ国に台湾を加えて基金構成メンバーとし、これらに長短期融資をするなどして自由主義陣営の強化を目的とする）と「アジア技術研修センター」設立の構想というものを、ご訪米前マッカーサー大使に打診しておられますね。結局これらの構想は、アメリカから色よい返答はなかったといわれておりますが、これもまた岸さんの「安保改定」と関係があるのですか。

岸　安保改定とは直接の関係はないが、訪米するについては、日本が「アジアの日本」であって、アジア諸国の開発と繁栄のために日本が経済外交を推進していくつもりであること、したがってアメリカがこれに協力してくれなければ困る、ということでした。

――そのための東南アジア訪問でもあったのですか。

岸　そうです。これらの地域を私が現実に回ってその実情をみることと、そしてこれらの国々の首脳と会談しなければならないと思ったんです。「アジアの日本」、いわばアジアの発展のための指導役として日本の使命を尽くすという考え方で、これらの構想をアジアの首脳と話し合ってある程度これを握ってアメリカに行くという考えでした。私のアメリカ外交においては、アジアの発展、安定が日本の発展と安全の基礎であるわけだから、それには、これらの地域を本当に日本が摑んでいかなければいかん、ということでした。

――東南アジア外交は、岸政権の政策としては一つの要石《かなめいし》であったということですね。

岸　そうです。これらの国々から日本が信頼されなければいけないという意味において、アメリカに行く前に東南アジアを回る、ということでした。時間の関係で全部を一度に回ることはできなかったんだが、まずは半分だけ回ったんです。訪米から帰ってきて、秋にはまた東南アジア（南ベトナム、カンボジアなど九カ国）に行ったんです。

――ところでこのご訪米は、日米関係の課題を解決するということとは別に、例えば石橋体制からの脱皮であるとか、次の総選挙を意識してとか、つまり内政的な配慮というようなものも、その目的に含まれていたのではございませんか。

岸　実は、吉田さんの訪米（一九五一年九月講和・安保両条約調印のための訪米、および五四年十一月の訪米）を除けば、私の前に（戦後）訪米した総理はいないんですよ。吉田さんの訪米もアメリカ首脳との実務的な会談ではなかった。最近は、総理になるとアメリカに行かなければおかしいような風潮になっているが、私の場合は非常な決意を持って行ったわけです。特に内政上この訪米を利用しようという考えはなかったですよ。それよりも、日本とアメリカはあれだけの大戦争をやって、そして日本が潰れてようやく立ち直ろうとしていた。その日本を長い目でみた場合、本当に日本が力をつけ、国際的に一流の国として世界に発言権をもち、また諸外国と対等の立場に立ってあらゆる交渉をし、あらゆる協力をするという、そのための基礎をつくろうというのが、私の基本的な考え方でした。

――ご訪米前、吉田茂さんとはいろいろご相談をなさったのではありませんか。

岸　何といったって、外交の問題については、私自身経験を持たないものだから、当時の日本外交の第一人者であった吉田さんには意見を聞きましたよ。また、私の考え方も聞いてもらいました。

――その際安保条約の問題について、吉田さんにご相談なさいましたか。

岸　前の安保条約は、吉田さんがほとんど単独でつくったわけです。ただ、不平等性の強いあの条約は、全然防衛力をもたない日本としてはやむを得なかったと思うんです。吉田さん自身も、あれを恒久的に続けていこうという考え方はなかったわけです。

――でもやはり、その当時吉田さんとしては安保条約の変更には消極的ではなかったですか。

岸　いや、そうでもない。だけど、非常に（安保改定に）積極的だということではなかったね。吉田さんは、私の意見を聞いてこれに反対するとか、水をかけるというようなナニじゃなかった。しかし、非常に進んで条約の改定を支持するという、そうした積極性はなかったなあ。

――吉田さん自身がつくった安保ですからね。

岸　そうだよね。

これに関連して宮沢喜一氏は次のようにコメントしている。

「岸が吉田に気を遣ったのは、かつて同じ総理の境遇にあった人に対して一種の親近感をもったためではないか。あの立場でなければ考えられないようなことがあったと思う。その意味で吉田は、池田には岸の悪口をいっても真面目に総理大臣岸信介の話を聞いているに違いないですよ。現総理と元総理の間には不思議な共感のようなものがあるんです」（宮沢喜一氏とのインタビュー、一九八五年九月二十五日）

訪米＝「安保条約の再検討」

——さて、ご訪米そのものについてお尋ねしたいと思います。総理は六月十九日の朝ワシントンに到着、いよいよ三日間にわたる日米会談の幕が切って落とされます。まず十九日午前十一時半から岸・アイク（アイゼンハワー）会談、十二時半から大統領主催の昼食会、午後一時半からアイクとバーニングツリー・カントリークラブでゴルフをおやりになる。翌二十日には午前九時から十一時四十分まで岸・ダレス会談、また午後三時から一時間ほど二回目の岸・ダレス会談が持たれます。最終日の二十一日には、午前九時すぎから三回目の岸・ダレス会談が、十一時半から三十分間ほど岸・アイクの最終会談、これは儀礼的だったといわれていますが、これが持たれます。ところが、共同声明の案文についての未調整部分があったためでしょうか、予定外の岸・ダレス会談が午後二時から三時まで開かれましたね。まずこの一連の日米首脳会談の最も重要な狙いというものを総理はどこに置いておられたのですか。

岸　日本が戦後長期にわたってアメリカに占領され、サンフランシスコ条約（対日平和条約）によってとにかくその政治的独立が回復されたけれども、各方面において日米不平等関係、つまり占領時代の一種のしこりみたいなものが残っていました。占領時代の日本人の間にいつの間にかつくられた心理的な負い目というか、アメリカに対して一目置いて物事を考えるというようなものを依然引きずっていました。

──実際には占領時代は終わっていなかった、ということですか。

岸　いわば占領は形式的には終わったが、実質的にはその残滓《ざんし》というか残った澱《おり》みたいなものが日本人の頭にあるんです。私はこう思ったんです。友好親善の日米関係を築くためには、いまいったような占領時代の滓《かす》みたいなものが両国間に残っていてはいかん。これを一切なくして日米を対等の地位に置く必要がある、ということです。いままでの占領時代の色を一掃して日米間の相互理解、相互協力の対等関係をつくり上げる、これがこの会談の目的であったわけだ。こうした考え方の具体的問題として安保条約の改正と沖縄問題があったんです。

――さて、日米首脳会談では安保改定についてどんなやりとりがあったのですか。

岸 前にお話しした通り、重光・ダレス会談で重光さんの条約改定の（問題）提起に関連して、ダレスが木で鼻をくくるような無愛想な態度で重光君の提案を蹴ったわけです。したがって、安保条約の改定というものは是非やらなければならんという考えをもっていたんだが、アメリカを説得して対等の条約に改定するということは容易ならぬものであったんです。余程決意を固くしていかなければならない問題であったわけだ。要するに、抽象的には日米対等の関係において相互理解、相互協力、相互信頼をつくり上げるといいながら、現行安保条約はいかにもアメリカ側に一方的に有利であって、まるでアメリカに日本が占領されているような状態であった。これはやはり相互契約的なものじゃないではないか、というのがダレスに対する私の主張でした。

――「相互契約的」とは新しい表現ですね。

岸 ただ、他の国と違って日本にはアメリカが押し付けていった憲法がある。対等の関係で相互契約にするといっても、アメリカが危険に遭った場合、日本軍をアメリカ領土に出動させることはできない。そういう憲法をあなた方（アメリカ）がつくったんだから、といいました。しかしながら、一方ではこんな議論もしました。アメリカが日本を防衛すると同時に、日本はアメリカ軍のために基地を提供して、基地におけるある種の行動を認めること、また、日本自体は国力に応じて防衛力を強化して日米協力の下に日本の安全を守ること、そしてそのことがアジアの平和の基礎になるんだという意味において安保条約を改めなければいかん、という議論をしたわけです。

――アメリカ側の反応はいかがでしたか。

岸　ダレスは苦笑いをして、とにかくこういう新しい時代になれば、安保条約を新しい観点に立って再検討しなければ、ということになったんです。ただそういうことは、政治家が政治的な考えからだけで決めるということは非常に危険だ。それには、命を賭けて防衛に当たっている軍の意見を十分尊重していかなければならないので、これについては軍にも研究させようではないか、ということになったんです。この流れのなかで日米安保委員会（後の「安全保障に関する日米委員会」）というものをつくることにしたんです。アメリカのほうから駐日大使と太平洋（統合）軍司令官、日本からは防衛庁長官と外務大臣の四人で安保条約をどうすべきかということを研究することになったんです。

――そういたしますと、東京で開かれた日米安保委員会というのは、安保改定の線でいこうと……。

岸　首脳会談のなかで、安保条約を再検討しようという基本線では一致したんです。この委員会で条約のどういう点がいま非常にいかんのか、どのように条約を改めればいいのかを研究させようということになったんです〔岸氏は日米首脳会談から帰国した日の臨時閣議で次のように発言している。「日米合同委員会（日米安保委員会）は安保条約改正を直接の目的とするものではないが、日米会談の際、ダレス長官は合同委（日米安保委員会）は（中略）（安保）改正問題を審議することを拒否するものではない、と説明している」（朝日新聞、一九五七年七月一日付。括弧は編者）〕。

――この日米首脳会談で安保条約の「再検討」で基本的了解があったことは分かりましたが、日米安保委員会は、実際には安保改定について議論をしなかったように思うのですが……。

岸 安保改定の問題は、いま話したように、日米安保委員会で検討するということにしたんです。現行条約を変えるとしたらどう変えるのか、ということまで検討させようとしたわけです。少なくとも表面的にはそうです。日米安保条約というものが非常に不平等であるからそれをそのまま存続するということは、今度の共同声明の主旨にも反する。とにかく命を賭けてやっている軍人の意見を尊重しなければいかんのだから、安保条約の問題を日米安保委員会に検討させようということになったんです。安保条約に関する問題を洗い直すということを前提として、いろいろな角度から検討しようということなんです。ですから安保委員会は、まず第一に国連憲章と安保条約とが食い違うものではないことを確認したわけです（同委員会は九月十四日付で「日米安全保障条約と国際連合憲章との関係に関する交換公文」を発表した）。

——ところで、日米安保委員会を設けるという話はこの首脳会談で急に出た話なんでしょうか。それとも、ご訪米前の岸・マッカーサー予備会談あたりで出ていたのですか。

岸　「安保改定」との関連で安保委員会をつくるというのは、ワシントンでの首脳会談の時に正式に出ました。私としては（安保委員会の設置については）考えていたんだが、前もってマッカーサー大使との交渉、折衝の中でこの委員会のことが出たのではありません。

——アメリカ側の外交文書をみますと、ダレス国務長官は総理が羽田を出発される数日前に大統領宛にメモを出しています。その内容は現在の安保条約に代わる「相互取り決め」を提案して、岸首相の同意を得て、首相の訪米後東京で討議を始めるべきだというものでした。総理のご訪米に際しては、アメリカ側には安保改定をやろうという決意はあったのでしょうか。

岸　アメリカに行く前からマッカーサー大使と随分会談したのも、首脳会談の議題として是非安保改定の問題を出したいということがあったし、また私のほうからその意向も伝えてありました。アメリカのほうでも私のこの意向に対して、アイク、ダレスはその基本的な考え方を練っていたと思います。

岸首相が「安保改定」構想を持って訪米する数日前、ダレス国務長官はアイゼンハワー大統領に対して次のようなメモを送付している。

「(岸)首相は次のように強調しています。すなわち、現行の日米安保条約は、主として、いわれているような不平等性のゆえに、われわれ二国間関係の重要な摩擦要因になってきた、ということです。(日本の)主権国家としての再登場、一九五一年に安保条約が調印されて以来の軍事面の技術的発展、さらにはここ五年ほどの軍事戦略概念の変化は、条約が拠って立つ日米関係の性格を変えてしまいました。私は安保条約が今日までの日米関係の状況を十分に反映していると信じます。しかし、いまや(アメリカが)日米関係の再調整を提案する主導権をとって、しかも現行安保条約に代わる相互安全保障取り決め――われわれはこれを望んでいるのですが――に向けて作業すべきことを岸氏に促す時期がやってきた、と私は考えています」[Memorandum for the President, Subject: Official Visit to the United States of the Prime Minister of Japan, Mr. Nobusuke Kishi, June 12, 1957, Dwight Eisenhower Papers as

President of United States, 1953-61 (Ann Whitman File)〕

――六月二十一日、日米首脳会談後の共同声明は、予定よりかなり遅れて午後七時までずれ込みましたね。予定外の岸・ダレス会談が持たれたのも、この共同声明の内容に関する調整のためであったといわれていますが、この会談はかなり難航したのではありませんか。

岸　結局、沖縄に対する潜在主権の問題で最後の調整があったんです。いままで沖縄における日本の「潜在主権」をアメリカ側が公式の場で、しかも首脳間で責任をもって表明したということはないんですよ。だから、共同声明という形でこれを入れることは、アメリカ側としてはなかなかの問題であったわけです。しかし今回、それを何とか公式の文書にしたんです。それからもう一つは、日本に「潜在主権」がある以上は、沖縄における民政に関連して日本政府は予算を計上する、という問題でした。ダレスはこういうんだ。アメリカ側が施政権をもっているのだから、日本政府は沖縄にこうして欲しいという希望があれば、それを取り上げるか取り上げないか

ドワイト・アイゼンハワー

はアメリカ側で決めるし、また必要があればアメリカ側で予算をつける、とね。これに対して私はこう主張しました。本来沖縄は日本側に主権があるのだから、しかもそこにいるのははっきり日本人である。そういう前提からすると、沖縄の民政について日本政府として知らん顔はできない。やはり日本政府としても、ある程度の予算を計上したい。これが私の言い分でした。

――日米間のこうした話の行き違いには、それぞれ厳しい背景を抱えていたということでしょうね。

岸　そうです。私とダレスの間で話がまとまらなかったものですから、最後に大統領のところに行ったんです。あなたは先ほど、二十一日の最後の岸・アイク会談は儀礼的なものだといっていたけれども、実は儀礼的ではなかったんです。この沖縄の問題があったんです。

――そうでしたか。

岸　結局のところ、沖縄の問題については大統領に相談して決めようということになったんです。そうすると、アイクはうまいことをいうんだ。自分ではよく分からんが、法律的にはアメリカが施政権を持っているんだから、ダレス君のいうほうが正しいのではないか。しかし、岸君が日本政府を代表して日本国民の大変な期待を背にしてきているんだから、何か手土産ぐらいのことは考えてやったらどうなんだ、とね。実際、この首脳会談から帰ってきて、沖縄には予算を計上しましたよ。

ダレスのこと

――この日米首脳会談に関連して何か特に印象に残っていることはございますか。

岸　少し余談になるけれども、感心したことがあるんです。大統領に対する国務長官ダレスの態度が実に印象的でした。日本の民主主義においては、総理であろうがヒラ議員であろうが同じ立場だということで、礼儀というものが廃れてしまった。総理であるからといって特別な権威なんかを認めたりしないような風潮が日本では当時からありました。ところが、アイクに対するダレスの接し方には感銘を受けました。ダレスのほうがアイクより歳も多いし、アイクを大統領にした推進力の一人はダレスですからね。アイクは軍人ですが、ダレスはアメリカに長い間政治基盤を持っている。ダレスのほうが政治的にはずっとアイクより先輩なんです。にもかかわらず、

J・F・ダレス

大統領の前に出るダレスの態度は非常に謙虚なんです。そして大統領に対して大変な敬意を払っているんです。

——そんなに日米間には違いがありますか。

岸　民主主義もやっぱりここまでこないと本当の民主主義にはならないんだなあ、と思いました。日本のように、民主主義だからといって、総理の前だろうが、大臣の前だろうが、ヒラ議員の前だろうがみんな同じなんだというような風潮がみられるよね。それは人間としては同じだろうが、役職の上においてはやはりそこにきちんとした秩序というものを認めなければいけないんだ。ダレスがアイゼンハワーの前に出てとる態度というものに、私はこの時非常な感銘を受けたんですよ。

——ダレスという人は非常に細かいことをいう人だといわれていますが。

岸　それは細かい。条約や法律の問題については非常に詳しいし、共同声明の文言《もんごん》一つでも気に入らないと、「このことについては何年のこんな条約に似たようなものがあるだろう。こう書くんだ」といって、部下に指図をするんです。

——確かに切れ者でしたね。

岸　それは喧《やかま》しいし、何しろアメリカ外交にタッチしていた期間が長いし、条約や外交文書にも詳しいですよ。

――先ほど申しましたように、ワシントンにお着きになって早々総理はアイゼンハワー大統領とゴルフをされますね。それからニューヨークのヤンキースタジアムで始球式をおやりになります。こうしたことは「日米新時代」を演出する一つのエピソードとなったわけですが、こういうアイディアはどの辺から出てきたのですか。

岸　私の周りにはいろいろな人がおりまして、亡くなった（政治外交評論家の）平沢和重（一九〇九―七七）という人もその一人でした。平沢君は戦時中から知っていました。彼のアイディアも随分入っていますよ。

――マッカーサー大使あたりから何かアイディアは出ませんでしたか。

岸　いや、マッカーサー大使よりも（『ニューズウィーク』誌外信部長兼国際版編集長の）ハリー・カーンのアイディアのほうが大きかった。ハリー・カーンは私が（日本）民主党の幹事長の時から知っているんですがね。

――ハリー・カーンさんといえば、（『ニューズウィーク』誌東京支局長の）パケナムさん（トーマス・コンプトン。一八九三―一九五七）が連想されるのですが。

岸　パケナムがハリー・カーンを連れてきたんです。パケナムは私の英会話の先生ですよ。幹事長時代、パケナムは一週間に一遍私の家にきて英会話を教えてくれたんです。

――パケナムさんも総理のご訪米についてはいろいろアドバイスをしてくれたのですか。

岸　そうです。パケナムという男はなかなか面白い人でね。五五年八月の重光・ダレス会談で私がアメリカに行くときには、ハリー・カーンがダレス宛に手紙を送っているんです。岸は将来日本の総理になる男である、だからこの男には注意をしておけというような内容であったらしい。

憲法改正

――日米首脳会談から離れますが、総理はご訪米前、確か四月二十二日の衆議院予算委員会で憲法は九条を含めて全面改正したいこと、さらに五月七日の参議院内閣委員会では自衛の範囲内なら核保有は差し支えないと発言しておられます。特に核保有の問題は内外にかなりの反響を呼びましたが、これら二つのご発言は、やはりご訪米あるいは安保改定との関連を意識してのものだったのですか。

岸　いや、必ずしもそうじゃないね。これはもう私の持論です。

――そうしますと、核保有の問題も総理のなかにはあったのですか。

岸　当時の状態で核保有をするということを考えておったわけではないですよ。兵器の発達によって、通常兵器というものがほとんど無力化するようなことになれば、兵器といっても大半が核兵器だけになってしまうという状況を迎えるかもしれない。憲法が日本に核兵器を持たせないのかといえば、理論的には、そうではない。核兵器だからどうだ、通常兵器だからどうだということではないんです。もちろん、日本は戦略核兵器のようなものを考えているわけではないが、防衛的な意味で核兵器を持つといっても差し支えないではないか。核兵器も攻撃的なものについては駄目ですよ、日本は専守防衛であるわけですから。しかし、核兵器であるがゆえにいかなるものでも持ってはいけないということが、憲法にあるわけではない。

——安保条約をできるだけ日米対等のものにするということになりますと、当然憲法改正ということになるわけですが、ご持論の改憲構想を当時お持ちになっていたのですか。

岸　それはもう当然です、自分としてはね。

——安保改定をテコにして改憲もそのうち実現していきたいというお考えは、当時おありだったのですか。

岸　もちろん、そうです。

——そうしますと、次の総選挙あたりで憲法改正のための基盤を固めたいというおつもりでもあったのですか。次の総選挙は五八年五月に行なわれたわけですが。

岸　憲法改正については改正手続きそのものが非常に難しい状況ですから、そう簡単にこれができるわけではない。日米対等の意味における真の相互防衛条約を、つまり双務的義務を日本が履行しようとすれば、いまの憲法は不適当であり、改正しなければならない。国民に、憲法改正が必要であり、憲法改正をすべきである、あるいは改正せざるをえないのだという気持ちを起こさしめるような宣伝、教育をしていかなければならないと覚悟していました。ですから、安保改定をすれば、すぐに憲法改正ができるなどとは考えていなかった。

——当時日本の憲法についてのアメリカ側の一般的な認識はどんな具合だったのでしょう。

岸 ひどい話があるんですよ。総理として数年ぶりに（一九六〇年一月）新安保条約の調印でアメリカに行ったときに、日本のいろいろな話が出まして、アメリカ側の誰かが私たちに、まだあの憲法をそのまま持っているのか、というんです。そのとき私は、そんなことをおっしゃるけれども、改正できないような条項にしているじゃないですか、といったことがあります。アメリカの人たちは、日本の憲法はとっくに改正されたものだと思っているのかもしれない。

——憲法というものに対する感覚が、日本とアメリカではかなり違うのでしょうね。

岸 それは違いますよ。日本では憲法に関しては、「不磨《ふま》の大典」というような考え方があるけれども、向こうでは憲法は現実に合わなければ合うようにどんどん変えていくという考え方ですよ。

自分の内閣を……

――さて、ご訪米からお帰りになってすぐ内閣と党の人事改造にとりかかりますね。箱根に籠もられた七月二日から新人事決定の七月十日までの九日間というのは、かなり緊迫したドラマでした。二月の総理就任以来、訪米問題とも絡んで常に懸案の一つであり続けたのは内閣および党人事の改造問題であったと思うのですが、その点いかがですか。

岸　石橋さんが（総理を）辞めるということが決まって、自分が総理になった時に、石橋内閣のつくった予算、これに関連する諸法案をそのまま引き継いでいくという決意をしていたので、それには閣僚もやはりそのまま受け継いでいかなければ、と思っていたんです。名前は岸内閣だが、病気で辞めた石橋君に対してある程度敬意を表するためでもあったんです。だから、四月に予算ができあがって五月に入った頃には、自分独自の内閣をつくろうという気持ちも強くなっていました。しかし、訪米して首脳会談を行なうことは、自分として非常に重要な懸案であったし、非常な決意でもって準備をしていたこともあって、アメリカから帰ってきたら、つまりできあがった新しい日米関係を基礎にして、自分の内閣を新たに改造しようと思っていました。

——内閣改造ということになりますと、党内では派閥間でいろいろな蠢《うごめ》きが出てきたでしょうね。

岸 内閣改造についてはいろいろな動きがあったんです。いま現在閣僚であるものはいつまでも閣僚でありたいし、これから大臣になりたい人は早く改造をやって欲しいと思うし、とにかくこうしたことはいつの時代にもあることです。しかし新しい岸内閣の施策、それは新時代の日米関係を基礎に日本のこれからのすべての問題を考えていく、そこから本当の岸内閣だということが私の頭にはあったわけです。

——確かにあの当時ですね、佐藤派、河野派、大野派などの主流派勢力は総理訪米前の早期改造を主張していましたし、反主流の池田派、三木・松村派、石橋派などは人事改造をできるだけ先に延ばそうとしていましたね。

岸 まあ、いろんなことがありましたよ。そういう問題は、総理総裁としては他人に相談はできないんですよ。自分で決断しなければ駄目なんです。ブレーンもスタッフもおるんだが、彼らに相談していいことと相談してはならないことがある。いざとなれば、しかも一番難しい問題になると他人に相談などできないんだ。だから、ある意味においいて総理というものは孤独だといわれるんです。

――そうはおっしゃっても、内閣改造のタイミングをどうしようかという時に、やはりご実弟の佐藤栄作さんあたりは、いい相談相手になったのではありませんか。

岸　ならん、ならん。弟には弟の思惑があり、弟はまた一人ではないんです。あれを取り巻くナニがおるからね。それぞれみんなそうだよ。やはり、人事をいつやるかといった重要な問題になれば、私が決めなければ……。他人に相談すべきものではないですよ。

――ご訪米前の新聞報道などでは、人事改造に関する総理の基本方針として、党は川島正次郎、砂田重政（一八八四―一九五七。鳩山内閣の防衛庁長官）、佐藤栄作氏を中心に、内閣は総理、石井光次郎、河野一郎氏を中心にするということでしたが。

岸　人事の大体の骨格は、訪米前から私の胸のうちには考えておったことです。

――いま私が申し上げたような基本線でいこうというおつもりでしたか。

岸　そうです。

――党の三役はそれまで三木武夫幹事長、砂田重政総務会長、塚田十一郎《じゅういちろう》政調会長（後に新潟県知事）の布陣でしたが、特に「砂田総務会長」については、ご訪米前「君、留任で頼むよ」というようなことではなかったのですか。

岸　砂田君は私に対して非常に好意をもっておられたし、人柄も非常によくて、党内の信望も厚かった人ですから、総務会長には適任だと思いました。だから、先生と相談したり先生の見解を聞いてみると、極めて妥当な意見が多かったですよ。また私としては、川島には党のほうを何もかも任せてやるというつもりだったですよ。

——さてこの人事改造の最大の眼目は、石橋内閣から大蔵大臣を続けていた池田さんの処遇であったと思うのですが。

岸　池田君を大蔵大臣から外したいと思っていました。大蔵大臣は替えたいが、彼自身党内における重要人物ですから、できるだけ閣僚として残しておこうと思って、経済企画庁長官とか、防衛庁長官というようなポストを池田に申し出たんだ。

——池田蔵相の更迭というのは、どういうお考えに基づいていたのですか。

岸　予算（一九五七年度）は、従来の石橋・池田でつくられたものを一応国会で通したんだが、今度は私の本当の内閣なので、私の予算をつくらなければならない。それには、石橋・池田ラインでつくった財政の基礎というものを変えて、やはり岸を中心にした財政にしたい、という考えがありました。しかし、池田君自身は重要な人だから、何とか閣僚に残したかったんです。池田君はこういっていたよ。岸内閣になったのだから池田財政を変えたいというのはもっともだ。しかし自分としては内閣に残るとなると財政担当しか考えられない。この点については、総理と根本的に違うのだから、私は内閣に入らずに閣外で協力するほうがよかろう、というわけだ。

「三木をノックアウトしなきゃあ」

――池田蔵相の更迭というのは、総理のお考えであったと同時に、これを最も強く主張したのは、河野さんでもあったといわれていますが。

岸　そうです。河野という男は、相当有能な人物ではあるが、何にでも口を出す男なんです。しかし総理として、私には私の考えがあるんだからね。河野君のよい意見は採用するけれども、彼をのさばらせて、何でもかき回させるようなことは、私としてはしたくなかった。河野君の活動ぶりをみると、豪放、傲慢で何をも顧みず自分の所信に向かって暴れまわるというような印象を与えるけれども、実際は小心翼々たる男ですよ。ちょうど役者が隈取《くまど》りをしているような格好をしているけれども、本来はそうじゃない。ですから、腹を打ち割って会談をすると、そう御《ぎょ》しにくい男ではない。

――これは先ほどうかがいましたが、この人事改造をいつやるかについては、総理はご実弟の佐藤さんにさえ相談をなさらなかった。しかし人事に手をつけるにあたって、まず総理と池田さんの仲を取りもったのは、やはり佐藤さんだったと思うのですが……。

岸　私は新党（保守合同）運動を起こして鳩山を担いだわけですから、いわゆる吉田系といわれる人々にはよく思われていなかった。また吉田系の内情もよく分からんところもあるし、こういう人たちと個人的な付き合いも比較的少なかった。そういう意味において、いわゆる吉田系の人々の待遇なり彼らの期待などについて弟に相談したり、またこれらの人々を説得してもらう役割を頼んだんです。

——この人事改造のいま一つの眼目は、外務大臣のポストであったと思われるのですが、「藤山（愛一郎《あいいちろう》）外相」案をかなり以前からお持ちだったわけですか。

岸　私は以前から、岸内閣では外務大臣を藤山君にしようと考えていました。「藤山外相」案が表面に出る前に、私は藤山君には個人的に話をし工作をし、それから藤山君と特に仲のよかった井野碩哉《ひろや》君を使ったんです。

——そうしますと、「藤山外相」と安保改定というのは、その当時総理においては結びついていたのですか。

岸　いや、それはない。

——藤山さんのどういうところを評価されて外相になさったのですか。

岸　日本は軍事大国ではないのだから、軍事力をもってこれを外交の基礎にするわけにはいかない。やはり経済を基礎にした経済外交というものを日本外交の根底にしなければばならない。それには経済人としての藤山君を政界に引っぱり出したい。また日米関係からしても、藤山君は従来民間人としてアメリカとの関係も深い。さらに私と藤山君との従来の付き合いからいって、将来、総理総裁になるかならないかはいろんな関係で分からんけれども、自民党内における新しい人物として養成したいという気持ちも私のなかにはありました。新しい人物をつくり上げるという意味において、藤山君をただ外務大臣にするということじゃなしに、将来の自民党内における重要な政治家にしなければいかんという考えが根底にあったんです。

——そこで井野碩哉さんを仲介役に立てたのですか。

岸　私は井野君とは役人時代からの長い付き合いでして、また井野君は藤山君と非常に親しいものだから、井野君を仲介役にしていた。私の考えを直接藤山君に話したこともちろんあるんです。したがって「藤山外相」が新聞に出たときには、すでに話ができておったんです。

——それはいつ頃できあがっていたんですか。

岸　正確には覚えていないが、アメリカに行く前からですよ。帰国したら内閣改造をするつもりでいたから、その目玉のひとつとして外務大臣に藤山君を考えていたわけです。あのときの人事改造の眼目は、あなたがいわれる通り、まずは池田問題であったし、さらに河野問題、外相問題、そして党三役の問題であったことは事実です。ともかく、どうしても党三役から（それまで幹事長であった）三木（武夫）をノックアウトしなきゃいかんということであった。したがって、私の最も信頼する、また長い政治経歴を持つ川島君に幹事長になってもらい、私が尊敬し党内に信望のある砂田重政君を従来通り総務会長として留任させるという構想があったわけです。

――三木さんをノックアウトしたかったということですが、あのとき三木さんは、結局のところ、政調会長に収まりました。総理としては、本当は佐藤さんを政調会長にしたかったのではございませんか。

岸　本当は佐藤を政調会長ぐらいにしたかったんだがね。弟は肉親だから、岸政権の初めての内閣では彼に入閣を遠慮させたいと思っていたからね。三木を政調会長にしたのはある程度の妥協だった。仕方なしに……。

これについて三木武夫氏は次のように証言している。

「政調会長は自分が希望した。私は『党に残る』と岸にいった。政策というものが大事だからね。岸への警戒心があったから党の政策立案で牽制するつもりでいた」。「ただ岸はソツのない人で、直接会っていても不愉快な思いをしたことはないですよ。池田のほうがギコチなかった。岸のほうが円転滑脱《えんてんかつだつ》のところがある。頭がいいからね。岸は人間としては洗練されている。それに比べると池田は洗練されていないというか粗削りだった」。「しかし岸の考え方の本質は自分とは違う。彼は（日本）再建連盟をつくったときから改憲運動をやっていたし、基本的には民族主義者でした」（三木武夫氏とのインタビュー、一九八二年四月二十六日。括弧は編者）

――三木武夫さんはこの人事では相当粘り強く注文をつけていたように思うのですが。

岸　世の中で一番嫌いな奴は、三木だよ。陰険だよ。いまでもそう思っている。いま会ったって、先輩の俺に挨拶もしないから、俺も知らん顔をしているよ。

――三木さんのどういう点がお嫌いですか。

三木武夫

岸　性格的に嫌いなんだ。

――では、この当時三木さんには相当我慢しておられたのですか。

岸　ああいう陰険な人はイヤですよ。

――河野一郎さんとは、また違いますか。

岸　違う、違う。河野君は陽性だからね。三木君は陰性でね。

首相訪米後行なわれたこの人事工作は、次のような形で決着した。

第一次岸内閣（改造—一九五七年七月）の主要ポスト

総理大臣　岸信介　副総理大臣　石井光次郎　外務大臣　藤山愛一郎
大蔵大臣　一万田尚登《いちまだひさと》　農林大臣　赤城宗徳　郵政大臣　田中角栄
労働大臣　石田博英　経済企画庁長官　河野一郎

自民党の新役員（一九五七年七月）

総裁　岸信介　副総裁　大野伴睦　幹事長　川島正次郎
総務会長　砂田重政　政調会長　三木武夫

派閥というもの

——この人事で大野伴睦さんが党の副総裁に就きましたね。新しい岸体制は、七月十六日、総理が「大野副総裁」を指名して同日の総務会における正式決定によって完成するわけですが、この「大野副総裁」には岸さんご自身消極的であったという説もあるのですが。

岸　いや、そうでもないですよ。大野君は党人として苦労を重ねておって、いわゆる人情の機微に通じているんです。政策に明るいとか暗いとかいうよりも、副総裁というものは要するに党結束の中心になる人物です。党務というものは、どちらかといえば人情が基礎ですよ。頭がいいとか悪いとかいうことじゃなしに、本当に政党人として酸《す》いも甘いも嚙《か》みわけるという人物が副総裁には必要なんです。そういう意味において、大野伴睦君は副総裁に非常に適した人ですよ。

——大野さんは当時、三十人程度の派閥を率いていましたね。

岸　船田中君や、いま（一九八一年当時）の衆議院議長の福田一《はじめ》君とか、村上勇《いさむ》君（岸内閣の建設大臣）、それに水田三喜男《みきお》君（一九〇五—七六。石橋内閣の通産大臣）など錚々《そうそう》たる人たちがいましたよ。

——安保改定の問題を考える場合に、外交的な問題と同時に、やはり内政的な問題が大きく絡んで参ります。そういう観点からお尋ねしたいのですが、内閣と党の人事改造後、暫《しば》くして、すなわちこの年の九月になりますと、総理は大野副総裁に派閥解消につい

大野伴睦

て協力方を申し入れました。また、河野派が政治結社届を出そうとしていたことに関連して、これを取り下げさせるよう大野さんに要請しましたね。大野さんは総理の要請を受けて精力的に派閥解消に動きます。大野派および河野派などが一応解消されたのも、その成果のあらわれかと思われますが、派閥による政治結社届の取り下げとか、派閥そのものの解消を大野さんに指示した総理の本当の狙いは何だったのですか。

岸 いろいろな政策遂行の中でも、ことに安保改定を私が進めていこうとするときに、派閥次元の動きをされるのは困るんです。安保の問題について党内でいろいろな意見が出ることは当然だが、派閥とか政治結社とかの名で意見を決めるということでは、内外に重要政策を示していく上においては、大いに困るんです。政調会、各種委員会、専門委員会等で意見を聞くのはいいとしても、派閥間の対立が生まれてはまずい。重要政策を断行していくためには、党が一致結束していかなければならない。議論はいくらでも尽くすべきだが、各派閥で意見を決めてそれに拘《こだわ》るというのはよくない。また、派閥間の対立がマスコミに利用されることにもなりかねない。

――やはり安保改定のことが頭にあったわけですか。

岸　ええ、安保のことは頭にあったわけです。それから安保だけではなしに、派閥の関係でうまくいかなかったものの一つは、翌年（一九五八年）の警職法（警察官職務執行法）の改正なんです。

――「派閥解消」は古くして新しい問題ですが、総理が大野副総裁に派閥問題で指示したもう一つの理由は、政治資金の受け皿を党の窓口に一本化したいということもあったのではないですか。

岸　派閥を解消すれば、当然（政治資金の窓口を）一本化しなければならない。一本化すれば、派閥解消にも効果がある、と考えたんです。

――しかし、派閥そのものを解消させるということは至難の業ではございませんか。

岸　それは難しいですよ。党内があれだけの数になれば、どうしたっていろいろなグループができてしまう。ただ、足を引っ張り合ったり、党全体の結束を妨げて重要政策の実行を害するということになれば、それは派閥のはなはだしい弊害ですよ。党内に何百人もいれば、気の合う連中が集まって助け合うというのも、これまた当然ですが、党の政策実行において支障になるようではいかんですよ。

――派閥解消の決め手というのはあるんでしょうか。

岸　派閥が絶対なくなるとは思わないが、これを弱めるには小選挙区制にする必要があるんです。（いまの中選挙区制では）同じ選挙区で同じ党の何人かが争うということになるから、その候補者はそれぞれ別のバックを得なければならない。そのバックが派閥なんです。そうなると、例えばこちらの候補は福田派で別の候補が三木派ということになるんです。同一の党から一人の候補者を出す小選挙区制になれば、状況はよほど違ってくる。それから総裁選挙というものも派閥活動に関係している。いまのように総裁を選挙で決めるということになると、どうしても派閥で固まって自分の大将を党の総裁に押し立てようということになるんです。派閥の親分も平生から自分の派閥をつくっておかないと、総裁選挙のときに票を獲得できないわけです。しかし、好きな仲間が集まって酒を飲んだり人の悪口をいっている分には何の弊害もないが、常に政策実行の上で支障になるものだから、派閥はいかんというんですよ。

——党内に派閥政治が顕著にあらわれたのは、岸さんと石橋さんが「鳩山後継」を争ったあの総裁選挙（一九五六年十二月）の頃からではございませんか。

岸　前から保守党の中には派閥はあったんですが、あの総裁選挙の頃からだんだん派閥とカネで動くようになったんです。

——具体的な問題に戻りますが、先の改造人事（五七年七月）から数ヵ月後すなわち五七年の秋から佐藤さんによる反主流派工作が目立つようになりました。秋からその年の暮れにかけて、佐藤さんは池田、三木、松村さんなんかとしばしばお会いになるのですが、一方でこの佐藤さんの動きに大野さんや河野さんは相当警戒を強めるということになるわけですね。この頃総理は反主流派対策に相当ご苦心されたのではありませんか。

岸　例えば河野と池田の間には、過去に随分いろいろな経緯があるんですが、どうも政治家というものは分からんよ。最後の私の内閣をつくるときに、あれは総理になって翌々年（一九五九年）の六月でしたが、池田君と河野君の両方を閣内に入れようとしたんです。しかし河野君は内閣に絶対入らんというし、池田は池田で、河野と席を同じうせず、といって河野と対立していたんです（第四章）。ところが、何年か後に池田内閣が池田の病気で倒れて、さて池田が佐藤に政権を譲るとき、池田が佐藤に出した条件は、河野を抱いてくれということだった。だから政治家というものは分からんよ。

――さて、解散・総選挙というのは、党および内閣の人事と同様に、あるいはそれ以上にときの総理大臣にとっては死活的に重要な問題であると思うんですが、戦後七回目の解散（新憲法下では五回目）が岸総理の手で五八年四月二十五日に行なわれましたね。

岸　いわゆる「話し合い解散」でしたね。

――ちょうど三年三カ月ぶりの解散でしたが、この解散のタイミングについては、一九五八年度政府予算案がまとまるであろう「五八年一月」の解散を支持する川島・佐藤氏と、これに反対する河野・大野氏との確執があったりして、派閥次元の思惑が渦巻いておりましたね。

岸　当時は、特に解散する何か重要な問題があったわけではないのだが、前の選挙から随分時間が経っているし、岸内閣というものができてそろそろ国民に信を問わなければならないというのが基礎にあったんです。そのためには第一に、国民に新年度の予算を示し、さらに首相の所信表明を出して国民の協力を求めるということが必要になるんです。しかし解散の問題については、党内の事情もあるし、個々人それぞれの思惑や都合の善し悪しという問題もあるわけです。それで結局は、野党と意見が衝突するとか、解散しなければならない重大問題にぶつかったというわけではないものですから、野党との「話し合い解散」ということになったんです。

――「話し合い解散」というのは、日本の憲政史上異例でしたね。どの辺からこうしたアイディアが出てきたのですか。

岸　やっぱり内閣ができればね、適当な時にね、別に与野党間に意見の衝突がなくても、国民に信を問うたらいいという考え方を私は基礎にもっていたもんですから。それには、私のほうの都合だけでなく野党の都合も聞いて、双方の意見がまとまったところで（解散を）やったらいいではないか、という考え方ですよ。ある問題で野党が絶対に譲らないとか、与党が分裂して意見が分かれてしまうとか、国会に内閣不信任案が提出されるといった事態になれば、このときは内閣が総辞職したりあるいは解散ということも考えなければならんが、こうした事態はなかった。しかし、三年以上解散もなく、また私の内閣になってから一年余り経っているわけだから、今度ばかりは野党との間で再々話し合っていわゆる「話し合い解散」ということになったわけです。

日中関係

――話は変わりますが、中国の問題についてお聞きします。総理の安保改定作業を鳥瞰しますと、当然といえば当然ですが、中国、ソ連による執拗なまでの「安保反対」論に注目せざるをえないのです。特に中国の岸首相に対する攻撃というのは、安保改定交渉が本決まりになる前からかなりはっきり出て参ります。例えば五七年七月（二十五日）、周恩来（一八九八―一九七六）首相は岸首相の東南アジア訪問における岸首相と蔣介石（一八八七―一九七五）台湾総統との会談を取り上げて、岸首相が対中敵視政策をとっていると厳しく非難しています。翌五八年二月には第四次貿易協定の再開交渉でいわゆる国旗掲揚問題（一九五七年十一月以来中断されていた第四次貿易協定交渉は翌五八年二月北京で再開され、三月五日調印された。しかしここに至るまでに日中両国は、駐日通商代表部の建物に中華人民共和国の国旗を掲揚する権利をめぐって対立し、結局「国旗掲揚」を主張する中国側の主張を日本が受け入れた）が起こります。また同年五月二日、すなわち、先ほど話題になりました「話し合い解散」に続く総選挙公示直後のことですが、いわゆる長崎国旗事件（五月二日長崎市のデパートで催された中国切手・切り紙展示会場で中国国旗を一青年が引きずり下ろした事件。警察が犯人を簡単に取り調べて釈放したことについて中国は日本政府を激しく非難した）が起こります。そこでお尋ねしますが、岸さんはそもそもこの頃の中国にどういうイメージをお持ちだったのですか。

岸　中国に対する私の基本的な考え方は、「政経分離」です。経済的な分野、例えば貿易関係は積み重ねていくけれども、政治的な関係は持たないというものでした。しかし、経済関係を重ねていくうちに世の中が変わってきて、政治的な関係が生まれてくるかもしれない。しかし、当時としては政経分離の形にしておこうというのが私の考えでした。

――こうした政策が相当中国の癇《かん》に触ったわけですね。癇に触ったといえば、あの当時岸・蔣介石会談で蔣介石総統の大陸反攻政策（中国共産党政府に反攻して、台湾の国民党政権を大陸に復帰させるための政策）を総理が支持されたというようなことがいわれていましたが……。

岸　私は蔣介石さんには数回お目にかかっていろいろな話をしているんだが、その中で大陸反攻ということを企てても、軍事的にこれを実現することはほとんど不可能に近い、ということを彼には話しました。それよりは、この台湾で理想的な国家をつくって、大陸の大衆の生活と台湾における大衆の生活を比較して、台湾こそ王道楽土だというところを示せばよいのです。つまり蔣介石総統の政治が台湾の大衆に豊かな生活をもたらし、北京政府のやり方が国民大衆をいかにひどい目に遭わせているかということを示せばいいんです。彼我《ひが》の差がはっきりすれば、蔣介石の政治が宣伝になって、大陸をさらに追い詰めていくだろう、ということを私は蔣介石にいったことがあるんです。

——蔣介石の反応はいかがでしたか。

岸　蔣介石は非常に不満の様子でした。つまり蔣介石は私の主張に対して、「君のいうことは非常に穏やかな方法だけれども、そうはいかんのだ」といって非常に反対の気持ちを露《あら》わにしていたことを覚えています。しかし台湾が大陸に対して軍事的な反攻をするといっても、これは大変なことで実際にできるものではないですよ。大変な犠牲が出るんですから。

——当時の新聞報道などでは、岸総理は蔣介石の大陸反攻政策を支持したのではないかといわれていましたね。

岸　蔣介石としては確かに無理もないことなんです。自分が中国大陸を支配していたのに、そこを追い払われたんだからね（一九四九年十二月、毛沢東率いる共産党との内戦に敗れた蔣介石は、多数の官民の他におよそ「五十万人」に及んだといわれる軍隊とともに台湾に亡命した）。しかし、私が蔣介石の「大陸反攻」を支持したわけではない。支持したからといって、何になるわけでもないんだ。とにかく当時の周恩来首相などは岸が台湾と仲良くすることに対して、もう怪しからんというナニがあったわけです。だから、中共におもねた人も日本にはおりましたよ。池田君はとうとう台湾には行かなかった。彼は何遍か台湾の上空を通ってはいるんだが、実際には訪問しなかった。これがまた蔣介石としては非常に不満だったんだよ。

——池田内閣のときには台湾との間でいろいろギクシャクした問題がありましたね。

岸　そうです。プラント輸出の問題（一九六三年八月二十三日池田内閣は、倉敷レイヨンのビニロンプラントの中国向け延払い輸出を承認）などがあったね。この問題で台湾が怒ってしまって、吉田さんが池田首相の親書を台湾に携行して行ったんです（一九六四年二月）。吉田さんとしては、可愛い池田を何とか助けてやろうというナニもあったんでしょう。

——いずれにしても、岸内閣のときには日中関係は最悪でしたね。

岸　北京政府としては、私に対して好意を持たないし、私は蔣介石および台湾政府（中華民国）を尊重していくという立場でした。もちろん、日本はその当時台湾政府との間にはきちんとした国交はあったが、北京政府とはなかった。しかし、北京政府をある程度認めなければならないわけだから、第四次貿易協定などというものも結んだわけです。通商代表部に旗を立てて国旗としての権利を認めろといわれても、それはできないということなんです。貿易をやっていくのに旗を立てなければできないという問題ではない、というのが私の立場でした。まあ最終的には、中国側に妥協しましたがね。長崎国旗事件のほうは、警備の不手際からああいうことを起こしたんだけれどね。

――やはり長崎国旗事件は警備の不手際からだったのですか。

岸　それはそうですよ。本来、ああいうことは起こさせないようにしなければいけないんですよ。しかし起こった以上は、ああいう処置しかできないんです。法律的にあれを国旗として認めているわけではないんだから。確かにもう少しその青年を厳格に取り扱う必要があったと思うが、そうかといってこの男を処罰する場合に、法的には、他国の国旗への侮辱罪として処罰するわけにはいかないんだ。

――あの事件は、「話し合い解散」による総選挙の最中に起こったわけですが、選挙に影響はありませんでしたか。

岸 そうでもなかった。国民の大多数は、やはり台湾の蔣介石にナニしているから、国民はそう苛立ってはいない。マスコミは大体中共派が多かったんですがね。

――安保改定の問題についても中国からの反対論は当然織り込みずみだったということですか。

岸 それは予想してました。いまでこそ廃棄されたけれども、中ソ同盟条約(「中ソ友好同盟相互援助条約」。一九五〇年二月調印)というものが安保条約より先にあったんです。あの条約ははっきり日米を仮想敵としてノミネートしているわけだから(同条約は、例えば前文で「日本帝国主義の復活(中略)について何らかの形式で日本国と連合する他の国の侵略の繰り返しを(ソ連と中国は)共同で防止する決意にみたされ」と規定している)、日米安保を攻撃するのは当然でしょう。

第四章

安保改定と政治闘争

——新条約調印前

日米安保条約改定交渉始まる（1958 年 10 月 4 日）　読売新聞社提供

編者解説

本章でのインタビューは「安保改定」過程における第二のステージおよびこれにかかわる、あるいはここから派生する諸問題を扱っている。一九五八年五月岸政権による最初にして最後の総選挙、そして何よりも自社対決による五五年体制最初の総選挙が行なわれた。つまり本章はこの総選挙から、新条約・新協定作成のための十五カ月間にわたる日米交渉を経て、六〇年一月調印の準備が整うまでの時期に主として焦点を当てている。

まず、五八年五月の総選挙において岸首相率いる自民党は、無所属当選者を加えて二百九十八議席（全議席四百六十七）の絶対多数を確保して勝利した。岸氏の指導力が絶頂期を迎えた瞬間である。したがって、総選挙直後の党・内閣人事がほぼ完全に岸色に染められたことは、当然の成り行きであった。党三役（幹事長、総務会長、政調会長）と副総裁をすべて主流四派で押さえたこと、総理を含む十九名の閣僚（法制局長官を除く）のうち実に十四名を同じく主流四派で占めたこと、しかもこの人事をわずか三時間で完了したことなどは、総選挙に勝利した岸総理の政治的威信がいかに高揚したかを物語っている。

岸氏はこうした状況のなかで、同年八月マッカーサー駐日米大使との間で、安保条約を「全面改定」するという線で正式に合意する。この「全面改定」なる合意、すなわち条約の

「部分改定」や（交換公文等による）「運用面の手直し」ではなく「新条約」をつくろうという日米合意は、「安保改定」過程における諸決定のなかで最も重要な決定ないし合意の一つであったといってよい。

新条約作成のための日米交渉は、十月四日に東京で始まった。これよりおよそ三週間前すなわち九月十一日の日米外相会談（藤山外相・ダレス国務長官）で、ダレス国務長官は「新条約」構想を正式に承諾し、なおかつ「十月早々には東京で討議を開始」する旨を了解するる。（東郷文彦『日米外交三十年』）。日米両国はいよいよ旧条約の全面改定作業に着手するのである。しかし奇しくも、日米交渉開幕のこの日十月四日は、警職法（警察官職務執行法）改正案の国会提出を政府が準備している旨の新聞報道がなされた日でもある。いわゆる警職法騒動の始まりであった。警察行政の組織形態と責務を規定した警察法は、すでに三回改正されて占領色を払拭していた。だが警察官の職務権限を扱う警職法は一度も変更されず、依然占領時代のそれであった。岸氏にとって安保改定が「独立の完成」のための外交的課題であるとするなら、警職法改正は教育諸制度の改革と同様、「独立の完成」のための国内的課題の一つでもあった。

しかし、警職法改正案のなかに「政治的集団犯罪の予防と制止」をみてとった社会党を中心とする野党勢力の反対運動は、すぐさま国会内外を大きく揺るがした。院内闘争と連動して急速に盛り上がった大衆運動の参加者は、労組のストライキや職場大会などへのそれを含めておよそ四百万人に達し、ほとんどゼネストの様相を呈した（十一月五日）。岸政権はみるみるうちに窮地に立つ。国会審議は難航を極め、同改正案は十一月二十二日審議未了・廃案に追い込まれた。岸政権の全面敗北であった。

この警職法騒動は主として三つの点で重大な意味を持っていた。第一に警職法騒動は、その大衆闘争の反政権エネルギーを「安保改定反対」闘争に乗り入れさせる格好のスプリングボードになったということである。第二にこの騒動は自民党内の派閥抗争を活性化させ、数カ月前のあの総選挙の勝利で得た強力な岸氏の党内リーダーシップを急速に弱めていったということである。そして第三にこの騒動は、十月四日に始まった安保改定日米交渉の進捗を阻害する決定的な要因になったということである。

さて、警職法改正問題で少なからずその権力基盤に損傷を受けた岸政権は、みずからの政治的威信を再び取り戻すための戦術を打ち出す。「総裁公選繰り上げ」であった。翌年（一九五九年）三月（二十一日）の任期切れを待たずに、一月に総裁選を繰り上げて早々に「岸総裁再選＝岸体制再建」を果たそうというわけである。激しい曲折の末、岸氏を支える主流派の主張が通って、一月には岸総裁の再選は実を結ぶ。だが、その代償もまた大きかった。「総裁公選繰り上げ」に強く抵抗した反主流派は主流派と完全に決裂し、ついに反主流三閣僚（池田国務相、三木経済企画庁長官、灘尾弘吉文相）の辞任（一九五八年十二月二十七日）をもって岸政権を窮境に追い込むのである。

こうした混乱のなかで主流派から反主流派に転じた河野一郎氏をはじめ、池田、三木氏らによって声高に要求されたのが、行政協定の「同時大幅改定」であった。行政協定を条約改定と同時に全面改定せよ、という主張である。アメリカ側と岸政権との間で了解されていた「行政協定不変」（岸政権は「二段階」論、すなわち条約改定の後行政協定の改定を考えていた）への異議申し立てであった。しかし、この反主流派の「同時大幅改定」論に抗し切れないとみた岸氏が、むしろこれを逆手にとってアメリカ側にぶつけているのは興味深い。外務省が用意した五十七箇所に及ぶ改定点を示されたマッカーサー大使は、「全く話が違う」と激怒しつつも、結局のところ行政協定の大幅改定に応じるのである（東郷文彦氏とのインタビュー）。つまり行政協定から生まれ変わった「地位協定」なるものは、派閥抗争という名の瓢箪《ひょうたん》から出た駒であったというわけである。

新条約作成のための日米交渉ないし新条約調印に関する岸政権の政治日程は、実は三回変更されている。十月初旬の日米交渉開始当時、同政権の「安保改定」スケジュールでは、交渉そのものを「十二月末」か翌年（一九五九年）の「一月初め」に終了させ、通常国会に新条約の承認を求めるはずであった。しかし前記警職法騒動とそれに続く「総裁公選繰り上げ」問題で深刻化した与党内派閥抗争は、このスケジュールを完全に挫折させてしまう。日米交渉において新条約の骨子が「その年の内に」すなわち一九五八年末までにまとまったとはいえ、この新条約の内容を（自民党の）党議に付し調印にもっていけるほど岸政権の権力基盤が整っていたとは到底いえない。

かくて政府の次の目標は、五九年「三、四月調印」へと変わっていく。しかし政府の「三、四月調印」という目標が強ければ強いほど、この政府の目標を潰そうとする反主流派の行動もまた執拗を極めた。反主流派が前記の通り行政協定「同時大幅改定」という新たな課題を岸政権に突きつけた主たる理由は、新条約調印を再び延期させて岸政権に打撃を与えるためだったのである。

こうして五九年三月末から始まった行政協定改定のための日米交渉は、「予想通り極めてぎこちない」（東郷文彦『日米外交三十年』）ものであった。しかし藤山外相とマッカーサー大使との間で交渉は精力的に続けられ、「六月頃までには一応形も出来」てくる（同前書）。新条約・新協定調印はいよいよ確かなものになった。ところが六月下旬、日本側はまたもや「突然（新条約の）署名は延期すると云うことにした」のである（同前書）。調印のための前提ともいうべき「党内調整」がいまだならなかったからである。三度目の延期であった。

この頃岸氏の「党内調整」に関連して最も印象深いのは、池田・河野両氏の確執であった。

六月二日の参議院選挙で安定多数を確保した岸政権は、その直後、安保改定を仕上げるための党・内閣の改造人事に着手する。この人事の最大のポイントは、次期総理候補の一人であった河野氏が岸総理からの強い入閣要請を頑強に拒んだこと、一方「河野と席を同じうせず」といっていた池田氏が、「河野入閣」を断念した岸氏の誘いを受けて通産相に就いたことである。半年前（一九五八年十二月）の「三閣僚辞任」では、「この内閣で俺は汚《けが》れるよ」（三木武夫氏とのインタビュー）といって真っ先に国務相を退任したその池田氏が、岸政権最後の人事で入閣し岸氏に協力の姿勢をみせたことは、確かに運命の分岐を意味していた。池田氏の側近であった宮沢喜一氏（池田内閣の経済企画庁長官）は、池田氏のこの行動を「権力に近づくための本能が働いたのだ」（宮沢喜一氏とのインタビュー）と分析する。池田氏の入閣が「池田政権」への道を切り拓いていったことだけは間違いない。

いずれにしても、池田入閣によってみずからの権力基盤を強めたかにみえた岸氏だが、「党内調整」には依然不安が残った。河野派をはじめ三木・松村派、石橋派など「反岸」勢力が新条約・新協定に関するあらゆる問題を取り上げて岸攻撃を続けていくその姿勢は、岸政権最後のこの人事を経てむしろ強まっていったからである。しかし、岸氏の反転攻勢にもまたみるべきものがあった。特に九月に入るや岸氏は党諸機関に対して、「どんな障害があっても（安保改定は）絶対に実行する」として、みずから党内説得に乗り出していくのである。かくて十月二十六日、政権側はついに条件付ながら安保改定に関する党議決定を手中にする。岸総裁再選（一月二十四日）後本格化したいわゆる「党内調整」は、実に九カ月の時日をかけてこの日の両院議員総会における党議決定をもって決着するのである。

一方日米交渉についてだが、前記三度目の調印延期が決定的になって後、日本政府はアメリカ側に新たな交渉課題を持ちかけている。例えば「沖縄有事」の際の日本側の対応、基地使用に関する日米「事前協議」での「日本の拒否権」等々の問題が日米交渉のテーブルに上げられた。前者に関しては、琉球諸島に武力攻撃があった場合の「日米協力」（「島民福祉のための措置など）が「合意議事録」として残された。後者については、新条約調印時の日米共同声明で日本側に「拒否権」のあることが謳われた。後年事前協議制そのものの形骸化が明らかになったが、在日基地を自由使用していた米軍の行動に一定の規制を加えるというこの日本側の「拒否権」は、少なくとも形としては日本の主権回復を辛くも担保するかのようであった。新条約改定作業よりはるかに遅れて出発した行政協定の改定交渉も、新協定第十二条（調達・労務）にかかわる最後の未解決部分が妥結したのは、調印予定日（一九六〇年一月十九日）のわずか二週間前、すなわち六〇年一月六日である。ワシントンにおける新条約・新協定調印の準備はようやく完成をみたといえよう。

総選挙に勝利して

——戦後七回目の解散が岸政権の手で五八年四月に行なわれましたが、五月二十二日にはいよいよ（総選挙の）投票が行なわれます。私なりにこの総選挙の意義を整理してみますと、第一に、前回の総選挙以後三年三ヵ月にわたって、鳩山、石橋、それから岸内閣を支えた自民党政治を国民がどう評価するかということがあったと思います。第二には、五五年秋相次いで生まれた自民党と統一社会党による二大政党対立の五五年体制が初めて国民の審判を受けたことです。第三に、この選挙は二大政党対立のなかで、憲法改正や小選挙区制など戦後政治の重要争点が国民の前に突きつけられたということでした。選挙の結果は、衆議院全議席四百六十七のうち、自民党が解散時（二百九十議席）よりも三議席減って二百八十七議席、社会党が解散時よりも八議席増えて百六十六（後に百六十七議席）となりました。しかし社会党は、予想より伸び悩んだということで深刻な敗北感が党内を覆うのですが、一方自民党は無所属の当選者を加えて絶対多数ともいうべき二百九十八議席を確保します。岸内閣の政治基盤が相当強まったといわれました。それにしましても、安保改定の問題はこの総選挙で争点にはなりませんでしたね。

岸　この選挙では特に争点というものがなかったように思うんです。先ほど話題に出た

「話し合い解散」というものがこれを象徴してますよ。鳩山内閣のときに解散してから、以後鳩山、石橋、岸と三代の自民党内閣が政権を担当しているわけだから、これに対して国民がどう評価するか、私が本当に腹を落ち着けていろいろな面から政策を行なうにあたって、まず国民に信を問うというのが、この選挙の第一の目的だったと思うんです。与野党間で特に具体的な政策の対立があって、これについての審判を国民に求めるというような、差し迫った問題があったとは思いませんね。

──二大政党対立ということになりますと、三分の二以上を確保すれば、憲法改正という問題も当然出てくるわけですね。結果的にはそれはできなかったのですが、憲法改正とか小選挙区制という問題について、当時どのようにお考えでしたか。

岸　議会制民主主義の実現からいうと、二大政党対立の状況が非常に望ましいと思います。そうなれば、二大政党の間に民主的な政権交代もあり得るんです。小党が分裂して、どれも過半数を持つことができないとなると、議会政治はなかなかうまくいかないですよ。また、一つの政党が非常に強くて、他の政党が分裂している状況だと、民主的な政権交代というものはほとんどできないんです。議会政治の上からいうと、これは望ましくない。選挙制度を変えて小選挙区制にすべきだという私の主張は、二大政党制を実現するためなんです。

――野党のほうは、この五八年の総選挙をどう受け止めていたのでしょうか。

岸　あの総選挙の後で、（日本社会党委員長の）鈴木茂三郎君（一八九三―一九七〇）はこういうことをいっていましたよ。今度の選挙で社会党として感じたことは、要するに、それまで保守党に向けられていた国民のいろいろな批判や攻撃が野党のほうにも流れてきたように思う、とね。確かに鈴木君のいう通りなんです。それまでのように保守党が二つに分かれているときは、むしろ選挙は社会党などを埒外《らちがい》に置いて保守党同士の争いとなるんです。ところが、保守党が一つになったものですから、その一つになった保守が一丸となって社会党に論争を挑んでいったわけです。鈴木君が自分の党に対する風当たりが非常に強くなったと思うのは自然なんです。保守、革新それぞれの党がそうであってしかるべきなんです。

鈴木茂三郎

――今日においては、二大政党の他にいろいろな政党がありますが。

岸　小党分裂をしておっては、どれもが政権を担当する能力がないということになる。本来野党には政権を担当するという気迫と準備がなければ駄目ですよ。共産主義国は別だけれども、議会制民主主義の国において、二十五年以上も同一政党がずうっと政権に就いている国はないでしょう。長年一つの政党が政権を担当すれば、政局が安定し、基本的には政策も変更なく一貫して遂行されるわけですから、非常にいい点もあるんです。しかし反面、その政権担当政党にいろいろな弊害が伴ってきて、しかもそれを改善していくのは、いうべくして非常に難しいのです。政権を担当しておりながら、みずから反省して自己改革するということはなかなか難しい。一度野《や》に下ると、つまり野党になると、党の弊害というものが根本的に改正できると思うんです。その点からすると、現在の日本の政党政治のあり方を私は非常に遺憾に思っているんです。真の二大政党制を実現するためには、「一区一人」を原則とする小選挙区制を実現して、小党が消えていく基盤が必要なんです。

いずれにしても、五八年のあの「話し合い解散」による総選挙は、あなたのいわれるように安保改定の問題とか、憲法改正の問題とか、小選挙区制の問題とか、いろいろ議論はあり得たと思うのですが、実際には、具体的な問題を取り上げて国民に審判を求めるというような情勢ではなかった。

——安保改定はまだまだ先だろう、この選挙で国民の審判を受けるにはちょっと早いというお気持ちがあったのでしょうか。

岸　それはあった。

——社会党は選挙の結果がみずからの期待を裏切るものであったということで、相当ショックを受けたといわれています。あのときの結果は、先ほど申しましたように、社会党は百六十七議席でした。いま振り返ってみると、この数字は社会党の歴史において最高の成績だったわけです。当時この社会党の選挙結果をどういうふうにお感じになりましたか。

岸　私は、社会党がこの選挙で伸びるとは思っていなかった。吉田さんがかつて、社会党を育成しなければいかんといったことがあるんです。私も同感だ。やはり野党をもう少し強化していくことは、政権政党をして大いに反省させ、大いに努力をさせるためのテコになるんです。相手があまり弱すぎるといかんですよ。

——敵対する政党から、育ててやろうなんていわれるようでは、これは少々寂しいですね。

岸　それはそうだ。

——この総選挙の結果、社会党に敗北感が残り、事実上自民党の勝利ということになったのですが、総理としては政策課題、とりわけ安保改定とか小選挙区制といった問題に取り組む意欲をさらに強く持たれたのではありませんか。

岸　私がそもそも戦後の政界に復帰した一番の狙いは、占領時代の弊害を一切払拭して、新しい日本を建設するということにあったわけです。そのためには、第一に安保条約を改正しなければならないということ、第二にはどうしても憲法改正をする、そのための小選挙区制の実施ということを頭に描いておったんです。

――岸内閣時代の衆議院総選挙としては、五八年のこの選挙は最初にして最後であったわけですが、この総選挙で勝利したということは総理にとって大きな自信になったのではありませんか。

岸　選挙に勝って一番自信を持ったのは、前回（一九五五年二月）の総選挙、つまり私が（日本）民主党の幹事長であったときの選挙ですよ。前に話が出ましたが、あの選挙で民主党が第一党になって、それまで第一党であった自由党を破ったわけです。あの圧倒的な勢力を誇っていた自由党よりも民主党が多数の議員を獲得したことは、私のその後の政治経歴に関係を持つものでした。このとき民主党が第一党になって自由党の上に立ち、それが保守合同の基盤になったわけです。それに比べれば、五八年の総選挙の場合は、当然勝つと思っていました。したがって、選挙に対する気構えというものは、日本民主党の鳩山内閣の総選挙のほうが、私にとっては精力をはるかに集中していたように思います。岸内閣のときの総選挙は当然の結果が出たのであって、初めから社会党に負けるなどという考えは露ほどもなかった。とにかく保守が合同一本化した後の総選挙でしたからね。

五八年六月の内閣・党人事

――この総選挙後、まず総理総裁として直面する重要課題は、内閣および党の人事であったと思うんです。六月十二日、首班に指名された岸さんは、夕方六時五十分組閣本部に入って、およそ三時間という短時間で第二次岸内閣の組閣を完了し、その後党三役も決まります。まさに「電光石火」の人事であったといってよいと思います。そこで、この人事工作なんですが、「佐藤蔵相」の実現とともに無任所国務大臣に池田氏の就任が決まります。この組閣で総理としては池田さんの扱いをどういうふうに考えておられたのですか。

岸　池田君は吉田さんに非常に近いわけだし、また幹事長も経験しているし、とにかく私の後には「総理」を狙っておるということもあって、彼自身非常に重要な地位にあった。池田君をこのまま野《や》に放っておくわけにはいかんという考えがあったんです。当時の状況からいうとね。

――池田さんが閣内に入ったということとの見合いでしょうか、河野一郎さんがこの人事で経済企画庁長官を辞めて党総務会長になりますね。もう一つ池田入閣との関連でしょうか、それまでの石井副総理をこの人事では切ってしまいますね。石井さんはこの人事で閣外に去った後は、安保改定問題をはじめとする総理の施策にかなり批判的な態度を示すようになります。どうして石井さんを副総理から降ろしたのですか。

岸　石井君を「切った」というよりも、池田を閣内に入れるなら石井に辞めてもらうということでした。副総理格の無任所職を二人も三人も置くわけにはいかないでしょ。

——この一連の人事改造で目立つのは、党三役を川島（幹事長）、河野（総務会長）、福田赳夫（政調会長）と主流派で独占したことでしょう。それから、内閣は岸派、佐藤派、河野派、大野派の主流四派で十九人の閣僚のうち十四人を占めるという具合に、かなり明確に岸カラーを出しておられますね。

岸　とにかく、岸内閣初めての総選挙に勝ったということもあるでしょう。そして前年（一九五七年）の訪米後の人事では一応改造はしているけれども、あまり岸色というものを出してはいない。思い切った政策を打ち出すためには、自分の信頼できる、またいちいちいろいろなことをいわなくても顔をみただけでおのずから考え方が通ずるような連中とともに政治を行なっていくという私の性格からすれば、選挙で勝った後存分に自分の考えを通したということです。

この人事工作は次のような形で決着した。

第二次岸内閣（一九五八年六月）の主要ポスト

総理大臣　岸信介　外務大臣　藤山愛一郎　大蔵大臣　佐藤栄作
文部大臣　灘尾弘吉　国家公安委員長　青木正　経済企画庁長官　三木武夫
国務大臣　池田勇人　内閣官房長官　赤城宗徳

自民党の新役員（一九五八年六月）

総裁　岸信介　副総裁　大野伴睦　幹事長　川島正次郎
総務会長　河野一郎　政調会長　福田赳夫

——社会党にとってもこの五八年の総選挙は、統一後初めての総選挙であったということになります。先ほど申しましたように、社会党はこの総選挙の結果に相当の敗北感を味わうわけですが、同時に党内で再建論争というか、路線闘争が噴き出てまいります。その代表的な論争点の一つが、社会党は「階級政党」であるべきか「国民政党」であるべきかというものでした。岸さんはライバルであるこの社会党内の路線闘争、これは結党以来連綿として続いているのですが、これをどういうふうにご覧になっていましたか。

岸 私は先ほどもいいましたように、一貫して二大政党論者なんです。社会党に成長してもらいたいというのも、そういう意味においてなんです。社会党が党内でいろいろな議論をしておるけれども、階級政党である限り政権を担当する政党にはなれないのですから、国民政党へと脱皮しなければならん。西尾末広君とか、高等学校から私と一緒であって非常に親しかった三輪寿壮君などの考え方は国民政党論であって階級政党論ではない。いまでも社会党は階級史観に基づくいわゆる「道」（一九六六年党大会で最終決定された「日本における社会主義への道」）の左派路線をとっているが、やはり国民の信頼を受けて政治を行なう政党になるには、もう少し現実に即して行動をしなければいけないと思うんです。それが欠けておれば、この政党は伸びない。伸びないということは、二大政党制の上からいうと、非常に悲しむべきことなんです。（社会党には）何とか伸びてもらいたい。

——三輪寿壮さんの話が出ましたが、あの方と岸さんは随分因縁の深い仲ではございませんか。

岸 三輪君は肺癌で亡くなったんですが（一九五六年）、東大（医学部付属病院）の冲中（重雄）内科に入院していたとき彼といろいろ話をしたんです。三輪という男は非常に謙虚でして、人を押しのけて前に出ようとするようなことは絶対に考えておらない。謙譲の美徳を備えていた人ですよ。私は病床の三輪君にこういったことがあるんです。政治家としては謙遜ばかりでいくべきではない。「乃公出《だいこう》でずんば蒼生《そうせい》を如何《いかん》せん」という積極的な面を持たなければいかんぞ。君もひとつ今度病気が治ったら、社会党においていままでのような引っ込み思案ではなく、積極的に「乃公出でずんば」ということでやってくれ、とね。私もまだ総理になっていない頃ですよ。三輪君は僕の話を聞いて、これからは大いにやるよ、と話してくれたんです。でも、間もなく死んでしまったよ。この三輪君とか、あるいは西尾君、それからこの間亡くなった河野密《みつ》君、いま落選中の三宅……。

——三宅正一さんですか。

三輪寿壮

岸　そう、そう。あの古い社会党のリーダーの連中は、今日のいわゆる「道」の支持者たち、すなわち向坂逸郎《さきさかいつろう》（経済学者。一九五一年山川均《ひとし》、大内兵衛《ひょうえ》氏らと社会主義協会を設立。日本社会党左派の理論的指導者）たちが指導する（社会主義）協会派ではないんです。西尾君らは保守党に対する革新政党として現実に基づいた路線というものを考えておったのですから、あの勢力がもう少し伸びておれば、二大政党制ができたんだろうと思います。

安保条約の全面改定へ

――さて六月十日に召集された総選挙後の特別国会は、冒頭から院の構成で紛糾しましたね。ここで目を引くのは、岸総理の社会党に対する明確な対決姿勢であったと思うのです。この対決姿勢は、戦後政治における歴代の総理のなかでも相当はっきりしていたように思います。日本の政治風土は、一般的には何となく曖昧な要素が多いのですが。

岸 確かに私は、基本的な政治姿勢というものについては妥協的ではない。あくまでもその政治姿勢を明確にしていくということです。したがって国民にとっても、その対立軸のどちらをとるかということが明確になるので、基本的な問題についての曖昧さ、ごまかしは許されないということになるんです。そうかといって、日常のことすべてにおいて対立、抗争するという意味ではないが、基本的な問題については明白ですよ。

――第二次岸内閣が成立して、いよいよ総理は主要課題である安保改定問題に拍車をかけていくことになりますが、九月十一日の藤山・ダレス会談において安保改定のための日米交渉の開始が本決まりになります。ここに至るまでに総理がこの安保改定問題をめぐってどういうような決断、行動をなさったか、ということについてお尋ねします。この藤山・ダレス会談に備えて、藤山外相はマッカーサー大使との予備的な会談を七月および八月に公式、非公式を合わせて七回ほど持ちますが、これら一連の予備会談に臨む総理の態度決定は、安保改定なるものの方向を決定づけたという意味ではきわめて重要でした。

例えば七月三十日の藤山・マッカーサー会談で、マッカーサー大使は、相互援助型の新条約をつくることを日本側が希望するなら、自分としては「その実現に努力する」と藤山さんにいっています。これを受けて八月二十五日総理はこの予備会談に出席されて「三つの選択肢」のうちの一つをマッカーサー大使に提示していますね。「三つの選択肢」とは「新条約」（全面改定）、「部分改定」、それに（交換公文等による）「運用面の手直し」であったわけですが、総理は条約の全面改定すなわち「新条約」をマッカーサー大使に正式に伝えたということになっています。

ともかく五月の総選挙前後から、岸総理はマッカーサー大使と秘密裏に会談されていますね。当時駐日アメリカ大使館でマッカーサー大使の部下であったリチャード・スナイダーさん（一等書記官）は、五八年の夏総理がマッカーサー大使との間で「憲法の範囲内での相互防衛条約でいく」ということで合意したと証言していますが。

岸　この時期、マッカーサー大使とは新聞に一切出ない密議を幾度となくもって、特にアメリカ側の意向を打診しましたよ。そして、マッカーサーとの間で「憲法の範囲内における相互防衛条約」ということで了解したのは事実です。しかし「相互防衛条約」といっても、「憲法の範囲内」となれば、アメリカが戦争に巻き込まれた場合、日本が出ていってアメリカを守るというわけにはいかないんです。したがって、「相互防衛条約」にはそれ自体限界がある。とはいっても、われわれがアメリカに求めたのは、日本防衛についてのアメリカの責任を明文化すること、つまり条約上の義務としてこれを明確にするということだから、これをアメリカの軍部なり政府が了解するかどうかが一番の問題だった。アメリカ側の空気を確かめなければならないし、「新条約」となれば、議会でも議論があるだろうし……。

——総理ご自身が旧条約を全面改定して新条約でいこうと決意されたのは、いつ頃からなのですか。

岸　やはりね、旧条約をいじらずに交換公文で、あるいは解釈のし直しでやるとなれば、非常に制約されてしまう。基礎的な、根本的な改革にはならないわけだ。ところが、現実には旧安保条約によって国民は非常な迷惑を被っているわけだし、単に問題を糊塗《こと》するだけでは間に合わないわけです。将来の国際情勢を見通して、日米間の本当の同盟関係をつくりあげていくというには、やはり問題が残る。旧安保条約の下で（駐軍米兵が）あっちこっちで問題を起こしているわけだから、これを一応処理するというぐらいのことしかできないんです。私としては、そうではなしに、日米の将来を考え、ことにアジアの安全、極東の安全ということを考えて日本の立場を見直そうと思ったわけだ。日本の憲法を将来は改正するにしても、現在の憲法の存在を前提として、しかも国際情勢を見通せば、日米関係および日本の安全保障というものを単に交換公文によって糊塗するようなことでは駄目だと思ったんです。

——そういう考えをお持ちになったのはいつ頃からですか。

岸　基本的には初めからそうなんです。私が総理になってマッカーサー大使と接触するそもそもの初めからですよ（本書百六十二—百六十三ページ。マッカーサー大使の国務省宛文書参照）。国会で社会党の諸君の質問に対して、私が適当な機会になるべく早く日米を対等の関係に持っていく、すなわち安保条約を改定する意図をもっていると言明しているわけですから。アメリカを説得して安保改定をやるということは、決してその場その場のごまかしじゃなくして、心算があったんです。しかし、これをやるにしても、現実にはアメリカが聞いてくれるかどうか、その出方をみていたわけだ。易きにつけば、前の話に出た交換公文ということも一つの選択肢ではあったので、外務省に検討させたことは事実だ。私自身としては、初めから交換公文に非常な執着をもっていたというのではないんです。しかし、みんなを説得するためには交換公文でやるということも一応は検討したわけだ。

——新条約でいくということについては、マッカーサー大使とのいろいろなやりとりのなかで本決まりになっていったと思いますが、一方党内でも意見が出ましたでしょうね。

岸　それは出たよ。新条約では大変なことだ、とね。安保条約を根本的に改定するということはなかなか難しいという空気はあった。まかり間違えば、岸内閣の命運にかかわるわけだから、まあそうまでやらんでもいいじゃないかという議論もあった。しかしこの点については、私がやはり感謝すべきは、アイゼンハワーだと思うんだよ。マッカーサー大使を通じて安保条約のいろいろな問題がアメリカ政府に伝えられ、アメリカ政府もだんだんと変わっていったように思う。旧条約がもたらすいろいろな問題を処理するには、どうしても手直ししなければ駄目だ、つまり交換公文あたりでナニしようという考えも最初はあったと思うのだけれども、アメリカ側も根本的改正の方向に乗ってくるような情勢になってきたと思うんです。

——当時日米とも不透明な部分はあった……。

岸　そうです。それから、防衛問題に対して日本の国民があまりに無関心であり、この問題についてあまりに認識を欠いているのだから、大いにその辺の論争をして、国民にはっきり防衛についての考え方を決めさせるという意図が自分のなかにはありました。そのために国会での論議を、あんなに混乱するとは思わなかったんですが、堂々と展開すべきであると考えたんです。そういう意味においては、「新条約」にしなければ駄目だというふうにだんだん考えを固めていったことは事実です。

——先ほどの話に関連しますが、八月二十五日総理がマッカーサー大使に「新条約」構想を正式に伝えたとき、藤山外相は大変驚いたといわれております。つまり総理と大使との間で了解されていた条約の「全面改定」すなわち「新条約」を外務大臣が知らなかったわけですね。当時総理は、この問題について藤山さんとあまり相談はなさらなかったのですか。

岸　いや、藤山君にももちろん相談したと思いますよ。しかし、藤山君にいちいち細かいことまで話をしたかどうかは分かりませんがね。ともかく私は、藤山君には特に懇請して外相に就任してもらったんだから、他の大臣とは違って特別にあらゆる面で信頼していたし、また彼の立場が悪くならないように気をつけてやっていたつもりです。

警職法でつまずく

――藤山訪米がいよいよ具体化しようとしていた五八年七月中旬（十七日）のことですが、自民党総務会（河野一郎会長）では、それまで廃止されていた外交調査会の再発足が決まりまして、船田中さんが会長になります。また同じ日、政府与党連絡会議なるものが新設されます。これには総理のほかに、佐藤蔵相、池田国務相、三木経企庁長官、赤城官房長官、河野総務会長などが出席して（藤山外相は欠席）、今後外交の重要案件は外務省のみに任せずにこの政府与党連絡会議で話し合うことを決めましたね。つまり、外交問題に関しては外務大臣の責任とは別に、これら二つの機関の新設を機に、河野、佐藤、池田といった実力者の発言が急速かつ公然と重みを増すという状況になるわけです。したがって、安保改定の問題にしましても、実力者たちからの介入が、いわゆる岸・藤山外交に手枷足枷《てかせあしかせ》をはめていったようにも思うのですが。

岸　いや、足枷にはならなかった、ちっとも。党内をまとめていく上において、ある程度河野君らの意見を聞かなければならないが、外交の基本に関して彼らの発言によって動揺するなどということはないですよ。われわれの考え方をスムーズに推進していくためには、言葉は悪いが、彼らに〝餌《えさ》〟を与えたような格好なんです。彼らの発言権が大きくなって、われわれの政策がそのために妨害されるというのではなしに、むしろその政策遂行において、党内をいわば手なずける必要があったんです。

——九月十一日の藤山・ダレス会談における合意に従って、いよいよ十月から東京で新条約作成のための日米交渉が始まるわけですね。しかし交渉が始まったまさにその日、つまり十月四日のことですが、いわゆる警職法（警察官職務執行法）の改正問題が突然持ち上がります。すなわち政治的集団犯罪の予防と制止を狙いとするこの改正案に対しては、いち早く社会党など野党が激しく反発しましたし、自民党内でも「反岸」の動きが急速に盛り上がりました。政治過程は極めて混乱します。安保改定がそれ以後一貫して外交案件であるよりも、むしろ内政問題になっていくことを考えますと、この十月四日というのは、実に象徴的な日でありました。警察官の職務執行の範囲を質量ともに強化していくこの改正案はそもそも総理としては、どういう理由から思い立たれたのですか。

岸　戦後のアメリカの占領政策は、治安を維持する上において非常に欠ける点が多かった。安保改定に関連して、いろいろ予測しないような治安の問題が起こってくるかもしれない。これに対する警察官の権限を強化しなければ対処できないという情勢も考えられる。私の一貫した考え方なんですが、戦後の占領政策のいろいろな余弊を一掃して真の独立日本の体制をつくるという狙いがあったんです。日本が戦前戦中に警察国家であったということから、占領政策の目的の一つは、警察権を大幅に弱めることにあった。したがって、日本の社会秩序、治安の維持に必要かつ十分な職務執行を警察官ができるような警職法に改めるということを、私としては当然考えたわけです。占領政策を改めるという意味では、この治安問題のほかに教育の問題、例えば勤務評定問題（都道府県の教育委員会が教職員の能力や実績に対する評価を行なうという文部省の方針をめぐって、一九五六年頃から政府と日教組との間で激しい政治闘争が展開された）などもあったわけです。

――教育問題、とりわけ勤務評定の問題では、当時随分騒がれましたね。

岸　教育委員会を任命制にするとか、あるいは道徳教育の問題を取り上げるというようなこともやりました。とにかく占領政策の余弊を改める一環として警察官の職務執行を立派にできるようにすることは、私の政策としては、教育の問題とともに非常に重要な位置を占めていたんです。不幸にして、それにつまずいたんですがね。

――岸さんは、（一九五八年）五月二十四日、総選挙後初めての記者会見で、「反民主主義勢力には強い態度で臨む」と強調されていますね。この一年前（一九五七年）の五月には汚職、貧乏、暴力の「三悪追放」を提唱しておられます。「警職法改正」というのは、直接的にはこの「三悪追放」とりわけ「暴力」追放との関連で総理の頭のなかにあったのでは、とも思えるのですが。

岸　確かにそれはありました。国家公安委員長に研究を委嘱していたんです。

——あのとき（警職法改正問題が浮上したとき）の国家公安委員長は青木正さん（一八九八—一九六六）でしたね。

岸　そうです。私の内閣は汚職、貧乏、暴力の三つの悪を追放するという、いわゆる「三悪追放」を打ち出したのですが、汚職と暴力をなくするためには、どうしても現行の警職法を改正する必要があると考えたんです。貧乏の追放は、経済政策と社会保障制度の拡充などによって実現できるとしても、汚職と暴力、特に暴力の問題については警察力をとにかく強化しなければならなかったし、そのために警職法改正が必要なんです。

——戦前の治安維持法の復活を総理は考えていたのでは、などと勘ぐる向きもありましたが……。

岸　そんなことは考えていないよ。現行の警職法では、例えば、何か犯罪が起こらなければ警察官は動くことはできないようになっている。予防警察というか、事件を未然に防ぐためのナニは行なえないことになっているんです。したがって、この予防的措置を警察官が行なえるようにすることが改正の主たる理由であった。だから、治安維持法的なものをつくるつもりは、もちろんなかった。

──「予防警察」というのは、当時の政治、社会的状況ではやはり唐突であったような気もするのですが。

岸 警察官が責任を持って治安維持にあたるには、犯罪が起こる前にそれをある程度予防する措置も講じなければならないと考えたんです。何か不穏な形、例えば凶器をナニするようなものを職務執行で調べても、あるいは不穏な連中がある場所で会合し密議していても、現行の警職法では、警察官はこれをどうすることもできないんです。現実に爆弾を投げたり、現実に何か犯罪行為をやらないと、警察官は実際に行動をとることはできない。つまり予防警察ということはできないんです。

──そうしますと、やはり安保改定というものをかなり意識されていたということですね。

岸 もちろん、これも頭にあったわけです。

──この警職法改正案を閣議で決定するについても、かなり急であったように思うのですが、この閣議決定前に党内および閣内で根回しといいましょうか、何か特別な調整というようなことはなかったのですか。

岸 私自身としては、むしろ、こんなものを総理が根回しするほどのナニじゃなしに、(国家)公安委員会が準備工作すべきものであり、党内においても事前に問題にするほどのものとは考えませんでした。治安維持法をつくるということであれば、これは非常に重大だが、あのときは警察官の職務執行に関するもの、しかもその改正は、そうドラスティックな内容のものではないのだから、事務的に処理できるはずだったんです。

これについて当時の警察庁長官柏村信雄氏は次のように回想している。「それ（警職法改正案）は、ずっと前から案をつくっているわけだが、政府が（これを国会に）出したとなれば、大変な反対に遭うんだから、『必ず通す』という決意をもって臨むのなら出しましょうということになった」。「政府が本当に腹を決めるのなら出そうと。そうでなければ、ムザムザ警察官ばかりが悪口をいわれてアレするんだからということでね、ずうっと（発表を）抑えておったんです」。「最後には岸さんが『必ず通す』というので、それでは出しましょうということになったんです」（柏村信雄氏とのインタビュー、一九八五年五月二十一日。括弧は編者）

――警職法改正については、あれほどの反発を予想しておりましたか。

岸　あれはナンですよ、われわれが予想しなかったような反応が出て来たんです。マスコミその他いろいろな方面から議論がありました。例えば、新婚の夫婦が初夜に踏み込まれるとか、面白おかしく書き立てるようなこともあったよ。

――それから、若い男女のデートができなくなるとか、そんな話がありましたね。

岸 あることないことを口やかましい連中、特にマスコミが重大にこれを取り上げたんですよ。問題が大きくならないように、いろいろ慎重に処理する方法はもちろんあったと思うのだが、多少われわれも、この警職法改正の問題を軽くみておった傾向があったかもしれない。

――この警職法問題で騒がれていた十一月四日ですが、衆議院本会議で会期を三十日間延長する議決を強行しましたね。この「強行」策は一年後のいわゆるベトナム国会(一九五九年十一―十二月)に絡まる「会期延長」問題であるとか、さらにはその後の新安保条約の強行採決(一九六〇年五月)などと一脈通じるものがあるように思います。国会運営の手法というものには、総理ご自身の信念あるいは政治姿勢というようなものがあったのでしょうか。

岸 「強行採決」とか「単独審議」とかいわれて批判されたが、これは少数野党が議事の進行を妨げるための審議拒否の結果なんです。強行採決にしても、単独審議にしても、決して野党を審議の場に入れないでドアを閉めているというわけではないんです。野党が審議に入ってこないために、結果として単独審議そして採決になるんです。野党としては国会戦術として「審議拒否」という一つの非常手段を行使するのだろうが、それに応じて多数派の政権政党がやむをえず単独審議の手段に出るわけです。どっちも望ましいものではないが、単独採決をしたという反面には、野党が審議拒否をしているという事実を無視してはならないんです。野党が審議拒否すれば採決はできないのだということを貫くなら、多数派より少数派のほうが強いということになる。民主政治の基本である多数決というものは認められない、ということになってしまうんです。

——民主政治において単独採決はそれ自体望ましいことではないわけですが……。

岸　単独採決が望ましいやり方だとは思っていませんよ。民主政治のあり方として、単独採決が常時行なわれることが正しいとは思わない。しかしその背後に、審議拒否、採決拒否という少数の意見が物事を決定する基礎であるということなら、選挙によって多数の国民の支持を得ることが意味をなさないということになる。もちろん、相手が「反対」だからといって、いきなりこれを押しのけて自分の意思を通すというような乱暴な考え方であってはいけない。しかし国家のためにやらなければならない事柄も、彼らの政策的立場から審議拒否をしてこれを阻止するとなると、結局は単独審議、強行採決になるんです。審議拒否という事実によって一切の政治が停止することになれば、議会政治はなくなってしまいますよ。

――自民党内ではこの警職法改正に絡んで「会期延長」の強行採決後、例によって反主流勢力の動きが目立ってまいります。三木、池田、石橋さんなど反主流の派閥領袖も警職法の廃案を公然と主張するようになります。また警職法の扱いをめぐっては、主流派のなかでも意見が割れてしまいました。岸派・佐藤派と河野派との間にも意見の食い違いがはっきりとしてきましたね。

岸　確かに、警職法の失敗は非常に残念であった。しかし私にいわせれば、これは大事の前の小事でした。私がやりたいのは安保改定であったわけだから、警職法改正ができなかったことは、私にとって致命的だとは考えていなかった。党内の取りまとめその他で手落ちがあったことは、自分で反省しましたよ。

――それにしましても、警職法改正問題がああいう形で失敗に終わったということで、安保改定がやりにくくなるな、というふうにお考えにはなりませんでしたか。

岸　警職法改正に対する社会党や総評の院外大衆運動が強まったことで、それが安保反対の国民運動の前駆をなすものだという認識はしておったけれどもね。しかし私は初めから、野党および総評の国民運動を予期していましたから、反警職法の大衆運動自体を「困った情勢だ」というふうには考えていなかった。

――この警職法改正にかかわる騒動を収束させる一つの儀式として、十一月二十二日に自民党・社会党党首会談がございましたね。つまり岸・鈴木（茂三郎）会談ですが、ここで十八日ぶりに国会が正常化することになるわけです。この党首会談の実現までのいきさつはどうだったのですか。

岸　そのときの党首会談は確かに一つの儀式であって、その前に川島君（自民党幹事長）と浅沼君（社会党書記長）との間で話をまとめていたんです。社会党のほうだって、あまり突っ張れば（衆議院）解散ということになって、それは困るわけですよ。両方の体面をどう保つかという観点から川島・浅沼間で話を詰めたと思うんです。

憲法九条「廃棄」発言

――さて、総理が五八年の十月から十一月にかけて安保条約に関連して発言された問題について若干お尋ねします。十月十四日にアメリカNBCのセシル・ブラウン記者とのインタビューが持たれましたね。ここでの総理のご発言は、アメリカよりもむしろ日本で大きな反響を呼びました。安保改定日米交渉が始まったばかりの日本の安保論議を非常に大きく刺激することになりました。社会党を中心とする「反警職法」、「反安保」の火に油を注ぐ結果になったように思います。総理のご発言は、要するに「反共防衛」、

「反中国」そして「憲法九条廃棄」というものでした。先生はこのインタビューの政治的効果といいましょうか、何か特別の意図を持って発言されたのですか。

岸 私としては、特別な意図も何もなかった。これは私の持論であり、それをアメリカのほうにも知らせておく必要があったんです。私としては機会あるごとに話をしてきたことであり、当然のことをいったまでです。反対する奴は反対するんだからね。

――野党が相当これに反発したわけですが、これは予期しない状況だったのではありませんか。

岸 私がものをいえば、新聞などがナニすることは承知の上です。しかし、政治家としてあまり適当ではなかったと思うんですが、マスコミ対策なんてものは考えていなかったんだ。彼らはどうせ左巻きなんで私の思想とは違うんだから、という考え方で徹底していたんだ。考えてみれば、もう少し物事をオブラートに包んでナニすれば、政治家的な発言になるんだろうけれど、日本の当時の情勢からいって、誰か一遍は真髄に触れた問題を国民の前にぶっつけて、国民をして真剣に考えさせなければいかん、という考え方でした。腹の底では何か持っていて、口先ではいい加減なことをいうような政治家では駄目だということだ。

――一般に政治家のタイプとしては、民意を受けてそこから自分の政策を形づくっていく人と、大衆の指導者として自分の考え方を大衆に分からしめようというタイプがあると思うんですが、先生は後者の方でございますか。

岸　私は政治の要諦として、民主政治におけるリーダーシップというものを非常に強調しているんですよ。大衆に追随し、大衆に引きずり回される政治が民主政治だとは思わない。民衆の二、三歩前に立って民衆を率い民衆とともに歩むのが、本当の民主政治のリーダーシップだと思うんです。だから、これは独裁政治とは違うんです。右向け、左向けといって命令をするのが独裁政治です。しかし一方、政治家が民衆に紛れ込んで何か訳も分からずガヤガヤいっているのは、民主政治じゃなしに単なる衆愚政治にすぎないですよ。

——民主政治とリーダーシップの関係には非常に困難な問題がありそうですね。

岸　原敬《たかし》さん（一八五六—一九二一。一九一八年憲政史上最初の政党内閣を組閣。平民宰相といわれた）は、「活字が怖いようでは真の政治はできない」と喝破しておられる。最近の民主政治の弱さは、活字を一番怖がるということです。活字を怖がるのみならず、活字に迎合する傾向があるんです。最近の民主政治のだらしなさだと思うんです。私自身のことをいえば、昔は若かったこともあって、マスコミや野党を随分刺激してその結果につ いては割合考慮しないところがありました。安保騒動のときに「声なき声は私を支持している」といったりしたが、こうした発言は多少思い上がっていたかもしれない。やはり声なき声ではいけないのであって、その声なき声を声あらしめなければいかんということは、歳をとってくるとだんだん分かってくるんですがね。

だから、政治としては十分練達の政治ではなかった嫌いはある。それにしても、安保条約を改定して新条約にするということは、相当な決意でなければできませんよ。国民に十分納得せしめ、反対党を納得させるというても、なかなかこれはできるもんじゃないんだよ。こういうことを全部考えてすべてを納得させるとなれば、結局何もできないということになる。

三閣僚の辞任

——一難去ってまた一難ということになりますが、警職法改正の問題が一段落した後、すなわち（一九五八年）十二月に入りますと、いわゆる「総裁公選繰り上げ」問題（次期自民党総裁の選挙を現総裁の任期切れ—一九五九年三月二十一日—を待たずに、一月の党大会で繰り上げ実施するという問題）が、総理の周辺から持ち上がってまいります。岸総裁の「再選」を有利に運ぼうとする河野総務会長など主流派の思惑に対して、反主流派がこれに反撃をするという図式になるわけです。この問題で党内が混乱するなか、この「一月公選」論に反対する（国務大臣の）池田、（経企庁長官の）三木、（文部大臣の）灘尾（弘吉。後に衆議院議長）の三閣僚が辞任します（十二月二十七日）。

総理はここで人事の補充改造に追い込まれるわけですね。つまり党は執行部の入れ替えとともに、三閣僚辞任の空白を補充する人事を行なうわけですが、総じてこの人事は反主流派の意向を汲んで行なわざるを得なくなります。そして、繰り上げられて実施された総裁選挙（一九五九年一月二十四日）で、岸さんは松村謙三さんと争う形で「再選」を果たすことになります（岸信介氏三百二十票、松村謙三氏百六十六票）。さて、この総裁選挙を一月に繰り上げたそもそもの狙いはどの辺にあったのですか。

岸　党大会は大体が一月に開かれるのが原則でした。石橋さんが病気で倒れたために、三月という変則的な時期に私の任期が始まるんです。したがって、むしろ一月の党大会というのが党の運営からいえば正常な姿なんです。どうせ二カ月ぐらいの違いですから、本来の形に戻したほうがいいんじゃないかというのが河野君たちの考え方であったと思うのです。もう一つは、党大会を三月まで延ばせば、その間やはり党内がごたごたして事態は変わらないわけですから、選挙をして早めに新総裁を決めれば、進行中の安保改定問題に対して落ち着いて取り組むことができるという考えがあったんです。

池田勇人

――あの土壇場で三閣僚が辞任したのが十二月二十七日、その二日前に総理はこの三閣僚とお会いになっていますが。

岸　いろいろ説得したんだけれども、池田君と三木君は自分の派閥との関係もあってどうも上手くいかなかった。灘尾君だけは、どうしても辞任を思いとどまって欲しかったんです。しかし灘尾君は、池田君や三木君と警職法で同じような行動をとってきたものだから、私の慰留をどうしても聞いてくれなかったんです。

――池田さんと三木さんの「辞任」は諦めていたのですか。

岸　諦めていた。

――安保改定の問題と絡めれば、これは総理にとって大きなマイナスになったのではありませんか。

岸　池田君は吉田さんとの関係で安保条約（改定）には協力してくれるという見通しは持っていました。三木君はもうこれは思想が違うんだから、そもそも私の内閣に入れたのが間違っていたんです。だから、本人が辞めるといっても、ちっとも……。

――池田さんについては楽観されていたのですね。

岸　そうです、安保改定に関してはね。何といっても一番残念に思ったのは、灘尾君の辞任だった。灘尾君は当時文部大臣だったんですが、私は文教政策というものを非常に重く考えておって、その担当者には灘尾君を措《お》いて他にいないと思っていた。いまでもそう思っていますよ。当時の状況からいって、文部大臣としての第一人者は灘尾君でした。とにかく当時、勤務評定、道徳教育、歴史教育など問題がいろいろあったものだから、特に灘尾君には辞任を思いとどまるよう随分説いたんだ。

——三閣僚辞任の後の人事改造などについて、総理はどちらかというと、河野総務会長の意に反してでも、反主流勢力に妥協的な姿勢をみせておられたように思いますが。

岸　これに関していえば、そう本質的な問題ではないんです。安保改定の根幹にかかわることであれば、それは妥協しないよ。私がタカ派だからといって、何でもかんでも自分の我《が》を通していくということでもないさ。

——その頃吉田さんとも大分接触されていたのではありませんか。

岸　私自身特に吉田さんと接触していたわけではないけれども、弟（佐藤栄作氏）は吉田学校の生徒だから、吉田さんに意向を確かめたり何かしていましたよ。

——（一九五九年）一月九日には総理官邸で主流派首脳会議がもたれまして、ここで新しい執行部すなわち党三役が決まりますね。三閣僚辞任に伴う改造人事ということでした。

党のほうは、（岸派の）福田赳夫幹事長の他に（池田派の）益谷秀次《ますたにしゅうじ》総務会長（一八八八―一九七三）、（河野派の）中村梅吉《うめきち》政調会長という布陣で再出発しますが、しかしこの執行部は安保の党内調整という大問題を解決するには、いささか軽量ではないかなどといわれましたが。

岸 いや、そうでもないな。私は福田君に非常に大きな期待をしていた。益谷さんが長老格で入っていたが、実際の党の運営は、若い福田君に任せて十分やっていけると思っていた。

――この頃になりますと、参議院選挙（一九五九年六月）が目前でしたね。総理としては、この人事と参議院選挙を結びつけておられたわけですか。

岸 もちろんそうです。参議院選挙が済めば、これは従来の慣例からいって人事改造をしなければならないと考えていました。だからといって、この一月の人事が参議院選挙までのつなぎというわけではなかった。ともかく党内であのような騒ぎがあった後の党内融和と参議院選挙の勝利のためには、若い福田赳夫君に任せる以外ないと考えていたし、また幹事長の彼に期待しておったんです。

この人事工作は次のような形で決着した。

第二次岸内閣の補充改造人事（一九五九年一月）
文部大臣　橋本龍伍《りょうご》　経済企画庁長官　世耕弘一《せこうこういち》
防衛庁長官　伊能繁次郎（左藤義詮《ぎせん》長官の知事選出馬による辞任のため）

自民党の新役員（一九五九年一月）
総裁　岸信介　副総裁　大野伴睦　幹事長　福田赳夫
総務会長　益谷秀次　政調会長　中村梅吉

行政協定改定へ

――党内抗争は五九年一月、岸総裁の再選をもって一応鎮静化しまして、以後安保改定作業はある程度進捗したようですね。党内からも活発な論議が出てまいります。例えば、先の人事改造で総務会長を辞任した河野一郎さんは、この辞任を機に安保改定をめぐって「反岸」を一層鮮明に打ち出していきました。一月二十八日、マッカーサー大使との会談で河野さんは沖縄と小笠原を条約区域に含めること、ただし、返還までは日本の防衛義務はないとする彼の持論を大使に提案しております。つまり、沖縄・小笠原を条約区域に含めないとする総理、外相に真っ向から対立する形で、河野さんはアメリカ側に要求したわけです。ともかくこの沖縄・小笠原問題は、党内でかなり揉めましたね。

岸　結果的にいえば、沖縄・小笠原が防衛区域に入るとか入らないとかいうのは、大した問題ではないんです。アメリカがあそこで施政権を持っている限り、沖縄・小笠原はグアムなどと同じように、アメリカ側の責任としてこれを防衛するわけです。アメリカが沖縄・小笠原を返してくれれば、日本の領土になるんですから、つまり本土と同じような地位に当然置かれるのだから、条約区域にこれらの島を入れる入れないという議論は、本質的な問題ではないわけです。河野君らの主張は、むしろ言葉の文《あや》みたいなもので、私はあまり重要視していなかった。

――二月十八日には、総理は藤山外相、赤城官房長官、福田幹事長との四者会談を開きましたね。ここで藤山さんはいわゆる藤山試案というものを提出なさいました。藤山試案の内容は、条約区域に沖縄・小笠原を含めないこと、アメリカの日本防衛義務を明文化する代わりに在日米軍への攻撃には共同防衛で当たること、旧条約の内乱条項を削除すること、そして条約期限を十年にすることなどがその骨子でした。この試案は党内を取りまとめるための材料として出されたわけですが、結局は日米交渉で最終的に決まったあの条文と全くといっていいくらい同じでした。ということは、この五九年二月の段階で、新条約に関しては日米間でほぼ完全に意見の一致をみていたということでしょうか。

岸　藤山試案というのは、日米間の交渉の結論的なものをとりあえずまとめたものですよ。アメリカとの交渉の結果まとまったものを、藤山君が「試案」という形で党に出したものです。

——総理はこの藤山試案の提出について、何か特別の指示を藤山さんにお出しになったのですか。

岸　別に具体的な指示を出したことはないけれど、一番の重要なポイントは、双務条約にすること、内乱条項を削除すること、条約期限をつけること、事前協議の制度を設けることなどでしたが、これらは早い段階から条約の骨子として日米間で合意されていたことです。ただ、アメリカとの交渉で難しかったのは、どういうふうに双務契約的な条約の形にするかということでした。完全な双務条約であれば、アメリカが攻撃されたときに日本が助けに行かなければならんのだけれども、それは憲法上ではできないんです。双務条約といいながら、本当の双務条約ではないというところが一番難しかったわけだ。（旧条約の）内乱条項の削除にしても、ソ連や中共あたりが日本の内乱を指導するようなことがあった場合、米軍が全く介在しないということは非常に困るんじゃないかという議論は、自民党内のどちらかといえば右のほうからあったわけです。

――沖縄・小笠原問題が一件落着したかにみえた後、すなわち二月に入りますと、河野一郎さんが今度は行政協定を安保条約と同時に大幅改正すべきであると主張しだします。この「同時大幅改定」はアメリカが最も警戒していた事態であったと思うんです。マッカーサー大使は常々総理や外相には、行政協定の大幅改定をするつもりはない旨牽制していましたし、また総理の側もこれを了解していましたね。しかし河野さんの「同時大幅改定」という主張は、池田、三木両氏をはじめとする反主流派もこれに賛同の声を上げるようになります。総理は二月の段階では藤山外相との間で行政協定の大幅改正はしないということで一致していたようですが、二カ月後の四月になりますと、ついに総理は記者会見で「行政協定は幅を持たせて交渉する」（四月五日）と言明されます。この期《ご》におよんで行政協定の「同時大幅改定」へとハンドルを切り換えていったわけですね。

岸　まあ理論的にいえば、条約と行政協定は一緒にやるべきですよ。ただ、条約には非常に問題があるし、行政協定にも問題があるのだから、まずは日米関係の基礎である条約を先に改定して、その後行政協定の改定をやったらいいじゃないかという考えでした。これを同時にやることが一番の理想であったとは思うんですがね。

――アメリカ側は「同時大幅改定」ということを相当しぶっていたのではないですか。

岸　確かにアメリカ側は大分しぶっていましたよ。向こうの立場からすると、旧協定のほうが都合がいいからね。旧協定を大幅に変えれば、今度はアメリカにとって相当窮屈になるんだし、協定の改正に賛成しないのは当然ですよ。

伊達判決は傾聴に値する

――この行政協定の「同時大幅改定」問題が浮上して間もなく、すなわち（一九五九年）三月三十日のことでしたが、世にいう「伊達判決」が出ます。例の砂川事件（砂川町―現在の東京都立川市―の米軍立川飛行場の拡張に反対して労組員らが柵を壊して基地に入ったとして、一九五七年十月二日、「行政協定に伴う刑事特別法」違反の疑いで七人が起訴された事件）に関連して、東京地方裁判所では伊達秋雄裁判長が、米軍駐留は違憲であること、したがって「刑事特別法」は無効であり砂川事件の被告人は無罪であるという判決を下したわけです。この司法判断は、当時大きな反響を巻き起こしました。特に、折からの社会党の「反安保」運動を刺激する形になるんですが、当時総理としてこの伊達判決にどんな印象をお持ちでしたか。

岸 私は憲法改正論者だから、伊達判決で安保条約や「刑事特別法」は違憲であるといっても、半分はむしろ現行憲法が悪いんだと思いましたよ。

——伊達判決は憲法に照らしていえば、半分は正しかった、ということですか。

岸 そうです。はなはだ怪しからんのは、こういう大事な自衛ないし自衛権の問題が違憲であるか合憲であるかについて、いやしくも議論が存するということです。こういう問題は当然合憲であり、一点の疑義もないような憲法をもたなければ嘘だと思うんですよ。私は米軍駐留「合憲」説をとっているけれども、いまの憲法に疑義があることは事実だ。（米軍駐留）「違憲」論においても、その議論をよく検討してみると、相当に傾聴すべき点があると思いましたよ。こういう憲法をもっていること自体がいけないんだ。

参議院選挙

——安保改定について党内調整がこの年の春から夏にかけて進んでいくわけですが、（一九五九年）四月末には統一地方選、それから六月二日には先ほどの話にも出ました参議院選挙が行なわれます。地方選挙では知事、市長、村長選などで自民党は順当に勝ちました。市長選をとってみても、市長の数で保守陣営は七十二％を占めています。また六月の参議院選挙でも自民党は改選議員数を上回る当選者を出しまして、総数で百三十五議席という安定過半数を確保します。一方社会党は、選挙前の総議席数を若干増やして八十四議席になったとはいえ、社会党自身が期待した数字には及びませんでした。社会党内に自己批判と内紛が繰り広げられます。そこで、参議院選挙に関連してお伺いします。総理がこの選挙で安保改定を争点になさったという印象は私ども受けないのですが、これは意識的に安保改定の争点化を避けておられたということでしょうか。

岸　別に避けたわけではないですよ。むしろ社会党の方が安保問題を取り上げてこなかったから、こちらのほうとしても、ことさらこれを取り上げなかったということです。あのとき社会党が安保を強く取り上げていれば、われわれはあくまでもこれに対して安保改定の必要を叫んだと思うんですがね。

――この時点で安保改定に関連して総選挙をやらなければというお考えになっていたのではありませんか。

岸　これは外交問題ですから、事前に議論すべきじゃないんですよ。新条約の調印が済めば、私はむしろ解散をして国民に信を問うべきだと思っていました。

――前年（一九五八年）秋の警職法問題とか「総裁公選繰り上げ」問題などで自民党内がガタガタしたことについては、前に話が出ました。しかし地方選挙と参議院選挙の勝利は、総理総裁のリーダーシップの回復に大きなテコとして働いたと思うのですが、この勝利によって安保改定についてはかなり明るい見通しをお持ちになったのではありませんか。

岸　安保改定については初めからちっとも悲観していませんよ。これについての立場は一貫しているから、選挙の結果急に力づいたというようなことはなかったと思うんですがね。それよりも、日本の議会制民主主義のあり方としては、むしろ社会党がもう少し強力になる必要があったんです。それには社会党自身がもう少し政策を現実的なものにしなければ、と思っていました。「無防備中立」だとか自衛隊の存在は認めないとか、そんな無茶なことはいわずに、少なくとも後の民社党（一九六〇年一月結党）が唱えているような線まで現実的になって欲しかった。基本的には、いま少し現実主義的な政党として自民党に代わって政権担当ができるまでに成長してもらいたい、これは私の一貫した念願でした。選挙で議席を五個増したとか十個増したとか、それでどうだこうだという問題はあまり考えていなかったね。

最後の人事――池田・河野の確執

岸政権最後の人事、すなわち一九五九年六月における参議院選挙後の人事工作は次のような形で決着する。

第二次岸内閣（改造—一九五九年六月）の主要ポスト

総理大臣　岸信介　副総理大臣　益谷秀次　外務大臣　藤山愛一郎
大蔵大臣　佐藤栄作　農林大臣　福田赳夫　通産大臣　池田勇人
防衛庁長官　赤城宗徳　内閣官房長官　椎名悦三郎《えつさぶろう》

自民党の新役員（一九五九年六月）

総裁　岸信介　副総裁　大野伴睦　幹事長　川島正次郎
総務会長　石井光次郎　政調会長　船田中

——参議院の選挙が終わりますと、総理は早速人事改造に取りかかりましたね。六月十六日には党三役（川島幹事長、石井総務会長、船田政調会長）が決まります。二日後の十八日には内閣改造が完了します。佐藤蔵相と藤山外相の留任、それから益谷秀次副総理、池田通産、赤城防衛、福田農林の各閣僚そして椎名（悦三郎。一八九八—一九七九）官房長官

河野一郎

などが揃います。それにしてもこの人事は、岸後継のライバルであった河野さんと池田さんの激しい対立を軸に展開したように思います。大野副総裁がいわゆる「大野構想」を打ち出しますが、その中身の中心は河野さんを幹事長にすることでした。これに対しては、池田派をはじめ党内の反発は激しく、「大野構想」は結局のところ失敗します。またこの過程で岸さんは河野さんに強く入閣を要請しましたね。

岸 私はこの党・内閣改造がいよいよ安保改定の最後の仕上げをする人事だということで、本当の挙党一致の布陣をつくりたかった。それで河野君と池田君の両方を内閣に入れるつもりだったんです。ところが池田君は当時、河野とは倶《とも》に天を戴《いただ》かずということをいっておったんだ。そこで、私はそれまでの経緯からして、できれば河野と池田を閣内に入れたいが、池田が河野と一緒に入閣するのを拒むなら、河野だけはどうしても閣内に入れたいと思ったんです。

——河野さんには随分説得したようですが。

岸 そうです。僕はそのとき河野にこう説いたんだ。今度はいよいよ安保条約を締結しこれを完成する最後の内閣であり、したがって挙党一致のものにしたいので入閣してほしい。とにかく君と池田の両方に入ってもらいたいが、池田は君と席を同じうすることを肯《がえ》んじ得ないようだから、君が入れば池田は入らないだろう。君がどうしても入閣しないというなら、私は池田を説く。そうすれば池田は必ず（内閣に）入る。池田君を是非閣内に入れたいけれども、もし万が一池田君が入らなくても、君だけはひとつ入閣してくれよ。僕はそう説いたんだ。

――河野さんはどんな反応でしたか。

岸　どうしても（内閣に）入らぬというんだ。君（河野氏）が入閣してくれれば池田君が（閣内に）入らなくてもそれでいいんだ。しかし君がどうしても肯んじ得ないなら、君は外に弾き出されるよ。党の執行部については俺はすでに決めたんだから、いまさらこれを動かすわけにはいかない。君が入閣しないとなれば、君は内閣と党のどちらからも出ることになるがそれでいいのかといったら、河野は「それでいい」というんだ。

――河野さんが入閣を拒否して、その後池田さんはどうなりましたか。

岸　それで私は池田君を説いたんだ。池田君は内閣に入ってくれたよ。

岸政権最後の内閣に池田氏が入ったことに関連して、三木武夫氏は次のように回想している。

「実は（池田氏が岸氏から入閣要請を受けていた頃）渋谷の料亭でメシを食べていたら、池田から『会いたい』という電話があった。『何だ』といったら、『岸に入閣を勧められている。どうにもならん』と池田がいう。『入閣してくれと岸がいったって、この間一緒に辞めたばかりで、また入閣とはどういうことだ』と自分は意見した。池田は『いわれればその通りだが、どうしても頼むといわれている。困っているんだ』という。『君はどうなんだ』と訊いたら、『断り切れないかもしれない』といったので、ガチャンと電話を切った。その後岸が『会いたい』といって、夜僕のところに来た。僕にも『入閣してくれ』とのことだった。『池田君のたっての希望だ』と岸がいっていた。『（昨年）十二月に（内閣を）出たのに……出たり入ったりするくらいなら、最初から出たりはしないよ』といって自分は断った。池田はあのとき体裁が悪かったはずですよ」（三木武夫氏とのインタビュー、一九八二年四月二十六日。括弧は編者）

――あのとき河野さんは、「総理の要請を受ければ、自分はゴネ得をしたというふうにいわれる」と話していましたけれども。

岸　確かに河野君はそういってたよ。だから私は河野に、「君はしょっちゅうゴネ得をやっているじゃないか、いまさらじゃないだろう」といったんだ。

——この人事改造で、もし河野さんが閣内に入っていたら、つまり岸内閣に協力しようということになっていたら、「河野後継首相」ということもあり得たのではないでしょうか。

岸　それはあり得たかもしれませんね。少なくとも河野君に対するイメージは変わっただろうね。もし河野が入閣したなら、私の後に池田政権が少なくともああいう形でできるということはなかったかもしれない。もっと揉《も》めただろうね。結局は池田君が総理になったかもしれんが、河野君の目というものが相当あっただろうことは確かだ。私としては河野君が閣内に入って協力してくれた以上は、彼が私の後継として立候補するということになれば、これは無視できないよね。

——少なくとも「池田支持」というわけにはいかない……。

岸　うん、その通りです。

池田氏の入閣について、同氏の側近であった宮沢喜一氏は次のように証言している。「五九年六月の人事で池田が入閣することについては、池田派、特に側近はみな反対であった。半年前辞めたのに『また入った』といわれたくなかったので、池田本人以外はすべて反対であった。『(認証式用の)モーニングなどもっていく必要はない』と池田夫人もいっていたくらいだ。側近全員反対のなかで池田は一人で入閣したんだ。それはいわば権力に近づくための本能が本人に働いたんだ。私は『こんな訳の分からない政治はない』と池田に面と向かって抗議した。岸さんが石橋内閣で入閣(外相)したが、それゆえ間もなく総理になる。(石橋内閣での)岸の外相入閣も相当無理をしてそうなったのだが、この池田入閣とパラレルな形になっている。権力に近寄っていく独特のインスピレーションがあるのかもしれない』。「この人事で岸が池田を口説いたとき、『岸は〝自分の後すぐ弟(佐藤栄作)にというわけにはいかないからなあ〟といった』、と池田は私に話していた。こういう形で岸さんにいわれたので、池田は入閣を決めたのだと思う」(宮沢喜一氏とのインタビュー、一九八五年九月二十五日。括弧は編者)

——あの人事改造が河野さんの分かれ目でもあったわけですね。

岸 そういうことです。もともと河野という男は、世間でいうようなワルじゃない。だから、私は記者会見でこういったことがあるんです。君らは河野君がワルだワルだといっているが、決してワルじゃないよ。よく偽善者というのがいるが、河野なんかは偽悪者なんだ。本来いい人間なのに妙に悪者顔をするんだ。君らから聖人君子のようにいわれておって、実は腹の底が真っ黒けな悪人がおるんだよ、とね。それは松村さんを指していうたんです。すぐ新聞記者が松村君のところに行って、岸がこういうたと御注進に及んだものだから、えらい目にあったけどね。それに比べて河野君は神経の細かい男で、すぐに悪人面というか悪役を買うようなところがあるんです。

――ある意味では河野さんという人は損な性格の人ですね。

岸　そういえば思い出したが、あれは私の後継総裁の選挙（一九六〇年七月）のときでした。あのとき池田、石井、藤山の三君が立候補したあの選挙ですよ。総裁選挙のための党大会に出席したら、その会場はアイウエオ順に席を用意してあったんです。岸の「キ」と河野の「コ」だから、席は近所なんだよ。だからその会場で私は、「河野君ね、あまりごたごたせずに穏やかに党をまとめていけよ」と、こういったんです。そうしたら、河野はこういうんだ。俺は「あの絵」を君にもらったのが癪《しゃく》にさわるから返そうと思って何遍か壁から降ろしてみたんだけれども、あの絵はいい絵だからまた惜しくなって返すのをやめた、とね。河野がこういうから、私は、そんなものは俺に返さなくてもいいが、君、あまり喧嘩を吹っかけるなよ、といったんです。

――「あの絵」とは……意味ありげですね。

岸　「あの絵」とはこういうことなんです。実は河野君が家を新築したときに、何かお祝いをやりたいんだが、俺の家にあるもので君が気に入ったものはないかね、といったら、河野が「あの絵」をくれというんだ。私の家の応接間に藤田嗣治《つぐはる》（一八八六—一九六八。画家）のデッサンで女の裸体の小さい絵が掛けてあったんです。これは実に綺麗な線で描かれていたんだが、河野はあれをくれというんです。彼がいうには、俺は今日はひとつ岸に喧嘩を吹っかけてやろうと思って私のところに来ると、あの応接間の藤田の絵を観ているうちに心が和んじゃって出鼻を挫かれるんだ、とね。

そこで僕は、「そうか、それじゃ君にこの絵をやるよ。しかし応接間にこの絵がなくなって、しかも君に喧嘩を吹っかけられちゃたまらんから、俺の家にくる前には君の家のこの絵をよく観てからこいよ」と冗談をいったんだよ。総裁選挙のあの会場では、それまでいろいろ私に楯突いた河野も、さすがに気が引けてああいう言葉になったんだろうね。まあ、河野と私との間柄は、こんな調子だから、世間でいうように私が河野に非常に困ったという印象はないんです。むしろ私が一番苦心したのは、池田君ですよ。このほうがはるかに難解だよ。

——池田さんのほうが難物ですか。

岸　池田は党内にナニが多いしね。また、弟とはライバルだからね。池田君に対する懐柔という言葉は悪いだろうが、池田君を説得し、彼の協力を求めるということについては苦心した。河野君については、私はあまり苦労していないと思うんだが……。

――ですが、河野さんは随分いろいろなことで総理に楯突きましたね。

岸　いや、楯突いたというより、河野君は大したことはしていないよ。どうせ彼は勢力がないんだから。党内の多数の者が河野にくっついてナニをするということはないけれども、池田はやはり多数の者を握っているからね。

――池田さんは三木・松村派とも通じていたでしょう。

岸　通じたり離れたりしますからね。

――池田さんはどういうところが難解なのですか。佐藤さんとの関係もありますが、性格的にはどういう方なのですか。

岸　私は池田君が自由党の幹事長時代に新党運動をやってとうとう党を除名されるんです（一九五四年）。池田君ともひざを交えて懇談したことは二、三回ありますが、どうもやはり性《しょう》が合わんというんだよ。そう深い理由があるわけじゃないけれども、やはり性格的に合わんのだろうなあ。私は別に何でもないけれどもね。

――池田さんという方は性格的には陰性なんですか。

岸　特に陰性というわけでもないんだがね。

——何でも相当深く裏を読む方ですか。

岸 池田君の見方、考え方はなかなか単純ではなかったね。

——河野さんのほうがそういう面では……。

岸 単純、単純。僕は河野とはむしろ性格的に合っているんだ。随分喧嘩はしたけどもね。

——しかし、岸先生は単純ではございませんでしょう。

岸 案外単純なんだよ。

——池田さんが岸さんにとってなかなかの難物であったというのは分かりましたが、先ほど松村謙三さんのことが出ましたね。

岸 これ（松村謙三氏）は僕と性格的に合わない人だ。松村という人は表向きからみると実に聖人君子の動きをした人だけれども、民政党時代から策士だった。どうも政友会系の人たちの考え方と民政党系の考え方というのは、やっぱり違っているんだよ。例えば、くだらん話だが、こういうことがいわれていたんだ。政友会の連中と民政党系の者たちが旅行すると、夜、宿屋に着いて寝るときに、政友会の人たちは懐中の物を枕元へぱっと放り出して寝るというんだよ。民政党の連中は、必ずその物を枕の下へ入れて寝るというんだ。これは譬《たと》え話だけれどもね。

——やはり政友会系というのは、鳩山一郎的な感じですか。

岸　うん、そうかもしれない。松村さんはそうでもないが、三木になると小会派的な性格ですよ。つねにバランスをとって、そこで泳いで上手いことやる。自分の力で自分の信念で何かをするというんではなくて、AとBとの力のバランスのなかに泳いでナニするということだ。

——そうしますと、よく世間でいわれる「三木はバルカン政治家」というのは当たっているわけですか。

岸　まったくそうなんだ。それで、前の話に戻るが、私の最後の内閣で結局河野が閣僚として入らないということで、池田君に入ってもらったわけです。しかし池田君は初めから安保条約の改定にあまり積極的ではなかったんだ。しかし彼がこの人事で入閣してくれれば、背後における吉田さんの影響力をもって池田君が安保改定に協力してくれると踏んでいた。あの人事はそういう意味において非常に成功だった。

——結果的には成功だったというわけですね。もともと総理としては「河野優先」ということをお考えになっていたわけですよね。

岸　そりゃそうだ。従来からの経緯もあるし、それから、池田君が閣内にたとえ入らなくても、池田君については、最後は吉田さんを僕が引っ張り出して池田君を押さえるという奥の手を考えておったんだから。

——池田さんがたとえ野にあろうと、総理にとって最悪のケースは避けられる、ということですか。当時の新聞には、河野さんを入閣問題で総理が口説くとき、河野さんは非常に涙に弱いから、総理は涙を流して云々と出ていましたけれども……。

岸 そうそう。

——河野さんは義理人情に訴えると弱いほうですか。

岸 まあね、どっちかというと。

——人生劇場ですね（笑い）。

岸 大野伴睦と僕との関係はまったくそうだからね。

——しかし河野さんは、先ほどの「大野構想」にもみられるように、ずっと一貫して「幹事長」にご執心だったのではないでしょうか。これは岸内閣ができる頃から、といってもいいと思うのですが、これについては岸さんも当然ご存じでしたね。

岸 河野君は、幹事長には不適当ですよ。ああいう感情的な人物じゃ、まずいですよ。

——あの方は幹事長をやりたくてやりたくて……。ご本人は後々副総理に就きたいと考えていた……。

岸 いや、河野はやはり一番総理をやりたかったんだよ。それにはどうしても幹事長をやっていなければ……。総理に就く人は、みんな幹事長をやっているでしょう。幹事長として一度選挙をやると、それで党を完全に握ることができる。

——カネを配って……。

岸　もちろん。だから幹事長になりたいんだよ。

——なるほど。大野さんは随分「河野幹事長」で頑張ったようですけれども、岸さんの側近である川島正次郎さんも河野さんにはかなり近かったですね。

岸　大野、川島、河野というのは党人派であって、役人の経験がないんだ。池田にしたって佐藤にしたって、私や福田赳夫にしたって、みんな官僚あがりだからね。本当の党人というのはああいう人たちですよ。

——党人派はどこかで互いに波長が合うのでしょうか。

岸　そうだろうね。

——いずれにしても、岸政権最後のこの人事改造は安保改定の仕上げと完全に重なったわけですね。

岸　うん、そうだ。

——この改造劇は端的に申しますと、「大野構想」推進派（「河野幹事長」支持派）の大野、河野、川島氏と、「反河野」の佐藤、池田氏らとの争いだったわけですが、大野さんは、

福田赳夫

「大野構想」を潰したのは佐藤さんだということで、佐藤さんが大蔵大臣を降りて無役になるべきだということを強硬に主張なさっていましたね。岸さんはこれを押し切って佐藤蔵相の留任を貫徹したわけですが、この辺はどんな事情があったのですか。

岸　他に大蔵大臣をやらせる奴がいないんだよ。池田君は大蔵大臣をやれる人だけれども……。

――大野さんは佐藤蔵相留任に相当抵抗したのではないでしょうか。

岸　大野君は新聞記者などには佐藤の（蔵相）留任に「反対」としゃべってはいたが、私には佐藤とは兄弟であるということで遠慮しとったよ。

この人事の眼目の一つであった「佐藤蔵相留任」などについて、岸首相の側近であり、この改造人事まで自民党幹事長でもあった福田赳夫氏は次のように証言している。

「この人事についてはほぼ全部にわたって岸から相談にあずかった。組閣完了の二日前、岸さんは私に組閣の骨組みを話し、閣僚職名の入った紙を渡して空欄に名前を入れるよう指示した。そのとき岸さんは『川島幹事長』、『佐藤総務会長』を前提にしてこの組閣名簿をつくるよう命じたが、『大蔵大臣の欄だけはブランクにしておけ』ということだった。そこで私は名簿を整理して持っていくと、岸さんは一つ二つ直して『大体いいだろう』といい、最後にブランクになっている蔵相の欄に『福田赳夫』と書いたんです。

ところが、組閣の日の朝七時頃岸さんから電話があり、『相談をしたいのですぐ来るように』ということだった。朝食抜きで駆けつけると、岸さんはこういうんです。『いま弟が裏の塀を乗り越えてきて大喧嘩をしたところだ。あいつが〝大蔵大臣を辞めない〟と言い張るんだ』。岸さんの案では、いまいったように、佐藤さんは大蔵から総務会長に回るはずだった。しかもこれを佐藤さんは了解していたらしいのだが、どうも変心したようだ。タクシーで乗りつけてやってきて、岸さんに『私は大蔵大臣を辞めない。（総理大臣が）私を辞めさせるには罷免権の発動だ』というので大喧嘩になったらしい。『ねえ君、兄弟で罷免権発動というのはどうかなあ』と私に訊いたんです。私は『それはそうですよ』というと、岸さんは『それでは君、大蔵はやめて経済閣僚のどこかにいくか』というんです。『君、通産になってくれ』といって、通産大臣は福田赳夫ということになったんです。

ところが、昼頃また岸さんから電話があって駆けつけると、岸さんは『いま池田君が来て通産大臣ならやってもよいというんだ。前に通産をやって池田は不信任案を可決されたものだから（一九五二年十一月、国会で池田通産相は、中小企業の倒産や自殺もやむを得ないと発言し、辞職に追い込まれた）、もう一度通産ならやってもよいということなんだろう。君、弱ったね』というんです。私は『私のことはどうでもいいですから、総理、ことを進めてください』と申し上げた。岸さんは『それでは君、残る経済閣僚は農林か経企庁だが、君の選択だ』というので、私は『農林をやりましょう』といって、結局これに決まったんです」（福田赳夫氏とのインタビュー、一九八二年九月十七日。括弧は編者）

――石井光次郎さんについてですが、彼はこの改造劇で総務会長に就任しますね。半年後、石井さんは新安保条約調印の全権団に入り総理に協力の姿勢を示しますが、結果としてこの人事は石井さんの反主流的行動を封じ込めるのに役立ったわけですね。

岸　石井さん自身が奇特な立派な人だからね。

――石井さんのお人柄も買っていらっしゃった……。

岸　うん、買っていた。

――池田派の長老である益谷秀次さんを副総理になさいましたが、これもやはり池田対策ですか。

岸　「益谷副総理」は池田対策であったと同時に、反面いわゆる党人派への配慮もあった。松村さんらを説得する場合に、益谷さんにいわせればということだ。私自身がこれをやったんでは角が立つし……。

——赤城宗徳さんは岸さんの信任が厚かった方ですが、彼を防衛庁長官にしたというのは、やはり安保改定の問題があったからですか。

岸　その通りです。それから椎名君も私の商工省時代からのナニでしたが、彼を官房長官にしたのもやはり同じ理由からです。

——結果的にはこの改造人事がそのまま安保改定の仕上げにつながっていくわけですね。

岸　余計なことだが、僕の家内が当時の閣僚夫人を集めて（岸政権最後の内閣が発足した「昭和三十四年」にちなんで）「三十四会《みとよ》」というものをつくっていたんだよ。家内が去年（一九八〇年）六月に死んだんだが、それまでこの会をほとんど毎月やっていたんだ。夫人たちの人数を加えると十七になるものだから、毎月十七日に「三十四会」というものをやっていたんです。家内が死んでからどうしたか知らないけれども、この会には佐藤の家内、池田夫人、それから藤山君の細君、椎名、福田、赤城君の細君なども出ていたわけです。

——当時の閣僚、すなわち旦那さんたちにとっても大変思い出深い内閣だったのでしょうが、ご夫人たちにとっても……。

岸 奥さん連中も心配したんだろう。あの安保の騒ぎの時なんかに集まったのかもしらんよ。

——そうですか。それにしても随分長く続きましたね。

岸 こんな会があれほど続くのは例がないという話だった。二十年以上続いておったからね。

党内調整の正念場

——さて、この岸政権最後の人事で繰り広げられた岸後継のライバル、すなわち池田と河野の対立は、そのまま以後の政局の軸となっていきます。こうしたなかで総理は七月十一日から八月十一日までちょうど一ヵ月間、ヨーロッパ・中南米十一ヵ国を訪問されます。先の内閣改造で野に放たれた河野さんは岸批判、安保改定批判をかなり顕著に打ち出す一方で、入閣した池田さんはしばらく鳴りを潜めます。また反主流の石橋元首相は九月七日には中国に向けて羽田を発ちまして、九月二十日北京で石橋・周恩来共同声明を発表しました。この共同声明では、岸内閣の対中基本方針である「政経分離」論を否定します。つまり石橋さんは、「政経不可分」を中国側との間で確認したわけです。石橋さんは帰国後、安保もいますぐ改定の必要はないとして、総理の安保改定作業に真っ向から水をかけることになります。このことは社会党だけじゃなくて党内の河野さんら岸批判勢力を勢いづかせるわけです。岸総理は当時この石橋訪中および帰国後の石橋発言などをどういうふうに受けとめておられましたか。

岸　困ったことだと思ったけれども、石橋君が中国に行くというんだからしょうがないですよ。

——迷惑なことだとお思いでしたか。

岸　うん。私と石橋君とは考えが違うんだから。

——石橋さんには総理に邪魔立てしようというような意図があったのでしょうか。

岸　そうじゃないと思うんだよ。石橋君は私に対する邪魔立てではなく、中共とナニしなければいかんということだったと思う。これは先生の持論だから。

——石橋さんという方は、中国に関しては相当はっきりした意見をお持ちだったと思うのですが。

岸　あの当時、中国やソ連に対して日本は関係改善をしていかなければいかんということを主張した人では、石橋君、北村徳太郎《とくたろう》君（一八八六―一九六八。芦田内閣の大蔵大臣）のような人がいました。北村君はどっちかというとソ連のほうと近かったけれどもね。私はいまでも思っていることがあるんです。中国は台湾と中国本土に分かれているし、韓（朝鮮）半島は韓国と北朝鮮（朝鮮民主主義人民共和国）に分かれておる。この分離の問題が日本と密接に関係しているわけだから、日本がこれら関係国と一切交渉しないというわけにはいかないんだ。大陸と台湾との対立、韓国と北朝鮮の対立についても、われわれはゆとりをもってこれら四つの当事者と仲良くしていかなければならないんだが、そうかといって、一人の人間が中国本土にも行き台湾にも行き、韓国にも北朝鮮にも行ってナニすることができるかというと、そうはいかない。

だから、日本の政治家の間で北朝鮮、中国大陸、台湾、韓国とそれぞれパイプを持つグループができるのは、これはやむを得ないと思うんですよ。また、そうであっていいと思うんだ。そういう意味で石橋君が中国大陸に行くことも、別に私は反対というわけではなかった。ただ、いろいろな関係であまり急激に日中関係を進めるようでは、日本全体としての政策の上から困る。だけれども、いまいうように、中国大陸とも仲のいい、信頼し合える政治家がおっていいし、北朝鮮、あるいは台湾とそういう関係の政治家がいてもいいんです。

——石橋訪中というのは、岸内閣にとってタイミングとしてはちょっと厄介だったということでしょうか。

岸　安保条約を推進するという意味において、その支障となっては困るという考えだった。中国とは断絶するとかあるいは一切交際しないというような意図はないんだし、政経分離で、すなわち政治的な関係をつくらずに経済的なものを積み重ねていって、翻ってそれを基礎に政治問題をナニするということであった。すぐ政経不可分にして両国の関係を進めることは時期尚早であるという考えだ。つまり、台湾との関係において調整すべき問題があったわけですから。

——さて、国際情勢の変化と安保改定作業との関係についてお尋ね致します。先の改造人事から一カ月後の七月二十三日にニクソン副大統領（リチャード。後に大統領）はソ連を訪問しました。ニクソンはフルシチョフ首相（ニキータ。一八九四—一九七一）との政治会談やいわゆる「台所論争」（モスクワでのアメリカ博覧会の下見にやって来たフルシチョフとニクソンは、モデルハウスの台所の前で大衆受けのする面白い論争を行なった。台所設備の材質からして米ソは違うのだ、という問題に始まって、資本主義と共産主義の優劣論にまで話が及んだ）などを通じて米ソ友好ムードを盛り上げます。八月三日には米ソ首脳の「相互交換訪問」が発表されまして、戦後続いた米ソの厳しい対立（東西冷戦）はいわゆる「平和共存」時代といわれるようになりました。九月十五日フルシチョフはアメリカを訪問しまして「キャンプ・デイヴィッド精神」（九月二十七日キャンプ・デイヴィッド山荘で発表された米ソ共同コミュニケにおける「平和共存」の精神）なるものが生まれます。つまり米ソ対立緩和の幕開けといわれるものでした。野党の社会党あたりは、米ソ雪解け時代になったのだから、安保は廃棄すべきだと主張しました。岸さんは当時安保改定との関連でこの国際情勢の変化にどういう印象を持たれましたか。

岸 当時の米ソ関係が、ニクソンの訪ソを機会にムードがある程度和らいでくる、すなわちデタントの傾向がでてきたということは結構なことだ。しかし、これで世界の情勢が変わったというんではなしに、やっぱり世界が力と力の対立を基礎にしていることはそう変わるものではない。つまり非常にぎこちなくなっている米ソ関係が、ある程度スムーズになってくるということは望ましいとしても、これをもって世界の体制が変わって新しい時代の幕開けであるというふうにみることは非常に早計であって、国際情勢の見通しとしては危険極まる考え方だというのが私の認識でした。力と力の対立ということは当分続くのだから、したがって各国とも独立国である以上は自分の力で安全保障を考えていかなければ駄目なんです。自分の力では足りないものを他国との協力に求めるという考え方、それがこの新安保条約の基礎であった。だから当時いわれていた国際情勢の変化なるものによって安保改定の仕事が動揺するというわけではなかった。

――岸政権最後の内閣が発足して四ヵ月後になりますが、十月二十六日（第三十三臨時国会の召集日でもあった）の自民党両院議員総会で安保改定の内容について党議決定がなされましたね。この党議決定までの数ヵ月間というものは、総理としてもいわゆる党内調整の正念場であったと思います。岸さんは総理総裁として、この時期党の正式機関に出かけてみずから調整工作をする一方で、河野さんをはじめとする派閥領袖、あるいは吉田さんなどとかなり接触をされておったように思うのですが、一番苦労なさった点はどういうところでございますか。

岸　私も非常に精力的に党内の意見調整にみずからあたったという記憶はいまでもあります。新安保の内容が日米間でほぼ決まってから、これを党内で説得をし、また党内の意見を聞いてアメリカと折衝するということはしました。政略的な問題あるいは党内派閥対立の問題などいろいろありましたが、自分は国のために一身を賭してやるんだという覚悟はあった。他に何もなかった。自分の誠意を尽くして党内に説けば、反対する奴だって説き伏せることができないはずはないと。人に任せておいては駄目だという心境だった。党内でのいろいろな議論、これは議論すればいくらでも出てくるような問題はたくさんあったことは事実だ。しかし自分の考えとしては、日米の本当の協力によってこそ日本の将来の安全保障が確保されるんだし、しかも日本の独立と安全はこれによってこそ確保されるということなんだ。

——この時期吉田茂さんとは、先生が箱根へいらっしゃる途中など実際にお会いになったのではありませんか。

岸　吉田さんは長老であるし外交問題については先輩ですから、電話などではなしに、なるべく大磯を訪ねていろいろ報告をし、意見を聞きました。

——吉田さんは安保に関連してどういう点を強調なさっていたのですか。

岸　吉田さんは、とにかくアメリカと日本が一体になっていかなきゃいかんということを盛んに主張していました。対米一辺倒なんていうことがいわれているが、実際は一辺倒になっておらん、というのが吉田さんの意見でした。中国やソ連にいまだ気を遣いすぎているが、アメリカ一辺倒に徹すべきだ、という議論でした。

——そのあたりになると、先生とはちょっと違いますか。

岸　ちょっと違う。吉田さんは新安保条約に対してアメリカがどう考えているか、例えばダレスがどのようにいっているかというようなことを非常に問題にされておった。だから私自身も機会あるごとに吉田さんのところに行って話をすると同時に、アメリカ側と直接交渉をしていた藤山君にもなるべく大磯に行って報告しておけと指示していました。

——先ほどの話に戻りますが、安保改定の党議決定に至るプロセスにおいて、外交調査会の会長である賀屋興宣さんが、新条約草案にある「十年間固定」の条約期限に反発する河野さんの意見を強引に退けておられましたね。つまり「反岸」的行動を繰り返す河野さんを抑えて岸総理に協力したのが賀屋さんでした。当時新条約の問題で賀屋さんとはいろいろ接触しておられたのですか。

岸　賀屋さんは役人時代には私よりちょっと先輩であったけれども、二人とも革新官僚といわれていました。大蔵省では賀屋、青木一男（一八八九—一九八二。東条内閣の大東亜相。戦後は参議院議員）、石渡荘太郎《いしわたそうたろう》（一八九一—一九五〇。東条内閣および小磯内閣の蔵相）、農林省では井野碩哉だとか、商工省の私だとか、重要な者はその当時革新官僚といわれていたんだ。別に何か申し合わせて行動したというわけではありませんけれども、親しく知り合っていたのは事実です。賀屋君は広島の出身ということになっていますが、本当の生まれは私と同じ山口県の熊毛郡で上関という島の宮司《ぐうじ》の息子ですよ。生まれるとすぐ、広島の賀屋家に引き取られたんです。私が満州を去る頃、先生は北支に行っておられた（一九三九年、北支那開発株式会社総裁に就任）。それから東条内閣では大蔵大臣、私は商工大臣、さらには一緒に巣鴨に入ったというナニで、巣鴨を出てからも親しくしておったわけです。賀屋君は財政の専門家であるが、同時に教育、安全保障のような国の基本に関する事柄についても、私とほぼ意見を同じくしておった。安保改定についても賀屋君とはいろいろ相談をしているし、党内調整において賀屋君の力を借りたことは事実だ。

——賀屋さんは、池田さんにも睨みをきかせていたのではありませんか。

岸　そうです。池田君と賀屋君は同じ広島の出身だからね。私が総理を辞めて池田内閣をつくることについても、賀屋君が非常に骨を折っている。

——総理が安保改定などで池田さんに働きかけようとする場合、賀屋さんは相当頼りになりましたか。

岸　それは頼りになった。あの二人は大蔵省の先輩、後輩の間柄でもあったからね。

——先ほど、条約期限に関する河野さんの話が出ましたが、ともかく河野さんは条約期限に関連して、「十年間固定」（新条約第十条）は長すぎるから、一年前に予告していつでも改定、廃棄できるようにしておくべきだ、と当時執拗に主張されていました。とうとう総理は十月二十二日の大野副総裁との会談で、「期限内改廃」の問題は、近く渡米する河野さんがみずからアメリカの了解を取り付けることが望ましいということで一致しました。確かに十一月六日には河野・ハーター（クリスチャン。一八九五—一九六六。国務長官—ダレス国務長官が病気退任のため、その後任となった）会談があったのですが、結局のところ、大したものは出ませんでした。外交当事者でない河野さんに総理として何か具体的なことを頼むということだったのですか。

岸　この問題（「条約期限内の改廃協議」）はアメリカと相談なしにできるはずはないし、解決しないわけだ。河野がそれほどいうなら、自分でアメリカと交渉してこいということになった。どうせ（アメリカと）交渉などできっこない、ということを前提として考えておったんです。

安保闘争の幕開け

——第三十三臨時国会が（一九五九年）十月二十六日に召集されます。十二月二十七日までの六十日間余りの会期でした。災害対策を中心とする補正予算案、石炭不況対策と離職者問題、そして安保問題、さらにはベトナム賠償問題などに関して活発な議論が展開されました。とくにベトナム賠償では、南ベトナムだけの賠償請求権を前提とする政府の方針が社会党などの反発を呼びまして、与野党激突のいわゆるベトナム国会となるわけです。十一月二十七日未明には賠償協定および同借款協定が衆議院本会議を強行通過しまして、十二月二十三日には参議院の本会議で議決承認されます。

一方安保改定の問題ではとくに「極東」の範囲（新条約案の第六条では駐留米軍の基地使用目的の一つとして「極東における国際の平和及び安全の維持」を挙げているが、ここでの「極東」はどこからどこまでの範囲かという問題）について社会党が政府を激しく追及し、この臨時国会の自社対決は、新安保条約が提出される次の通常国会の前哨戦ともなるわけです。ただ、この国会での新しい要素は、社会党の分裂ということでした。国会召集の前日（十月二十五日）社会党の西尾グループ三十二人が正式に離党しまして、すでに党外にあった伊藤卯四郎《うしろう》氏（一八九四—一九七四）とともに新しく院内団体として社会クラブを結成します。つまりこれが翌年一月結成の民社党の母体となるわけです。この社会党の分裂劇は同党宿命の路線闘争と折からの安保改定をめぐる論争とが絡まって燃えさかるのですが、総理は当時ベトナム賠償協定と安保改定問題を抱えたこの臨時国会に臨むにあたって、この社会党の分裂をどういうふうに受け止めておられましたか。

岸　私は一貫して、保守党と革新政党の二大政党制にすべきだという考えですから、社会党が分裂することは望ましくないと思っていました。この段階としては社会党の分裂はやむをえないかもしれないが、本来は社会党自身が西尾君一派の考え方をもって自民党に対する第二党になって欲しかった。自民党の政策が間違った場合には、政権を担当する国民政党にまで成長してもらいたいというのが私の一貫した考えでした。そういう意味において、分離小党化するということは望ましい形ではないんです。西尾君一派がわれわれの考え方に近づいていること自体は望ましいが、やっぱり社会党全体がもう少し右寄りになってくれなきゃ困るんだ。いまでもそう思っていますがね。内事と外交について具体的にわれわれが何をなすべきかが重要であって、政党内の論議の中心が訳の分からん路線問題だけに終始しているのは社会党のために非常に惜しむと同時に、日本の民主政治、議会政治の上からいって非常に嘆かわしいことだと思っていたんです。いまでも協会派とか「道」とかいって議論しておるんだからね。そんな政党はないですよ。

——この当時、川島幹事長は、社会党が割れれば安保改定の単独審議がなくなるだろうといっています。これは川島さんの本音だと思うんですが、そういう予感といいましょうか、総理もこんなふうにお考えになっていたのではありませんか。

西尾末広

岸　私は、安保改定が楽になるとか難しくなるとか、というんではないんです。新条約については全身全霊を傾け尽くしているんですから、他党のことはどうでもよかったんだ。

——つまり自民党のなかが一番の問題であったということですか。

岸　どうせ野党は彼らを説得しても聞きはせんのだから、中心になるところのわが党さえ固めておけば、という考えであった。他のことはあまり眼中に置いていなかった。

――西尾末広さんあたりと総理は連絡をとっておられなかったのですか。

岸　実は社会党の三輪寿壮君や三宅正一君、河野密《みつ》君といった人たちとは付き合いがありましたよ。西尾君とも何らかの接触があったかもしれない。ただ、問題は党外のことよりも党内を固めるということに全身全力をあげておったものですから、社会党が分裂したから、それはよかったなどという感じはもたなかったね。

――ベトナム賠償協定は、十一月二十七日未明、衆議院本会議を強行通過しますね。この「強行」策は当然安保のスケジュールを睨《にら》んでのことだと思うのですが、ベトナム賠償へのご決意は相当のものだったのではありませんか。とにかく「ベトナム」を片付けなければ、「安保」を次の国会に出せないと。その点いかがですか。

岸　必ずしもそうは思わなかったんですが、とにかくこれで賠償問題はすべて済むんです。そういう意味では新しい施策を打ち出していく環境ができあがるということです。先の戦争のつながりというか尻尾《しっぽ》みたいな問題はすべて解決するんです。ベトナム賠償の問題を解決することによって、つまり戦争中の諸問題を一切解決して、新しい安保条約を推進していこうというのが私の政治スケジュールでした。

——この強行採決の十一月二十七日というのは、総評を含む国民会議（安保改定阻止国民会議）のデモ隊が国会構内に乱入した日でもあります。労組および全学連の一万二千人が五千人の警官を押し切って国会に乱入し、三百人以上の負傷者を出しました。この事件は、浅沼書記長ら社会党議員がデモ隊を国会内に煽動、導入したとして、自民党から懲罰委員会にかけられるわけですね。岸さんはこの国会乱入事件を安保改定との関連でどういうふうに捉えておられたのですか。相当ショックであったと思うのですが……。

岸　ショックというよりも、政党の領袖が国会内にデモ隊を導いたというのですから、浅沼君の行動は議会政治を折るものでした。国会は議論をするところであって、暴力でどうこうするところではないんです。大衆が議会に乱入するという事態そのものが非常に怪しからん。したがって、それには厳としてしめしをつけておかないと将来の問題にかかわるというような強硬論が自民党内に出たわけです。

社会党の飛鳥田一雄《あすかたいちお》氏は、このデモ隊の国会乱入事件に関連して次のようにのべている。

「私は大衆の国会乱入を肯定しているほうだった。自由にやればいいという考えだった。あの時デモ隊を止めたのは、共産党であった。共産党のあの行為には大変憤慨した。闘う時にやめてしまうのは形式主義であり、大衆のエネルギーをもっと爆発させるべきであった。それで刑務所に行ったっていいじゃないか、と僕らはよくいっていたんです。こうした行動が選挙などで不利になるなどとは、まったく考えていなかった。時々〝乱闘議員〟などという罵声を浴びたが、乱闘ができなくて何ができるかと逆に威張ったものだ。いかに無鉄砲であったか……」（飛鳥田一雄氏とのインタビュー、一九八四年六月十八日）

――この臨時国会では「ベトナム」の他に安保条約に関連して「極東」の範囲が問題になりましたね。十一月十六日の参議院予算委員会で藤山外務大臣は、「極東」とは「大体フィリピンから北、中国の沿岸、沿海州、日本の周辺を含む一帯」であること、日本自体へ攻撃があった場合、米軍としてはソ連、中国の奥地まで行ってもやむを得ない、というふうに答弁しまして、大きな反響を呼びました。この「極東」の範囲という問題は、新条約が審議された次の通常国会でさらに社会党の攻勢に出くわしますが、総理はこの時点で、そもそも「極東」の範囲についてどういうふうにお考えになっていたんですか。

岸　大体こんなものを論議すること自体が間違いだったんです。「極東」なんていうのは常識で決めればいいのであって、どこからどこまでが極東であるという、こんな議論をするのが間違いなんですよ。昔から極東という観念はいろいろあるのであって、地理的にどこからどこまでが極東ということはありゃしない、私はそう思っていた。

——「極東」の範囲の議論は、戦術的にはまずかったということになりますか。

岸　まずかった。

——安保改定の日米交渉と党内調整が大詰めを迎えた十月ともなりますと、ぼつぼつワシントンでの新条約調印式に誰が全権として出かけるか、という問題が取り沙汰されるようになります。十月六日、川島幹事長が記者会見で、新条約調印式には総理の出席もあり得ると発言して以来およそ二ヵ月間にわたってこのいわゆる「全権団問題」は、党内の権力闘争といいますか、派閥間抗争の格好の材料になっていきますね。つまりここで問題になったのは、アメリカ側の首席全権がハーター国務長官であるのに、日本側の首席全権が首相であるのは、国際慣行上からも、また交渉の経過からも不自然であるという議論が出てまいります。党内では、藤山外務大臣が首席全権になると新条約の功績を藤山さんに帰することになり、後継総裁候補として藤山さんが有力になってくるということに対して警戒感も出てまいります。岸総理を首席全権にするという川島さんたちの考えもそこにあったようにも思うのですが、そもそも総理は、ご自分の「首席全権」

というものを最初からお考えになっていたのですか。

岸　考えておりました。新条約は俺がつくったんだから、一切の責任は自分が負うという意味で、誰が何といおうと、日本を代表して行くのは自分をおいて他にいないと考えていた。まあね、やはり人事というのは、後から考えてみりゃあ、ああしたほうがよかった、こうしたほうがよかったというようなことはあるけれども、この首席全権に関しては、旧条約の場合には吉田さんが一人で調印したし、今度は私自身が自分の精力をつぎ込んでこれをやると決意したんだから、この気持ちからいってもですよ、当然全責任は私が持たなきゃいかんと思ったんです。しかし旧条約と違って新条約は国民的なナニだから、財界からも随伴してもらおうということになったわけだ。

——アメリカ側が大統領以外の者が首席全権になっても不都合ではなかった……。

岸　むこうはむこうの都合で適当にやればいいんです。

——外交慣例上、両国から同格の者が出るというのが通常ではないでしょうか。

岸　私自身は最初から、日本の代表としてワシントンに行くつもりでした。新条約については全責任、全政治生命を賭して、あらゆる問題にあたるんですから。

——河野、川島、大野といった党内の幹部は「藤山首席全権」に公然と反対しましたね。石井光次郎さんも「藤山首席全権」ならば全権団には入らないといって抵抗しました。

「岸首席全権」によって安保改定問題のすべての責任を総理に負わせるというような立場をとる人もおりましたし、それから次期政権への足場を藤山さんに与えないためにに「藤山首席全権」に反対するというようなことも盛んにいわれていましたが……。

岸　それは、勝手に訳のわからん奴らが主張しているだけで、私の態度は一貫しているんです。そんなものに囚われて首席全権を決めたわけではないんです。

第五章

新安保条約の調印から強行採決へ

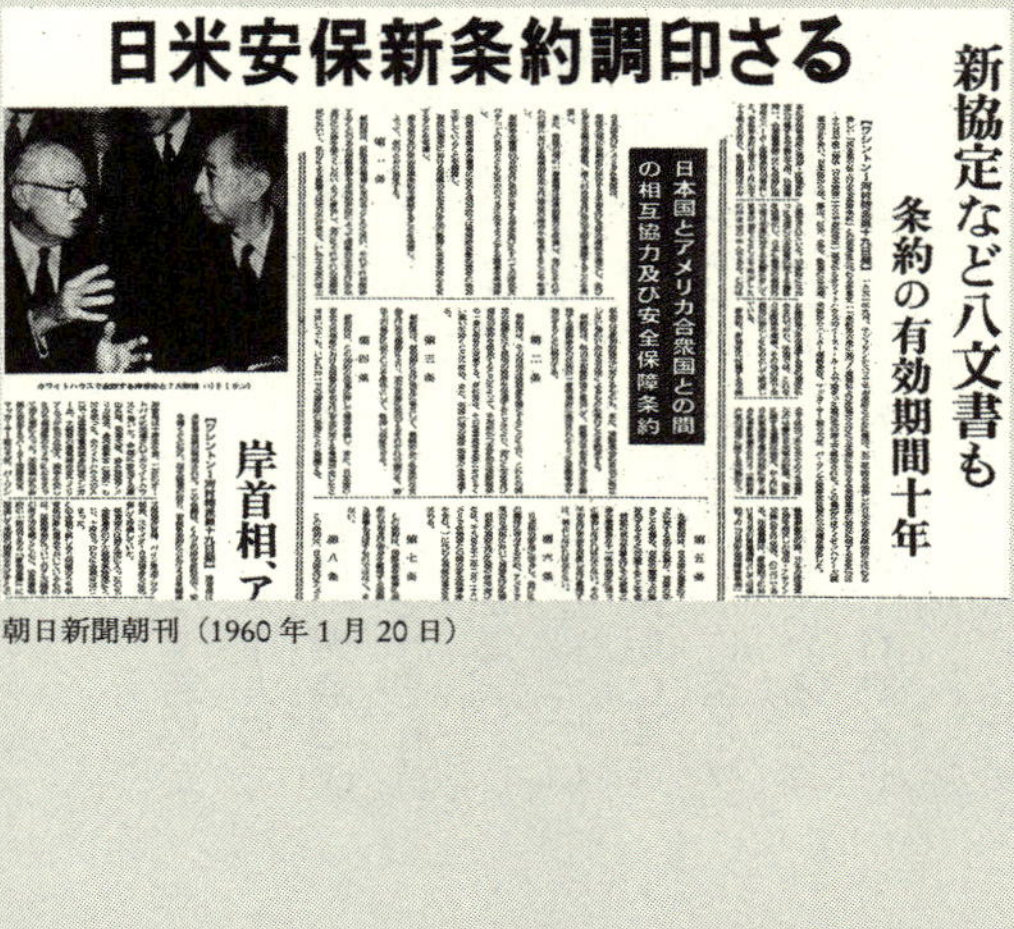
日米安保新条約調印さる

新協定など八文書も

条約の有効期間十年

日本国とアメリカ合衆国との間の相互協力及び安全保障条約

岸首相、ア

朝日新聞朝刊（1960年1月20日）

編者解説

旧安保条約および行政協定をそれぞれ改定した新条約と、新条約第六条に基づく新協定（地位協定）が他の七文書とともにワシントンで調印されたのは、一九六〇年一月十九日である。五七年六月の日米首脳会談における安保改定の原則的合意から二年七カ月、実際に改定交渉が開始されてから一年三カ月を経て、ここに岸・ハーター（国務長官）をそれぞれ首席全権とする日米両国は、いよいよ新条約・新協定に署名することになったのである。

本章でのインタビューは、調印された新条約の国会審議に関連派生する諸問題を扱っている。本章では新条約調印の前後から、（一九六〇年）五月十九日深夜および二十日未明に岸政権が強行した「会期延長」と新条約承認のための採決（いわゆる「五・一九採決」）に至るプロセス、すなわち第三のステージとそれにまつわる諸問題が岸氏によって語られている。岸氏が総理としてその時々の緊迫した「現実」をどう認識、判断し、いかなる決断、行動をしたかが、ここでの中心テーマである。

第三のステージに関連してまず特記すべきは、野党第一党である社会党の分裂と民社党（民主社会党）の誕生（一九六〇年一月）である。もともと社会党はその結党（一九四五年十一月）以来、マルクス・レーニン主義に共振する左派勢力と、西欧社会民主主義に通底する右派勢力との激しい抗争に明け暮れてきた。一九五一年秋、吉田首相が手がけた旧安保条約（および講和条約）への対応をめぐって左右に分裂した社会党は、その後（一九五五年に）再統一するが、またまたこの安保改定問題に直面して左右の熾烈な確執に苦悩するのである。

かくて「安保改定」への条件闘争を主張する西尾末広氏中心の右派は、安保条約そのものを無条件に否定する（したがって、「安保改定」を絶対否定する）左派と決別して、新党すなわち民社党を結成する。一九六〇年一月二十四日、つまり岸氏が新条約に署名した五日後のことである。議会構成力において自民党の二分の一にすぎない野党第一党の社会党は、「反安保」・「反岸」エネルギーをみずから最大結集すべきときに、むしろそのエネルギーを分断させてしまったのは皮肉である。

岸政権誕生（一九五七年二月）に前後して始まった「安保改定」過程は、この第三のステージをもって全く新しい段階に入る。調印前に岸政権が直面した問題は、新条約・新協定作成のための対米交渉と、この対米交渉をめぐる与党内派閥抗争さらには野党勢力の反対行動等が政治過程の本流を形成していた。ところが新条約調印後の岸氏の安保改定作業は、この調印された新条約・新協定を承認し批准せしめるための国内手続きの壁をいかにクリアしていくかという問題にかかわっていくのである。

まず、新条約調印時にもたれた岸・アイゼンハワー会談は重要である。岸政権としては五七年六月に続いて二度目のこの首脳会談は、二つの重要点を含んでいた。一つは、新安保条約の前提条件ともいうべき「米ソ冷戦」を改めて確認し合ったことである。岸氏は国内共産勢力および中ソ陣営が日米離間と日本中立化を狙っていること、ソ連首相フルシチョフの訪米(一九五九年九月)以来表面化している米ソ〝雪解け〟に安保改定が逆行しているという「中ソの宣伝」は承服し難いことを大統領に力説している。一方大統領は、米ソ〝雪解け〟の象徴となったいわゆる「キャンプ・デイヴィッド精神」を完全に否定してみせる(Ann Whitman Dairy, International Series, Japan, 1960 (1-5), Memorandum of Conversation, January 19, 1960.)。つまり日米両国は、中ソを仮想敵とする新条約・新協定の政治的正当性をその調印にあたって再確認したわけである。

この岸・アイゼンハワー会談でのいま一つの重要点は、「アイゼンハワー訪日」(「アイク訪日」)問題であった。日米修好百周年(一九六〇年)祝賀として皇太子夫妻訪米と「交換」に「六月十九日」から二日間大統領が訪日する旨を日米首脳間で合意したのである。しかしこの「合意」こそ、以後新条約の国会審議と絡んで岸氏を自縄自縛《じじょうじばく》に陥れていく。岸氏はあの五・一九採決以後、反対勢力の大攻勢によって六月十九日を前に「アイク訪日」延期(中止)に追い込まれ、そのことがみずからの政権崩壊を招くからである。

ところで、新条約調印を果たして帰国した岸氏が直面したのは、「解散・総選挙」問題であった。結論からいえば、新条約調印直後岸氏が意欲を燃やしていた「解散・総選挙」に、岸氏の側近中の側近川島幹事長が頑強に反対してこれを阻止したということである。川島氏との激しい葛藤のなか、岸氏を「眠れない」ほど悩ませた一件がこれである。およそ歴史は、これを動かす意思決定者が選び取るあるいは選ばざるを得ないいたった一つの選択肢によって、大きくそして決定的にその姿態を変えていくものである。

歴史に「もし」は禁句であるといわれる。しかしその禁を敢《あ》えて破ってみよう。岸氏が新条約調印後同条約の是非を国民に問うための解散・総選挙をもし実践して、少なくともその選挙に敗れていなかったなら、「安保改定」過程における岸氏の政治的立場は大きく変わっていたであろう。新条約に対する民意の承認こそが安保改定に向けて政権側を鼓舞したであろうし、一方で与党内反主流派、野党勢力等の「反安保」・「反岸」エネルギーに一定の歯止めをかけたであろうことは十分想像がつく。岸氏がこの「解散・総選挙」の断念を「大きな失敗だった」（第六章）と悔やむのは当然であろう。

新条約等がその承認を求めて第三十四通常国会に提出されたのは、六〇年二月五日であった。政権側からすれば、「五月二十六日」の会期末までに新条約・新協定を成立させるには、「四月二十六日」以前に衆議院を通すことが絶対条件であった。条約は予算と同様、それが衆議院可決後参議院に送られても、その参議院で「三十日以内」に議決されなければ「自然承認」ということになるからである(憲法第六一条)。したがって政権側が、「五月二十六日」から「三十日間」を差し引いた「四月二十六日」までに(新条約の)衆議院通過を目指すのは当然であった。裏を返せば、野党勢力がまずは新条約の衆議院審議を「四月二十六日」以後へと引き延ばし「五月二十六日」までの新条約成立を阻止しようという構図である。

この新条約の国会審議に絡んで、実は二つの争点群があったことに注意する必要がある。一つは新条約の内容及びその周辺に関する審議・論争である。いま一つは国会の運営手続きに関する政治闘争であった。前者の争点群には、例えば「極東」の範囲、「事前協議」の定義にかかわる問題、さらには「U2型機事件」(一九六〇年五月五日および七日の両日ソ連首相フルシチョフは、米国のU2型機がソ連領空を侵犯したことと、同機がスパイ行為をしたことを発表し、米国もこれを認めた)に関連する問題等があった。それぞれの争点について激しい論争が与野党間で展開されたことは事実である。しかしこの国会で、新条約とともに日米安保体制の根幹ともいうべき新協定についての審議はほとんどなされなかったし、そもそも新条約自体が、これを「絶対肯定」する側と「絶対否定」する側との接点なき対立に終始したというのも、これまた否定できない事実であった。

だからこそ何よりも重視されたのは、後者の争点群すなわち国会運営に関する与野党間の攻防であった。新条約を「絶対否定」して「審議未了・廃案」にもっていこうとする社会党と、新条約を会期内に承認せしめようとする政権側との相剋は、「会期」内にこれを成立させるか、それとも「会期」の外側に引きずり出してこれを放擲《ほうてき》するかというその一点に集約されて、いわば妥協なき「聖戦」となっていくのである。

ともあれ、新条約に関する衆議院の審議は、野党勢力の思惑通り「四月二十六日」以降へとずれ込んだ。野党勢力にとっては、ひとまずの勝利である。岸政権が会期末までに新条約・新協定を成立させるという目標は完全に絶たれた。かくて岸氏の次の目標は、新条約を「五月二十六日」までに衆議院を通すことと、参議院審議のための「会期延長」を獲得するということに移っていく。しかし許容できるぎりぎりのケースとして「自然承認」の事態が想定されるとしても、ここに一つの難題が政権側に立ちはだかる。「六月十九日」のアイク訪日問題である。大統領訪日までに是が非でも新条約の国会承認を果たしておきたい岸政権にとって、次の重要日程が「五月十九日」であることは間違いない。アイク訪日の「六月十九日」から「自然承認」に必要な「三十日間」を差し引けば、当然「五月十九日」があぶり出されるからである。次章にあるように、岸政権が衆議院で五月十九日のいわば「死線」に立って「会期延長」と新条約の強行採決に打って出たその理由は、まさしくここにあったというわけである。

——六〇年一月の新安保条約調印及びそれ以後のことについていろいろお尋ねしたいと思います。六〇年の年が明けて一月早々ですが、政界では新条約調印を見越して、総理退陣つまり安保花道論というものが自民党領袖の口から活発に出てまいりました。一方、新条約の調印は予定通り一月十九日、ワシントンで岸総理とハーター国務長官によって行なわれます。これに前後して岸・アイク会談がもたれ、日米共同声明が発せられます。

ところで、アメリカに出発なさる日の一月十六日ですが、いわゆる羽田事件（岸訪米を阻止するために全学連七百人が空港ターミナルに立てこもるが、警官隊の実力行使によって七十八人の全学連学生が検挙された）が起こります。総理はご訪米の朝、ご自宅から羽田まで、警官隊を乗せたトラック三台を先頭にして第二京浜から多摩川べりを大きく迂回していらっしゃいましたね。

岸　とにかく、全学連の動きだということで、警備上いつもの通りでは具合が悪いということでした。だから、警備しやすい道を通ってくれということで、多摩川べりから行ったんです。私は全学連の連中の騒ぎというのは、学生のナニだから、あまり大したことではないと考えていました。むしろ組織的にみても、総評のデモ隊のほうを重視していた。学生のほうは、ストームをやるような気持ちの連中も大分入っているんでね。だから、それほど特別の緊張した気持ちもなかったですよ。

——新条約調印を終えた翌一月二十日、前日に引き続いて二回目の岸・アイク会談がもたれまして、ここで日米修好百周年祝賀としての「アイク訪日」と「皇太子夫妻訪米」が決まりました。この相互訪問の話はかなり前からあったのですか。

岸　うん、そうです。そのときに突発的に出たわけじゃないんで、前から話はありました。その頃は、日米同盟という言葉は使っていないけれども、私が「日米新時代」といって、お互いに理解し合い、信頼し合い、協力するといった「新時代」、これがいまの日米同盟の基礎になったと思うんです。そういう立場にある両国の関係が発展したわけですから、適当な機会に大統領に訪問してもらいたいということで招待したんです。

——総理は当然、新安保条約の国会承認を念頭におかれて、アイク訪日の日程をお考えになったのではございませんか。

岸　僕は、(新安保条約の)国会議決の後にアイクに来てもらうつもりでいたんです。

——そうしますと、「六月十九日」というアイク訪日の予定日は、それまでに新条約が国会を通過しているだろうというふうに踏んでのことですか。

岸　その通りです。

安保の次は改憲

——新条約承認、アイク訪日、これをやれば岸内閣の長期政権というのは確固たるものになる、というお考えはございましたか。

岸 私は、いつまで（総理を）やるとか、長期政権を狙うとかいうような考えは初めからなかったですよ。仕事をしたい、つまり安保を何とか解決すること、もう一つは憲法調査会（高柳賢三会長。憲法および関係諸問題を審議検討するために、一九五六年内閣に設けられた機関）をして「改憲をしなければならない」という結論を出させる、ということでした。

——改憲への第一歩ということですね。

岸 そうです。憲法調査会による「憲法改正」の結論を一番狙っておったわけですよ（憲法調査会は一九五七年八月、社会党に配分予定の十委員が欠席のまま第一回総会を開き、以後七年にわたる審議を経て一九六四年七月、改憲に対する賛否両論、各種意見を併記した、本文だけで千二百ページに及ぶ最終報告書を池田内閣および同内閣を通じて国会に提出した）。もちろん、憲法改正は私の内閣でできるものじゃないけれども、憲法調査会で、「日本国憲法は改正すべし」という権威ある結論を出させたかったんです。

——安保の次は憲法改正であったわけですか。

岸　そうです。

——一月二十日の岸・アイク会談を終えて、総理は記者会見をなさいますが、ここで少々生臭い話が出てまいります。総理は、「安保を花道にして辞めようとは思っていない。安保調印はゴールではなくてスタートである」ということをおっしゃいます。この時点で政権維持にはかなり強気というか、自信というものがおありだったんではございませんか。

岸　それはそうです。自信があったと同時に、安保ができあがったら俺は辞めるんだなどということは無責任ですよ。たとえ辞めるつもりであってもですよ。総理というものは、辞める瞬間まで「俺は死ぬまでやるんだ」という顔をしなければ、政治というものは行なえない。（辞めることを）腹の底では決めとってもですよ。

——しかし、鳩山一郎さんはお辞めになるかなり前から、つまり日ソ交渉の過程で、自分は辞めるんだということをおっしゃっていましたが。

岸　鳩山さんは健康がよくなかったからですよ。三木武吉さんがいうていたけれど、鳩山を傷つけずにいかに早く総理を辞めさせるかということは、友人として一番気を遣わなければいかん、ということでした。結局は期せずして、日ソ国交回復を花道として辞めるということを鳩山さんも考え、みんなも期待しておったんです。

解散すべきだった

——新条約調印が終わりますと、国会（第三十四通常国会）の審議に入っていくわけですが、この国会の審議については、総理はどのような見通しを立てておられたのですか。

岸 実は、いまでも残念なことの一つなんだけれども、（新条約の）調印直後に衆議院を解散すべきであったと思うんです。

——新条約調印からお帰りになってからですか。

岸 そうです。国民に現行の安保条約と新条約の違いを示して、いかに新条約が立派なものであり、また日本にとっていかに利益であるかということを総選挙によってナニしたかったんです。選挙に勝つ自信はあった。総選挙になれば絶対勝つという確信をもっていました。選挙に勝利して議会に臨んだら、議会がいくら騒いだって、国民が新条約を支持しているではないかということになるんです。いろいろ騒いでいる連中は、国民の騒ぎじゃなしに、ある一部のつくられた騒ぎだということがいかにも明確になるんです。あのとき解散をやっておけば、あんな騒動はなかったと思うんですよ。

――結局、解散はやりませんでしたね。

岸　できませんでした。党内の調整にあたっていた川島幹事長が、どうしてもこれに賛成しなかったんだ。というのは、「解散」の線で党内をまとめることは、到底できないということでした。選挙にあたって党内が不統一では勝ち目がないといって、川島君はどうしても解散に賛成しなかったんです。

――総理はワシントンにおいでになる前から解散ということを考えておられたわけですか。

岸　ええ、考えていました。

――この件で川島さんとは議論なさいましたか。

岸　議論というよりも、本当に腹打ち割って話し合ったけれども、どうしても解散は駄目だと川島君はいうんです。やはり選挙ということになると、私の経験からいっても、幹事長が党内をまとめて公認候補を整理し、選挙運動の全責任を持つわけですからね。その幹事長がどうしても解散に納得しなかったんです。

川島正次郎

――具体的にはどういうことだったのですか。

岸 それは三木・松村派とか河野君なんかの反対があったということです。こういう党内の特殊事情から解散ができなかったということは、いまでも非常に残念に思ってますけどね。安保条約のような問題に対応するときは、事前に解散して国民に信を問うほうがいいんですよ。

――仮に急遽《きゅうきょ》解散ということになっても、例えば選挙資金の心配などはありませんでしたか。

岸 問題はカネが集まるとかなんとかいうよりも、それは借金できますからね。借金するんですよ。

――おカネの面では何とかなるのですか。

岸 政権を持っていれば、カネは何とかなるんです。

――少々余談になるかもしれませんが、新条約調印でワシントンにいらっしゃる途中、つまり一月十六日総理はホノルルで「日本の新聞は信用できない」というふうに語ったと伝えられました。それで、内閣と自民党の担当記者が、二日後の十八日に川島幹事長を通じて抗議をするんですね。これはどうだったのですか。岸さんはやはり実際におっしゃったのですか。

岸 私はいつも一貫していうてるんです。新聞の一面とか二面なんかは読まないんだ。

――あの当時もですか。

岸　私はこういったんだ。スポーツ記事だけはみる、これは間違いないんだから。他の記事はみな間違っているんだから、そんなものはみないよ、とね。

――実際にそうだったのですか。

岸　スポーツ記事はみるんですよ。

「極東」の範囲

――いよいよ新条約の国会審議ということになるんですが、この国会審議のなかで最も時間を費やしたテーマの一つは、新条約第六条のいわゆる極東条項（第六条では、「日本国の安全に寄与し、並びに極東における国際の平和及び安全の維持に寄与するため」在日米軍は日本の基地を使用できる、と規定されている）にかかわる問題でした。「極東」の範囲というのがそれです。二月八日の衆議院予算委員会で、社会党の横路節雄《よこみちせつお》さん（一九一一―六七）がまず質問に立ちます。「極東」の範囲に関する藤山外相のその日の答弁が、前年十一月のベトナム国会における答弁内容と食い違うという問題から混乱が生まれていくわけです。

岸　私はいま考えると、「極東」の範囲ぐらい愚論はなかったと思うんです。（「極東」

に）金門・馬祖が入るか入らないか、沿海州が入るか入らないか、そんなことはまったく愚論でした。従来も「極東」という言葉は、他の条約にも用いられているんですよ。日英同盟などにも「極東」という言葉があります。常識的に考えればいいんだ、というぐらいのことで、法律的にどこからどこまでという議論は、実に愚論だと思います。地図で線を引くような「極東」というようなものがあるわけでも何でもない。いわゆる日本を中心としてのアジアの最も東の地域と、問題によってはフィリピンも入るだろうし、韓国や遼東半島も入るでしょう。「極東」の範囲などというのは、実に馬鹿な議論をしているという考えであったから、何とかまとまるようにまとまればいい、という思いでした。

——この問題では随分揉めましたね。

岸　愚論でした。あの時の野党からすれば、何か問題を起こして審議を延ばそうということだったんですから、われわれがこの思惑に利用されたということだ。「極東」に金門・馬祖が入ろうが入るまいが、条約上非常に結果が違うかといえば、違いも何もないんです。だから、相手方からあまり議論が出ないように統一見解を出して収めようと思ったんです。

——「極東」に千島列島全体を含むという二月八日の政府統一見解から、「北千島は除く」という二月十日の答弁へと変わったんですが……。

岸　大体共産圏の地域は「極東」に入れないという……。

――ということは、結局地理的概念ではないということですかね。「極東」が地理的概念ならば、共産圏であろうがなかろうが線引きすればいいんですから。

岸　北千島に何か問題が起こったら、あれは「極東」の範囲外だから知らないといって逃げるかどうかは別問題ですよ。そのときの問題の起こり方いかんによりますよ。しかし、共産圏の沿海州にしたって中国大陸にしたって、「極東」に入るということになると、いろいろ難しい問題が起こってくるから、北朝鮮などの共産圏はこれを除いているわけです。

「極東」の範囲について、当時安保特別委員の一人であった社会党の飛鳥田一雄氏は次のように回想している。

「政治問題は目でみえ、さわって実感できなければ大衆性をもち得ないというのが、われわれの考えであった。『極東』の範囲については魚屋のオジサンも八百屋のオジサンもみんな小学校や中学校で習っている。つまり、『極東』については誰でも世界地図で慣れ親しんできたものだ。だから『極東』の範囲という問題は、すべての国民が理解できるんです。そこでわれわれは横路氏をけしかけた。あの議論はわれわれ自身バカバカしいと思ったが、ポピュラリティーというか大衆性はあった。一般大衆が家に帰って湯豆腐などで晩酌をやりながら新聞やテレビをみていると、『なるほど』と（安保の有害性に）納得するわけです」（飛鳥田一雄氏とのインタビュー、一九八四年六月十八日。括弧は編者）

――「極東」の範囲の問題で、日米間に何か話し合いはなかったのですか。

岸　なかった。そんな馬鹿なことは外国と話をするような問題じゃないもの。

――金門・馬祖は「極東」に含まれるという二月十日の総理答弁に対しては、三木・松村派が日中関係を重視するという立場からクレームをつけました。つまり、彼らによりますと、「日本の存立にかかわりない金門・馬祖を守るため、米軍に基地を使わせる理由はあるのか」ということでした。

岸　松村さんから「異議あり」の発言（二月十二日）があったことは事実だが、直接彼とこの問題で話し合ったことはないね。外務省の役人が松村さんと議論したでしょうけれども。

派閥抗争

――新条約調印後の派閥の問題についてお伺い致しますが、三月十七日に大野副総裁の斡旋で総理は、当時「反岸」で動いていた河野一郎さんと会談をなさいましたね。ここで河野さんは新条約成立で総理に協力を約束したといわれております。河野さんはこの後、表向きは党内調整の主導権をとるような形で、石井光次郎、石橋湛山、松村謙三氏らと次々に会談していきますが……。

岸　河野はしょっちゅう喧嘩をしたり、別れたりくっついたりするものだから、統一した考え方、つまり一貫して反対なら反対というんじゃないんでね。そこにいくと、三木だとか松村とかいう人はね、一貫した一つの考え方でね、ナニしているけど、河野という男はその場その場で変わってくるんだ。人はいいし、気は小さいしね。決して人間が剛直で信念を貫くというような男じゃないんだ。私に対して、いまはよくても急にまた悪くなるんだ。悪くなったってまたよくなるんだから、河野が何かに反対だからといって、そう気にする必要はなかったよ。とにかく、世間でいわれている河野と、実際の河野とは違うんだ。

――その点石橋さんは芯が固かったのではないですか。

岸　それは固い。石橋さんは本当の自由主義者で、それが自分の生活を通じて一貫しているんです。だから誰に対しても、状況によってちょっと考えを変えるとか、こっちからこれをいえば気に入ってどうこうするという人ではない。ところが河野君となれば、その場その場で適当な方法でものを処理していくんですよ。

――河野さんの行動をそうあらしめているものは何でしょうか。

岸　とにかく何か問題が起これば、いかなる場合においても主役として登場したいというナニがあるんだろうね。

――先ほどお話に出ました三月十七日の総理と河野さんとの会談、この日実は、総理は三木さんとも会談をされていますね。三木さんはここで、「極東」の範囲はもともと抽象的なものであること、いちいち地域を挙げている政府統一見解を改めるべきこと、「事前協議制」については新しく厳格な解釈と確固たる態度をとるべきことを総理に要請しています。そして新条約の防衛的性格を盛り込んだ付帯決議の国会提出を総理に要求しましたね。

岸　僕は付帯決議を国会に提案するについては、それでもって党内が収まるのなら、三木君らのいう通りにしようと思っていました。それから「極東」の範囲については、本来は三木のいう通りなんだよ。具体的にどこが（「極東」に）入るとか入らんとかいう問題ではなくて、抽象的な考え方でいいんですよ。私もそう思っていたんだ。「極東」に線を引くという愚論の社会党の質問に引きずり込まれて、あがきがつかなくなったんです。

——ところで池田派ですけれども、池田さんは、先ほどお話に出た経緯で岸政権の最後の内閣では通産大臣として閣内に入りましたね。しかし閣内にありながら、かつての（岸政権初期における）反主流三派（池田派、三木・松村派、石橋派）および石井派の会合などに出席して政権側を牽制するという姿勢を示す一方で、（新条約の）国会審議の大詰めになりますと、つまり四月中旬には岸さんに近い賀屋興宣さんと「反岸」の松村さんとの会談を斡旋して、総理に協力の姿勢をみせるという微妙な立場に終始します。新条約が国会審議にかけられたこの時期、池田さんに総理はいろいろご相談をなさったのではないですか。

岸　相談しましたよ。私の最後の人事（一九五九年六月の内閣・党人事）の時に河野君が閣内に入らず、池田君が入ってくれた以上は、何といったって、誰が考えても、池田君は僕の次の総理総裁としては、唯一とはいわんけれども最も有力な候補の一人でしたよ。ことに池田君は吉田さんの系統ですからね。私は、池田君を党内における、そして閣内における有力な人物としていろいろな問題について話をしましたよ。池田君の近くにおって僕に反対する連中を、なるべく安保成立のために協力させるように、力を添えてもらいたいと池田君に頼んだんです。

——池田さんは三木さんや松村さんともパイプを持っていましたからね。

岸 そうそう。池田君は松村君とも割合親しいし、石橋君とはことに親しかった。

——池田さんと石橋さんは古いお付き合いということになりますからね。

岸 石橋内閣では池田君が大蔵大臣で、私が外務大臣であったという関係からも、石橋さんに関しては池田君の力を頼りにしていましたよ。何分石橋さんと私は、あまりウマが合わないものだからね。

——池田さんは、新条約が国会に提出されてから、総理の期待に沿った行動をされておりましたか。

岸 池田君が私に協力してもらうについては、大磯に行って吉田さんにも随分頼みました。

——どんなふうにですか。

岸 とにかくこの新条約を成立させるためには、池田君の力を借りなければならん。私に対して、池田君は悪意はもってはいないだろうけれども、党内をまとめてもらうためには、ひとつ池田君に僕の気持を伝えてやって下さいというようなことを、吉田さんに、あまり露骨ではなしに頼みましたよ。

――石橋湛山さんなのですが、前年（一九五九年九月）中国を訪問しまして、それ以後岸批判を強めていきますよね。つまり、新条約の賛否について態度を留保するというようなこともおっしゃっておりました。この頃石橋さんとは接触なさいましたか。

岸　ありません。

――総理は初めから石橋さんの態度や意見はどうにもならんというお考えだったのですか。

岸　いや、そうでもないですね。だけれども、石橋さんに従う者は数が少ないのだから、安保を通す上において石橋さんの力を気にする必要はなかったですよ。その点池田派なんていうのは、大所帯だったからね。数がものをいうんです。

――岸政権発足当初しばらく続いた主流と反主流の構図をみますと、主流は岸派、佐藤派、河野派の三派閥、反主流派が池田派、三木・松村派、石橋派の三派閥、それから中間派の大野派、石井派という図式でした（五七年七月の内閣・党人事で大野派は、大野氏の副総裁就任によって主流派となる）。これが五九年の六月人事以降はかなり曖昧になりましたね。はっきりしているのは岸派、佐藤派が主流で、三木・松村派、石橋派が反主流であるということ、あとの河野、大野、池田、石井の各派はその動きにおいて極めて流動的でした。こういう情勢のなかで総理は新条約の国会審議が行き詰まったときに、あるいは解散ということをお考えになったのではないか、と思うのですが……。

岸 いや、それはありません。間もなく新条約が国会を通るという確信を持っていましたからね。解散するなら、前に話したように、(新条約調印直後の)二月に解散していますよ。そのときにできなかったんだからね。

——党内派閥をどうまとめていくかということについては、相変わらず頭を痛めておられたと思うんですが。

岸 私は、いまおっしゃるように、岸派、佐藤派を中心にして、それに池田、大野、石井、さらには河野派を一緒にしてこれを主力にしたいと思っていました。そして三木・松村派と石橋派は手をつけないということでした。仮に三木・松村派、石橋派が野党と一緒になったとしても、こちらは圧倒的多数で新条約を通そうと考えていたんです。

社会党の面々

——ここで、社会党との関連でお尋ねします。社会党の党内派閥抗争というのは自民党と同じように、人事を巡って激しさを増すということがよくあるのですが、新条約が国会にかけられている最中、すなわち三月二十四日の委員長選挙では、左派勢力に担がれた浅沼さんが十九票の差で右派の河上さんに勝って決着がつきます（投票結果は、浅沼稲次郎氏二百二十八票、河上丈太郎氏二百九票であった）。前年（一九五九年）六月の参議院選挙における敗北、反安保闘争にかかわる路線問題などを経て、この委員長人事抗争が展開したわけです。

岸　別にこの委員長選挙に大きく注目していたわけではないが、私個人としては河上さんに非常に親近感があった。河上さんが委員長になったら非常にいいと思ってましたよ。

――ところが、浅沼さんが新委員長になりました……。

岸　私が（自由民主党の）幹事長の時、書記長（社会党）としての浅沼君と随分折衝しました。浅沼という人は、人間としては実にいい人だよね。ただ、社会党という党はおかしなところがあるんです。私と浅沼君がいろいろな話をして申し合わせをする。それを社会党に持ち帰って中執委（中央執行委員会）か何かに諮《はか》ると、浅沼君と私との間で取り決めたものがなかなか承認されないんだよ。それで翌日浅沼君のほうから、昨日は君とあのように決めたんだけれども、うちの党はどうも揉めて俺のい

浅沼稲次郎

うことを聞いてくれない、だからあれを取り消してもう一度話をしよう、ということが時々ありましたよ。

――自民党のほうは、そんなことはないのですか。

岸　自民党のほうは、幹事長が他党との間で決めてくると、その決め方が悪いというので、侃々諤々《かんかんがくがく》幹事長を非難はするけれど、党を代表して他党と決めたんだから、ということで結局承認するんです。「今後は注意しろよ」ということでね。社会党は他党との取り決めをときどき承認しないということがあるんです。

――浅沼さんは、そういうときにはどんな様子なのですか。

岸　決まり悪そうに浅沼君は頭をかきながら、岸君、困ったことがあるんだ。どうしても俺のいうことを党が聞いてくれないんだ。いまさらこんなことをいえる義理でもないんだが、何とかしてくれないか、というんだよ。

――河上さんについての印象はいかがですか。

岸　僕は河上さんという人を人間的に尊敬しておった。立派な人ですよ、あの人は。河上さんと僕とは主義主張において立場は違っていたけれどもね。

――先ほどの話ではございませんが、国会では野党から「極東」の範囲問題などで随分攻められましたね。

岸　野党の質問はなかなかうまいからね。

――そんなにうまいですか。

岸　それはうまいよ。当時国会の質問には横路節雄、飛鳥田一雄、松本七郎、岡田春夫など歴戦の勇士がおった。松本七郎君とは非常に親しくて一緒にゴルフをやったり……。

――ゴルフですか。

岸　うん。七郎君は松本健次郎（一八七〇―一九六三。安川・松本財閥の総帥）の息子だからね。財閥の息子ですよ。

――そうですか。松本さんは岸さんとはかなり個人的に親しかった……。

岸　そうだよ。個人的には、いま（一九八一年）副議長（衆議院）をやっている岡田春夫君とも私は割合親しい。飛鳥田君とは、あまり性格的には合わんのです。大体ちょっとキザな男でね。妙に形をつくるんだ。

――鈴木茂三郎さんはよくご存じではないですか。

岸　鈴木君は人柄としてはよかったなあ。なかなか気持ちよかったですよ。あの頃の社会党は、この間死んだ河野密《みつ》だとか西尾末広、三宅正一、川俣清音といった連中は、戦後の労働組合の委員長なんかをやってきた人たちとは違って、社会主義に対する理論的な研究もしているし、そして一種の人間的な味というか深みがあったよ。主義主張の違う間柄でも人間的な交流は持つというような余裕があった。

──岡田春夫さんは、なかなかの切れ者であったと思うのですが。

岸 うん、なかなかね。岡田君の弟が外務省の役人ですよね。だから、情報なんかも正確なものを持っていましたよ。

社会党の岡田春夫氏は岸首相について次のように語っている。

「『安保粉砕』については、岸が戦犯容疑者であったということが非常に大きく影響していました。彼は戦争の準備をしているという理解の仕方だった。社会党自身もそうだが、国民にもまたそういう理解は受け入れられやすかった。藤山という人に関しては、むしろ個人的には好感を持っていたが、岸は憎いというところが確かにあったよね」（岡田春夫氏とのインタビュー、一九八四年十月一日）

四月に入って

──衆議院の安保特別委員会における審議は、四月に入りますと、いよいよ国会運営をめぐって緊迫してまいります。当初の会期末は、五月二十六日でした。この「五月二十六日」から参議院の自然承認という、最悪の場合でも確保しておきたい三十日間を差し引きしますと、四月二十日前後までには新条約を衆議院で通さなければならないということになります。こうしたなか、自民党は参考人の意見聴取をするという動議を出しますが（四月二十日衆議院安保特別委員会で自民党の椎熊《しいくま》三郎氏は議事促進の目的で「参考人招致」に関する動議を提出し、これを小沢佐重喜《さえき》委員長が強行採決に持っていくが、議事混乱のなか議事録にも記録されないという事態になる）、結局失敗します。その後すぐ四月二十二日に、自民党首脳は議事を何とか前進させるために、いわゆる「中間報告」動議（「新安保条約承認の件などについて衆議院本会議に安保特別委員長から中間報告を求める動議を提出する」というもの）を衆議院議院運営委員会に諮る旨を決定しました。この「中間報告」動議は、結局のところ自民党がこれを取り下げることになります。野党はもちろん、自民党のなかで主流勢力の思惑を妨げようとする三木・松村派、石橋派、河野派、そして池田派からも批判が出たからだといわれています。五月十九日（新条約等の強行採決）以後の騒乱の幕開けともいうべき緊迫した状況のなかで総理と池田さんが会談をなさいました……。

岸　いろいろないきさつがあったことは事実です。池田派は、一年前の総裁選挙（一九五九年一月の自民党第六回大会において、岸信介氏は松村謙三氏と争って総裁に再選された）の際に松村候補を助けているんだからね。そういう関係で池田派のなかには松村派の人々と非常に因縁の深い連中もいるわけです。しかし池田君自身は、大磯（吉田茂氏）からの話もあったり、私との話し合いからいっても、ある意味では非常に複雑な立場に立っていたと思うんです。

――「中間報告」についてはどのように考えておられましたか。

岸　僕も「中間報告」を無理押しするつもりはなかった。議会運営のほうは主として大野君（副総裁）と川島君（幹事長）に任せてあるからね。要するに、社会党のほうは真剣に審議するということではなくて、審議未了に終わらせようとしてただ審議の引き延ばしだけを狙っていたわけだ。この辺で衆議院本会議で「中間報告」をしてもらって決着を図ろうという議論が出るのももっともなんだ。ただこれについては、池田君には三木・松村派と接触して彼らをまとめてくれるよう頼んだですよ。

――一方、注目されるのは民社党の動きでした。この党は四月二十三日から翌日にかけて、「中間報告」問題で混乱していた安保特別委員会の審議正常化の主導権をとろうとします。自民党と社会党の狭間にあって第三党としての調整役を果たそうとしたわけです。当時、総理と民社党との間には何か特別なパイプがあったのでしょうか。

岸　（民社党副書記長の）池田禎治《ていじ》君（一九一〇―七七）はそういうパイプ役でした。池田禎治君というのは、おそらく議事運営とか国会対策については、与野党を問わず第一人者だったと思うんです。人に恨まれるような口をきいても恨まれないしね。そういう一種の潤滑油というか、随分ひどい口をきく男だったけれども、ちっとも憎まれないという珍しい男でした。

――池田禎治さんとは個人的には長いお付き合いだったのですか。

岸　彼はもともと都《みやこ》新聞（他に読売新聞社、時事通信社などの政治部記者歴任）なんかの記者でした。その記者時代から僕は知っています。

――ということは、戦前からですか。

岸　そうですね。

――「中間報告」問題ではこの池田禎治さんが相当動いたようですが……。

岸　「中間報告」の問題のときも、確かに（民社党委員長の）西尾君の意を受けて池田禎治がわれわれと接触した。こちらの考え方と民社党の意向を調整するためのパイプ役を彼は果たしてくれたんです。この頃何度も二人きりで会ったよ。細かいことは川島君と池田禎治君との間で折衝したけれども……。

――当時民社党の動きをどうご覧になっておられましたか。

岸　民社党は反対のために反対するというものではないからね。この党の立場からすれば、自民党にはもちろん反対だけれども、ただ審議を引き延ばすためとか反対のための反対とかいうのではなしに、議論を尽くすべきは尽くすという立場でした。議論が十分尽くされれば、その後には審議終了させてもいいじゃないかという考え方でした。

——新条約の自民党単独採決を避けるためには、どうしても民社党を採決に参加させるということが望ましい姿であったと思われるのですが、しかし最終的には民社党も社会党と同じような行動をとりましたね。

岸　民社党は国会対策のほうでは随分いろいろな行動を起こしましたし、私もこれについては報告も聞きました。しかし、最終的には野党は（採決には）入ってこないということが分かったんです。だから、ぐずぐずしていることがかえって事態の解決を妨げるので、あのときは民社を引き入れることに大きな期待をかけるということはなかった。

U2型機事件

——五月に入りますと、政府与党の首脳がアイク訪日前の新条約承認には必ずしもこだわらないという方針を固めていたという観測もあったのですが、総理としては、場合によってはアイク訪日の後に新条約承認を実現するというお考えもあったのではございませんか。

岸　アイク訪日と新条約の審議の関係でいうと、アイク訪日前にすべてのものを審議しておきたかったというのは事実です。しかし事態いかんによっては、新条約承認の方がアイク訪日よりも遅れるかもしれない、ぐらいのことは考えましたよ。

――四月から五月にかけて、社会党は院内闘争あるいは院外大衆闘争でいま一つ決定打を欠いていたように思うのですが、ソ連のフルシチョフ首相が五月五日と七日の両日に発表した、いわゆるU2型機事件によって、再び社会党は勢いづいていきます。フルシチョフが発表したその内容は、ソ連領空内でスパイ活動をしていたU2型機を撃墜した、というものでした。U2型機は、別名「黒いジェット機」ともいわれました。五月九日の安保特別委員会で、社会党の飛鳥田一雄さんはソ連によって撃墜されたU2型機と同じ型の偵察機が厚木飛行場に配備されていることを暴露して、折からの安保論議に大きな影響を与えますが、当時総理を厳しく追及した社会党の飛鳥田さんや岡田春夫さんの質問に対して何か対策をお立てになったのですか。

岸　別にないです。とにかく飛鳥田君にしても、岡田君にしてもなかなかうるさいんだからね。ずうっとそうでした。しかし彼らの質問について特別の対応策を誰かに指示したというようなことはなかった。

U2型機問題などについて、社会党の飛鳥田一雄氏は次のようにのべている。

「社会党はいつも同じ弱点を持っている。組織的に動く能力は持っていないということだ。私などは父が弁護士であったし、私自身も弁護士であったから多少資金に余裕があったので、学生を十人ほど集めて個人グループをつくり、『黒いジェット機』の問題もこのグループが調査した。アメリカから雑誌を取り寄せてこのジェット機のことが分かったんです。研究成果は党内の他の議員にはいわなかった。岡田春夫や他の同僚もそれぞれ個人プレーで情報収集をしていたんです。松本七郎君も新聞記者にメシを食わせて夜な夜な勉強会をしていた。要はそれぞれ勝手に動いていたわけだ」

(飛鳥田一雄氏とのインタビュー、一九八四年六月十一日)

「U2型機問題も私はわざと『U2型機』とはいわず『黒いジェット機』と呼んで、いわば視覚に訴える戦法を使った。そして安保の危険性を分かりやすくアピールした。あのときは(同型のU2型機が配備されていた)厚木飛行場に行って、飛んでいる現場と格納庫もみた。労組員が情報を提供してくれたんだ」(同インタビュー、一九八四年六月十八日。括弧は編者)

——このときアメリカ側との接触はございましたか。U2型機事件をめぐって、日本政府はアメリカ側に不満を表明したといわれていますが。

岸　アメリカ側との接触は、もちろんありました。日本はU2型機が気象観測のためにあるんだという、従来のアメリカ側の説明をそのまま受けとめていたんです。しかしこれに対して、U2型機がスパイ行為をしているという事実、すなわち気象観測だけではないという事実が出てきたわけですから、日本としては非常に迷惑だという話をアメリカ側にしました。

――アメリカ側に異議を申し立てたのですか。

岸　U2型機が気象観測用のものだというアメリカ側の説明をそのまま信頼しているのに、途中でアメリカ側が気象観測の飛行機であるとかそうでないとかあやふやなことをいっているのは、迷惑千万だと不満を漏らしたんです。

――U2型機を自国領空で撃墜したソ連のフルシチョフが、アメリカの同盟国にして、しかも厚木への同型機配備を許している日本に対して、間接的にではありますが警告を発していましたね。

岸　そうでした。しかし、とにかくわれわれのほうは、もう少し大事な、新安保条約を通すか通さないかで頭が一杯でした。U2型機事件は付録みたいなものだからね。直接日本の問題ではないのですから、フルシチョフが何をいおうが、そう気にとめてはいなかったですよ。安保条約を成立せしめるということに専念しとるんだから。

――いずれにしても、新安保条約については共産圏とりわけソ連と中国は対日覚書や首脳の演説などを通して批判を強めておりました。

岸 そんなものは日米安保条約の成立の上において本質的な障害になるとは考えていなかったですよ。うるさいことではあるが、そういうものにあまり囚われずに、あくまでも条約の本体を早く成立させたいということでした。

――当時総理としては、中国とソ連とをあまり区別してお考えにはなりませんでしたか。中国は中国でかなり強い対日批判、岸批判を繰り返しておりましたが。

岸 あの頃は中ソの同盟条約が機能していたし、少なくとも表面では、中ソはむしろ良好関係にあったんです。いまとは違いましたよ。中国とソ連は、ほとんど一体でした。だから「日米安保反対」といっても、中ソは同じように反対し妨害しました。そして日本国内の反安保勢力を両国とも同じ調子で支援していたんです。いまとはまるで違いますけれどもね。

この頃、ソ連と同様中国は、岸政権の安保改定に関連して激しく対日攻撃を展開した。中国『人民日報』(一九六〇年五月九日付)は次のような記事を載せている。

「首都（北京）各界の百余万の人民は、五月九日、いまだかつてない大規模なデモと大集会を挙行して、日米軍事同盟条約に反対する日本国民の正義の闘争をだんこ支持した。

強大なデモの隊伍は、拳をあげ旗をうちふり、プラカードをたかくかかげて、『日本軍国主義の復活反対！』『アメリカ帝国主義を打倒せよ！』と怒りに燃えながら高らかに叫んだ。この百余万人の怒号は、同日（五月九日）から日米軍事同盟条約反対闘争の第十六次統一行動に入った日本国民の怒号とはるかにあい呼応するものであった」（内閣官房内閣調査室編『安保改定問題の記録（資料編）』一九六一年十二月、五百七十八ページ。括弧は編者）

李承晩政権倒れる

――また外国の問題なんですが、日本の政情がいわゆる「中間報告」問題を巡っていろいろ揺れていた頃、隣の韓国でも四月二十六日、李承晩《イ・スンマン》大統領（一八七五―一九六五。一九四八年大韓民国成立とともに大統領となる）がソウルにおける五十万人デモによって、ついに辞意を表明しました。李承晩政権の終幕でした（一九六〇年三月の大統領・副大統領選挙で李承晩政権が不当な選挙干渉を行ない、これがきっかけになって暴動が続発し、四月二十七日辞表を国会に提出。五月二十九日アメリカに亡命した）。この巨大なデモは、折からの日本の反安保闘争にかなり大きな影響を与えたように思うのですが、総理はこのような状況をどう受け止められましたか。

岸　私は、日本の国内における安保反対運動は一部の勢力がつくっていたナニであって、決して国民的な反対運動じゃないと思っていたんです。しかし、李承晩を倒す運動は本当の国民運動として起こったものであって、ごく一部の意図をもっている人々の力だけでああしたことが起こるということはありえない。

——日本とは違いますか。

岸　李承晩が倒れたのは、韓国の全土における反対運動のためですよ。しかし、日本の安保反対運動というのは激しいけれども、ごく限られた地域と人々によって行なわれているものであって、国民全体の反対運動ではなかった。

——日本と韓国の間には、反対運動といっても、そこには本質的な違いがあるとご覧になったわけですか。

岸　だから、私はあのときにいったんです。国会の周りは、あれだけをみると、いかにも日本にクーデターか革命が起こるようにみえるだろうけれども、三キロほど隔たった後楽園では当たり前に野球が行なわれて、何万という観衆がそれを観ている。二キロ隔てた銀座では、若い者がちっとも平生とは違わないナニで、そぞろ歩きをしているじゃないか。結局、声なき声は私を支持しているんだと。つまり一部のつくられた声だけが反対しているんだ、というのが私の認識でした。だから、李承晩の場合と日本の安保問題とは本質的に違うんです。韓国の情勢が日本に移ってくるという心配は、ちっとも考えていなかったですよ。

――総理としての当時のこうしたご認識は、どういうふうにしてつくられてくるものなのでしょうか。

岸　総理としての決断、そういう最高の決断というものは、言葉は適当でないかもしれないけれど、神のようなものに頼ってなされるということもあるのではないかなあ。周囲の者の情報だとか、周囲の者に相談して決断がなされるわけじゃないですよ。総理が孤独である所以《ゆえん》はそこにあるんです。だから、総理として適任であるかないかということは、その人が立派な決断をし、立派に実行しうる人物であるかどうかということで決まるんです。

――韓国のあの政変については、総理はことさら誰かに相談なさったということはなかったのですか。

岸 なかったです。外務省のほうから、また内閣の情報関係筋から、韓国で起こっている事件について私のところに情報はきました。しかし、別に私が誰かに相談するわけでもありませんでした。自分がどう判断するかということは、その人の総理としての見識の問題だと思うんです。

――李承晩大統領とは当時あるいはそれ以前に何か接触はなかったのですか。

岸 それはなかった。しかし私の政権のときにね、(国策研究会常任理事の)矢次一夫君を私の特使として李承晩に会わせたことはあります(一九五八年五月)。国交正常化と漁業の問題で打診させるためでした。李承晩ライン(韓国が一九五二年一月、「海洋主権宣言」によって朝鮮半島周辺の公海上に一方的に引いた同国主権の線)で当時日本の漁民が拿捕《だほ》されて、釜山《プサン》に抑留されていたんです。私の地元の山口県とか九州には拿捕された者がたくさんおった。韓国に近いからね。山口県では漁民が非常にやかましく圧力をかけてくるもんだから、解決の糸口を摑もうという気持ちもあった。つまり日韓問題の妥結のきっかけをつかみ出そうというつもりで矢次君を派遣したんです。だから矢次君が李承晩と会ってきたけれども、私は李承晩には会ってはいない。まあ李承晩自身とすれば、やっぱりナンでしょう、日本が朝鮮を併合したことに対する多年のナニがあったと思うんだ。韓国の独立を回復するために彼は苦労したわけだからね。天下を取ってから、相当排日的な政策を採ったというのも、やむを得なかったと思うんです。だけども、非常に独裁的なもんだから、韓国における民主主義は漸次失われていった。それであの革命が起こったということでしょうね。

——岸内閣が一九六〇年の四月ないし五月の時点でなお未解決の問題として抱え込んでいたのは、いわゆる国会周辺デモ規制法案（三月二十一日の参議院通過の後、衆議院に送られていた）とともに、一度失敗した警職法改正法案の国会再提出の問題でした。四月四日に石原（幹市郎《かんいちろう》。参議院議員）国家公安委員長が、警職法の改正はどうしても必要であると発言し、またまた波紋が広がりましたが。

岸　警職法はいったん諦めたんですから、あの当時「再提出」については時期を待たなければいけなかったんです。石原君の主張していることは正しいけれども、時期的にいまやる問題ではないと思って、私も彼には、いまそんなことをいい出しても駄目だよ、と注意したんです。

——石原発言は、総理の意を体しての発言ではなかったのですか。

岸　いや、そんなものじゃないです。石原君自身が公安委員長としてどうしてもやらなければならないと思ったんでしょう。彼は内務省の出身であるし、そう思うのは当然だ。

彼の発言は間違っていないけれども、時期的にいまやろうというのは間違っていると彼にいった覚えはあります。だから、私の意を受けて、官房長官の椎名君がこの石原発言を同じ日（四月四日）に否定するんです。

第六章
強行採決から退陣へ

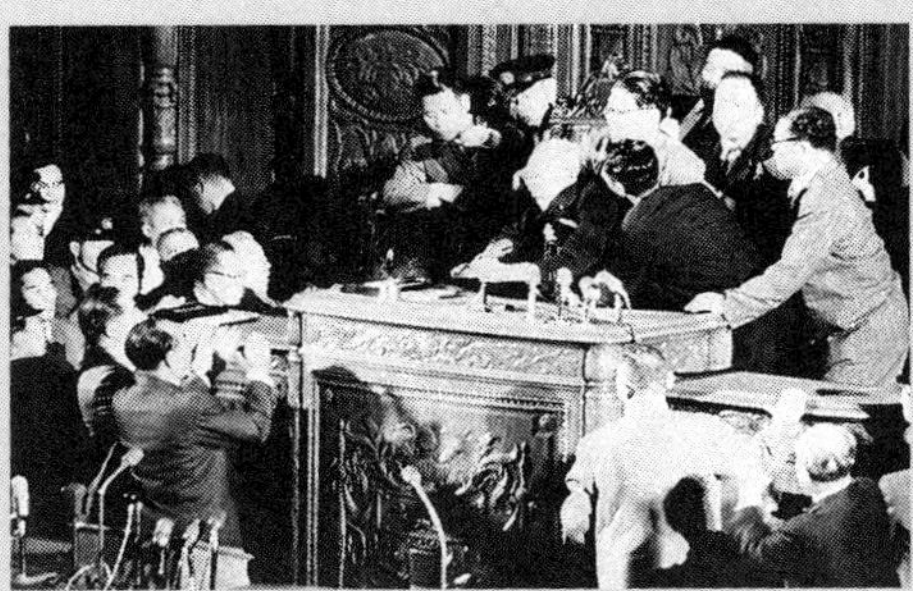

警官隊を導入しての新安保条約強行採決（1960年5月19日）　毎日新聞社提供

編者解説

本章でのインタビューは「安保改定」過程における第四のステージ、すなわち「安保改定」過程の最終ステージとそれにかかわる諸問題を扱っている。

戦後史に刻まれた「五・一九」という数字は、一つの記念碑的な意味をもっている。六〇年五月十九日深夜から二十日未明にかけて岸政権が「会期延長」と新条約（および新協定）の承認を求めて自民党単独採決を強行したからである。しかし「五・一九採決」が戦後史において重要なのは、強行採決それ自体はもちろんのこと、同採決によって惹起された激動の政治過程のゆえである。

五・一九採決以後の政治過程を激震させた最大のテーマは二つある。一つは、衆議院で強行採決された新条約が参議院で議決承認ないし自然承認されて批准に至るのかどうかという問題である。いま一つは、アメリカ大統領アイゼンハワーが果たして予定通り「六月十九日」に訪日できるのかどうかという問題であった。岸政権にとって重要なのは、これら二つの政治テーマが完全に実現されることであった。

つまり岸政権にとっては、大統領訪日予定の「六月十九日」までに新条約を成立させることが至上命題であった。同じ新条約成立といっても、もしそれが「六月十九日」を越えてしまうなら、岸政権の威信が大きく損なわれることは間違いない。新条約の国内的承認手続きを終えて日米新時代の舞台ができあがったところで大統領を迎える、というのが岸氏の描くシナリオだったからである。そうであるからこそ、「六月十九日」から最低限必要な「自然承認」のための三十日間を差し引いて五・一九採決を強行したのである。五・一九採決は政権側が譲るに譲れないぎりぎりの選択であったわけである。

しかし社会党・総評を中心とする反政権側の立場は、これとは真っ向から対立するものであった。同採決はそれが警察官五百人の院内導入・実力行使のなかで野党不在のまま決行されたことからすれば、議会制民主主義の破壊以外の何物でもない、というのが彼らの主張であった。かくて「新条約成立」・「アイク訪日」という二つの政治テーマは、政権と反政権との衝突エネルギーに翻弄されながら一個の巨大な政治過程を造形していくのである。「安保改定」過程は、いよいよその終焉に向かってあらゆる形の権力闘争を呑み込みつつ、戦後史に稀有の苛烈な政治危機のドラマを演出していったのである。

五・一九採決以後の政治過程が文字通り危機的に変色していったその主な理由は、いうまでもなく院外大衆闘争の激しい隆起であった。五・一九採決を議会制民主主義の破壊とみた社会党は、岸政権の「暴挙」を捉えてみずからの行動を院内から院外へ移すための正当性を獲得したかのようであった。社会党のこうした立場は、同党最大の支持団体である総評、そして総評を中核とする安保改定阻止国民会議の反政権エネルギーに呼応していくのである。

戦後史において最も組織的かつ広範囲に及んだこの一カ月間の大衆闘争は、それが「新条約成立」・「アイク訪日」の政治日程すなわち岸政権の命運をかけた「六月十九日」に向かって加速、凝縮していっただけに、未曽有の爆発力をみせた。しかし注目すべきは、この大衆闘争が五・一九採決という名の政治的「事件」をテコにしてはじめて盛り上がったという事実である。

当時院外闘争を指導していた総評事務局長岩井章《あきら》氏は、五・一九採決によって「しめた！　これはいける」という確信を得たとして、次のように証言する。「もし五月十九日の強行採決がなかったら、大衆闘争はあれほどまでに高まらなかっただろう。つまり安保条約そのものを労働者らがそれほど意識していなかったということだ。『安保は重い』（「反安保」の足どりが重く盛り上がりに欠けている、という含意）というそれまで流布していた言葉は本当であった」（岩井章氏とのインタビュー、一九八七年七月二十日、括弧は編者）。

つまり「安保改定」過程におけるいわゆる安保闘争は、条約改定への反対から隆起したというよりも、五・一九採決による「民主主義の破壊」によって一挙に高揚したといってよい。事実、安保改定阻止国民会議の大衆動員力は、五・一九採決を機にそれまでとは比較にならないほどの高まりをみせていく。

「反安保」の当事者でさえ「安保は重い」と実感した大衆闘争は、五・一九採決の一週間後すなわち五月二十六日には、国会請願・国会包囲の波状デモをはじめとする全国五十四万人（警察庁発表）という空前の参加者を動員する。九日後の六月四日に実施された同国民会議の統一行動は、戦後最大の国鉄運休を含めて全国四百四十五カ所、五百六十万人（総評発表。公安調査庁調べでは四十五万九千人）を呑み込んで行なわれた。かくて五・一九採決を強行した岸政権への反発は、同政権が新条約成立を見届けた上で果たそうとした「アイク訪日」をも危うくしていくのである。

こうした折も折、大統領訪日を九日後に控えた六月十日には、いわゆるハガチー事件が起こる。「アイク訪日」準備のため来日した大統領新聞係秘書ハガチー氏（ジェームズ。一九〇九―八二）の乗用車が羽田でデモ隊千人に包囲、暴行を受け、ハガチーがヘリコプターで米大使館へ向け脱出するという事件である。同事件が日米両政府に与えた衝撃は計りしれない。

そしてついにあの「六月十五日」を迎えるのである。樺《かんば》事件であった。同日国会構内に乱入した全学連主流派四千人と警官隊が衝突するなか女子学生樺美智子さん（一九三七―六〇）が圧死したことによって、事態は急転回する。翌十六日（同日未明の臨時閣議に引き続いて再び）夕刻に開かれた臨時閣議は、「アイク訪日延期」（事実上の「中止」）を正式に決定した。岸氏が総辞職を決意したのは、この「アイク訪日」中止を決断したその瞬間であった。

岸首相の「腹は決まった」のである（本章）。

さて、五・一九採決以後における自民党内派閥の動向はどうであったか。岸政権にとって、「安保改定」過程の終わり方こそが同政権の命運に決定的なかかわりをもつことはもちろんである。しかもこの「安保改定」過程の終焉のあり方が、いまのべた院外大衆闘争とともに与党内派閥抗争の動態からも決定的な影響を受けるであろうことは十分想像のつくところである。だからこそ党内諸派閥は、「安保改定」過程の終局間近《まぢか》を告げるこの五・一九採決を迎えるや、それまで以上に激しく揺れ動いていくのである。現政権の継続か、それとも「次期政権」か、そして「次期政権」となれば誰がこれを担うのか、つまり「安保改定」過程を常に覆い尽くしてきたこの権力闘争の最大イシューは、いよいよ最後の決着を求めて激流するのである。

五・一九採決が強行された時党内で真っ先にこれに抗議したのは、もちろん反主流勢力であった。三木武夫、松村謙三、石橋湛山の各氏である。石橋氏は、新条約採決の「強行」策に突入した岸内閣の総辞職を公然と要求した。前年（一九五九年）六月の岸政権最後の人事以後特に「反岸」・「反安保改定」を強めてきた河野一郎氏もまた、この五・一九採決を機に「倒閣」を打ち出すに至る。岸派・佐藤派を絶対的な支持母体とする岸政権からすれば、三木・松村派、石橋派、河野派が「岸打倒」をますます固めたとなれば、残る池田、大野、石井三派の向背が「新条約成立」・「アイク訪日」の成否、ひいては岸政権延命の鍵を握ると考えるのは当然である。

大野、石井両氏がそれぞれ党の副総裁および総務会長として幹事長とともに五・一九採決に責任を持つ以上、少なくとも表向き政権批判をすることは難しい。一方池田氏は通産相として政権の一端を担っていたとはいえ、安保改定の直轄大臣でもなければ国会運営の任にもなかった。つまり池田氏が比較的自由な立場にあったことは間違いない。それだけに岸氏が五・一九採決を機に以前にも増して池田氏の動向に神経を遣うことになるのである。本章にもある通り、岸氏がその人脈と手法を駆使して「池田次期政権」を匂わせつつ池田氏を自陣営に繋ぎとめようとしたその姿は、ある種の迫力を感じさせる。

五・一九採決の六日後（五月二十五日）、岸氏は池田氏とサシで会っている。ここで岸氏は「池田政権」を彼独特の話法で池田氏に囁《ささや》いている。八日後の六月二日池田派がそれまでのいきがかりを捨てて、「反主流派に同調しない」ことを申し合わせたことは、この文脈からすれば別に唐突なことではなかったのである。池田氏が五九年六月の入閣から一年後すなわち六〇年「六月十九日」の新条約成立に至るまで終始「池田政権」を射程に置きつつ、窮境にある岸氏に協力の姿勢をみせたことは、確かに岸氏をして「池田政権」誕生に向かわせたといえよう。

とまれ、「安保改定」過程は終わった。同過程の終わりは岸政権の終焉でもあった。岸氏は「アイク訪日」を棄てて、辛くも新条約すなわち安保改定を完成した。そして岸氏は新しい日米安保条約と引き換えに、みずからの政権に終止符を打ったのである。

強行採決――直前と直後

――一九六〇年五月十九日の深夜から翌二十日未明にかけての衆議院本会議における強行採決に関連してお尋ねします。衆議院本会議ではこのとき「会期延長」決議とともに、新条約、地位協定および関係法令が強行採決されました。野党の欠席、与党の「反岸」勢力である石橋湛山、三木武夫、河野一郎氏らのボイコットという異常事態のなかでの強行採決でした。それからというもの、六月十九日の参議院における自然承認と、それに続く六月二十三日の批准書交換および岸総理の退陣表明までの約一ヵ月間、恐らく次の二つの流れが合流して、あの激動の季節を彩ったというふうに思うのです。

第一は、「新条約阻止」、「アイク訪日反対」そして「岸内閣打倒」を掲げて、総評・社会党を中心とする院外の大衆運動が激化していく流れです。そして第二は、首相退陣をめぐる政権党内の主流・反主流の派閥間抗争の流れであったわけです。これら二つの流れは複雑に絡み合っているのですが、六月二十三日の批准書交換、岸退陣表明をもって一応収まりました。しかし自民党内の派閥間抗争だけは、それ以後も後継総裁の人選をめぐってさらに二十日間ほど燃えさかることになるわけです。

問題の強行採決が行なわれた五月十九日のことに戻りますが、まずこの日午前十時自民党が代議士会を開きます。ここで川島幹事長が、新安保の衆議院通過前に「会期延長」を諮りたいと提案しまして代議士会はこれを了承します。衆議院の安保特別委員会は午前十時四十分開会、午後四時半には衆議院の議院運営委員会理事会が会期延長をめぐって与野党決裂し、これを受けて議運委は、自民党のみで五十日間会期延長案を採択します。社会党はこの採決の無効を主張して、議長室前の廊下に秘書団などを座り込ませます。夜十時二十五分衆議院本会議の予鈴と同時に安保特別委員会は三案（新条約、地位協定、関連法令）の一括採決を行ないます。夜十一時七分議長の要請で警察官五百人が議長室前の座り込みを排除します。四十三分後の十一時五十分自民党だけで本会議開会、五十日間の会期延長を可決、一旦散会の後、翌日零時六分再度本会議を開いて新条約など三案可決という運びになるのです。

さて問題の五月十九日における強行採決についてですが、そもそも総理は新条約成立および会期延長実現のために強行採決というものをどの時点あたりから考えるようになったのですか。

岸　とにかく野党側は審議の引き延ばしをやったり、新条約成立を妨害するだけなんだから、党の幹部には何遍か、適当に解決せよ、ぐずぐずしたって仕方がないじゃないか、と意見をした覚えはあります。

――それはどのくらい前からですか。

岸　四月の終わり頃からです。

――ということは、単独採決もやむをえないと……。

岸　そんなことはないけれども、安保特別委員長の小沢佐重喜君（一八九八―一九六八。吉田内閣の運輸大臣）はなかなかベテランですし、この種の問題については川島君、大野君などに任せてありますから、私自身は別に国会運営の具体面でああせよ、こうせよと指示はしていません。

――最悪の場合は、社会党を相手にせず単独採決でやるのも仕方がないというお考えだったのですか。

岸　うん。単独でやるということは、要するに、向こうが審議に入ってこないんだからね。審議権を放棄するんだから。審議権を放棄していつまでも新条約の議決ができないという事態は、こういう重要な問題では許されないですよ。採決ができないということになれば、少数派の連中が強いということになる。それは民主政治における多数決の原理に逆行するということになるんですよ。

――小沢佐重喜さんあたりとは、直接総理はお会いになったのではありませんか。

岸　あまり会ってはいませんね。しかし小沢という人は、議事運営の大変なベテランですよ。特に事態が揉めれば揉めるほどしっかりしておった。

――さて、五月十九日の強行採決の翌日すなわち五月二十日には河野派および三木・松村派がそれぞれ会合を開いて「反岸」を明確に打ち出します。翌二十一日の池田派の会議でも政局転換論が大勢を占めるという状況になります。こうしたなかで、まず総理は五月二十一日に副総裁の大野伴睦さんと会談をなさいますね。

岸　もともとは（五月十九日には）会期延長だけをやるつもりだったんです。新条約の採決をする考えではなかったのだけれども、そのときの空気であああいうことになったんです。結果的には非常にいいことでした。大野あたりは、「これ（新条約の採決）は天佑だよ、こんなに上手くいくとは思わなかった」といってたよ。一遍の騒ぎだけで済んだんだからね。新たにあの条約を採決するということになれば、さらにまたナニがある。衆議院の採決が終われば、参議院の方は三十日間経てば自然成立するわけですから、この会談で、私は大野君に対して、あまり党内ががたがたすることがないよう、また、派閥抗争が激化して自民党の足並みが乱れることのないよう、党内の取りまとめを頼んだんです。

――強行採決の本会議には三木武夫、河野一郎、石橋湛山の各氏が欠席しましたね。

岸　これはもう怪しからんと思っていましたよ。

――予想はしていなかったのですか。

岸　うん、予想はできなかった。

――河野さんなどには後で文句をおっしゃいましたか。

岸　しめしをつけろということは、党の幹部にはいいました。大事な問題でしたからね。しかし、河野や三木らの欠席が、新条約の成立には直接影響がなかったものですから、それはまあナンだけれども、ただ党員として党議で決めたものを守らなければね。三木なんかは後で、自分たちが（新条約の採決に）出なかったのは議案に反対したんじゃなくて、出し抜けに議案を出したのが怪しからんから欠席したのだ、とかなんとかいっていたよ。条約の内容に賛成なら、国会運営のほうは党の幹部に任せておけばいいんですよ。

――強行採決の本会議に欠席した人たちを何らかの形で処分しようというお考えだったのですか。

岸　（新条約の）強行採決を前に本会議場を出ていった三木とか河野を党から除名しなければいかんと思っていました。しかし、いまはとにかく新条約を成立せしめることが重要だと考えたんです。それ（三木氏らの処分）は新条約を完全に成立せしめて、政局が安定した後におけるナニであって、途中でやるべきものではないと思っていたんです。参議院の方は（三十日間が経てば）自然成立するけれど、批准によって初めて条約は完全に発効するのですから、その批准を妨げるいろいろな行動があってはならないし、アメリカの議会の条約審議も十分見極めなければならないという気持ちでした。

——強行採決の四日後（五月二十三日）ですが、総理、大野副総裁、川島幹事長、石井総務会長、船田政調会長の会談がありましたね。ここで総理は、批准が終わるまではいかなることがあっても総辞職、解散はしないと明言されていますが、このとき退陣は考えておられたのですか。

岸　考えておりません。私が退陣をいよいよ決意したのは、アイゼンハワーの訪日を断ったときです。

「君は正流……」

——大野さんとともに（通産大臣の）池田勇人さんの行動は、この時点の総理にとっては非常に重要な意味を持っていたわけですね。しかし、池田さんは一方で反主流の三木・松村派と連携しつつ、他方では岸首相からの党内結束の訴えに理解を示すという態度を示しています。強行採決から六日後の五月二十五日岸・池田会談がもたれました。それ以来どうも急速に総理への協調姿勢を池田さんが強めていくように見受けられるのですが……。

岸　私は池田君にいったんです。君は党内における正流として、保守党の中心的勢力として自重してもらわなければ困る。三木や松村はひねくれている。彼らは保守における本当の正流の考え方じゃないんだ。河野や大野は総理総裁の器ではない。河野は闘将だが、いわゆる党を取りまとめていける人じゃない。大野だってそうだ、とね。また池田君には、君の将来のために、党内の不平分子とナニすることはやらないようにしなければいかん、ということを諄々《じゅんじゅん》と説いたんです。

この岸・池田会談のおよそ一カ月前、岸氏の黒幕といわれた矢次一夫氏は岸氏を援護するために対池田工作を行なうが、矢次氏自身これについて次のように語っている。「六〇年四月二十九日、岸の側近（衆議院議員の）田中竜夫が池田の協力を取り付けてくれるよう自分に頼みに来た。それで自分は赤坂の料亭で池田と会った。自分は池田に『岸は人気芸者、君は待合の旦那だ。芸者と待合の男が喧嘩していてはどうにもならんではないか』といってやった。池田は『分かった。ただ岸をして直接自分（池田）に〝池田頼む〟といわせてくれ』と答えた。そこで間もなく、岸から池田に直接協力の依頼をしたのだ」（矢次一夫氏とのインタビュー、一九八一年六月二十九日。括弧は編者）

——池田さんの反応はどうでしたか。

岸　やはり私が池田君に将来のナニとして大きな期待をかけていることは、彼自身これを感得しただろうと思うんです。しかし、私の後は池田君に頼むとか、君がやるんだとか、そんなことを口約束すべき筋のものではないし、そのときは何もいっていない。私は、やはり池田君が私の後継として一番適当な人物だということをかねがね考えておったけれど、口に出してそういうことをいったことはなかったです。

——「後継総裁」として池田さんを相当強く押し出していきたいというお気持ちはあったのでしょうか。

岸　そうです。池田とか弟の佐藤栄作とかいうのは将来の党の中心になっていく。いつ実現するかは別として、総理総裁になるべき存在であるということは、私は当時から思っていました。

——三木武夫さんなどは総理の器だとはみておられなかったのですか。

岸　三木君が後で総裁になるけれども（一九七四年十二月）、あれは、当時党の副総裁であった椎名君がいわゆる椎名裁定（一九七四年十一月田中角栄首相がその金権政治を批判されて辞職した後、翌十二月自民党の椎名副総裁が三木氏を後継総裁に指名して党内抗争に一応の決着をつけた）でもってこれを実現したんです。しかし椎名君は、三木を総裁にするなんていう間違ったことをやってしまった。椎名裁定というのは非常な名裁定のようにいわれているが、一年経つか経たないうちに「三木降ろし」の先頭に立ったのは椎名君なんだ。

――池田さんを党の指導者として岸さんが気をお遣いになったのはいつ頃からですか。

岸　自民党内における人材としては、やはり池田、佐藤というのは欠かすことのできない人物だという考えをずっと長くもっておったですよ。保守合同したときにも、池田は反対したほうだけれどもね。弟なんかは保守合同しても、吉田さんとしばらく行動をともにして、自民党に入らなかったんだ。

――松村さん、三木さんだって保守合同にはむしろ反対であったと思うのですが。

岸　松村、三木、河野というような人は、大政党の総裁としては、人物じゃない。河野君はある種の才能をもっているのだが、しかし戦争は上手いけれども、だからといって直ちに将軍になるというナニではないよ。加藤清正（一五六二―一六一一。安土桃山・江戸時代初期の武将）が一個の人材ではあっても、天下を取る人ではなかったのと同じだ。

――ところで、池田さんと総理を結ぶ線としては、よく矢次一夫さんが取り沙汰されますが……。

岸　矢次君は、池田君だけじゃなしに政界におけるいろいろな裏面工作では、やはり動いていますよ、ああいう男ですから。自分自身で何か地位を求めるとか、自分自身がそれによって何かを得ようとか、そういう考えは一切ないと思うんです。裏面工作をする人には、よく二つの傾向がある。なるべくいろいろなものを結び合わせていこうとするタイプと、なるべくナニを破壊していこうというタイプがあるんですよ。矢次君なんかは、いろいろな人を結び合わせていくという考え方だ。

——池田さんを岸政権に協力させるについては、佐藤さんも随分陰で動かれたのではございませんか。

岸　佐藤・池田の関係は、もちろん二人とも吉田学校の生徒として、表面的には協力関係にある。しかし、ある程度お互いにライバル意識があるから、なかなかこれで微妙なんです。池田をナニするのに弟を使った方がいい場合と、かえって悪い場合があるのでね。

——佐藤さんが、池田さんと総理の仲をとりもつにしても、状況次第ということですか。

岸　そう、そう。政治家というものは、悪くいえば、案外焼き餅を焼くんでね。

——どういう心理でしょうか。焼き餅を焼くというのは、岸先生にもあるんでございますか（笑い）。

岸　人からみれば、やっぱりあるかもしれないが、私は割合そういうことにはこだわらない。人の立身出世とか、人が大いに重要な地位に就いていても、そういうものに対して何か焼き餅を焼くという考え方はあまり持たないほうです。しかし一般的にいって、政界においては頭角をあらわすというのは、一つのチャンスを上手く摑むか摑まないか、ということによるんです。仮に一人しか大臣になれない場合、お互い仲のいい間柄であっても、相手を押しのけて自分が大臣になろうという気持ちになるんでしょうね。選挙というものがあるからなおさらだ。昔大野伴睦だったと思うが、猿は木から落ちても猿だが、代議士は選挙に落ちたら代議士じゃなくってただの人だ、という話をされたことがある。だから政治家の間の競争も激しくなるんです。

——官僚の世界と比べてどうでしょうか。

岸　官吏ですと、その世界の道徳の一つとして、人を押しのけて自分が出世したり、あるいは自薦をして自分の地位をよくしようと運動するようなものは、官吏の風上にも置けないというのがある。品性下劣な人間として、官吏仲間ではそういうことをする人を蔑《さげす》むところがありますよ。

——政治家は官吏の世界とは違う……。

岸　政治家の場合は違うんです。自薦その他の激しい運動をするのは当然のことで、それをやらないものは間抜けだというように考える。行動規範が違うんです。そういう社会だから、人を押しのけて何か地位に就きたいと思うし、また他人が自分以上のいい役どころに就くと焼き餅を焼いたりする。そういう心理があるんですよ。これは割合激しい。

アイク訪日「中止」の決断

――さて、五月十九日の強行採決以後のことに戻りますが、岸総理の一番の心配ごとは何でしたか。

岸 私がその頃一番頭にあったのは、アイク訪日をどういうふうに実現していくか、ということでした。これについてはいろいろなところからいろいろな進言もあり、「アイク訪日は断れ」という忠告も随分ありました。

――具体的にはどういうことですか。

岸 一番の問題は、天皇陛下がアイクをお迎えになるということです。いまのように陛下が都心の迎賓館に賓客を迎えるというのとは違って、羽田へおいでになるということですから、警備について非常に懸念する声が強かったんです。

――どの辺からアイク訪日の「断念」という進言、圧力があったのですか。

岸 ちょっとそれは……。私からはいままでもいえないんですが、いろいろな方面からありました。

――党外からもですか。

岸　そうです。それについては非常に心痛をしておりました。

アイゼンハワー大統領の訪日中止については、宮内庁側から岸政権に対して政治的圧力があったのではないか、との疑いが一般には拭い切れなかった。これに関しては、一九六〇年六月七日付で外務省儀典長（須山達夫氏）が「米大統領訪日に関する件」という首題の次のような「極秘」外交文書（第十一回公開）を残している。同文書は、院外大衆闘争が最高潮に達していたまさにそのとき、宮内庁側が外務省を通じて大統領の「訪日中止」を岸政権に働きかけていたことを示唆している。

「本（六月）七日宮内庁原田（健《けん》）式部官長は他用電話の際須山に対し『個人的な意見であるが、大統領の訪日を再検討して貰いたいという意見が強い。右翼からも〃陛下をひき出してはいけない。（陛下を）大統領と（羽田空港から都心に向かう車に）同乗させてはいけないという投書が多く来ている。明日でも時間があれば山田（外務省事務）次官とお話ししたい』と内話した」（括弧は編者）

――先ほどのお話のように、総理は五月十九日の強行採決から間もなく、池田さんに協力を要請なさいますが、一方で河野、三木両氏と個別に会談することになりましたね。強行採決から五日後の五月二十四日であったと思います。河野さんとの会談はいかがでしたか。

岸　日本としてアメリカの大統領を迎えるのは、いまだかつてないことです。社会党その他のいわゆる革新勢力が反対するのは別だけれども、政権党たる自民党のなかが動揺しているとか、意見の対立があるとかいうことは一番あってはならないことなんだ。したがって河野君にも、自重してもらいたい旨をこの会談で説いたわけだ。当時三木とか松村に対する影響力を河野は非常にもっていたしね。前からいってる通り、三木、松村は陰気な人物で、自分の力で何かを起こすようなナニはないんだが、河野にはそれがある。活動力がね。悪いいい方になるが、河野が煽動すれば、三木、松村がそれに乗るかもしれないという心配があった。

――総理の腹のなかでは、新安保条約は（参議院での）自然承認でもかまわない、というお考えが一貫してあったのですか。

岸　自然承認以外に方法はないですよ。議決できれば、それに越したことはないんですがね。参議院の権威からいっても、ただ手をこまねいて自然成立を待つのではなしに、審議を開始して是非とも議決したいという希望はありました。もし審議が可能であるなら、いろいろな条件を持ち出して野党と話をしたらいいじゃないかというのが当時の私の考えでした。

――参議院では、自民党単独でも、敢えて議決しようとはお思いになりませんでしたか。

岸　とてもそんな余裕はなかったですよ。しかし議決しなければならない案件がありました。新条約にかかわる国内関係法案です。自然成立しないんですよ、条約は自然成立するけれど。だから、それは自民党だけでもやらなければならない。あのときの参議院議長は松野鶴平《つるへい》君でしたが、この関係国内法だけは自民党の単独採決で成立せしめたんです。

――当時、閣内では池田さんや佐藤さんは岸支持の主流派でしたが、当時科学技術庁長官であった中曽根康弘さんは反主流の河野派に属していたということもあって、岸総理には何かと批判的な立場をとっていましたね。例えば五月二十四日の閣議で、「目下の課題は政局の安定であり、安保自然成立の六月十九日にアイクが訪日するのでは日が悪い。二兎は追えない。よってアイク訪日はいまのうちに延期せよ」という意味の発言をしたといわれていますが……。

岸　中曽根君がアイク訪日について警備その他の問題で私に進言したことはありました。

日にちははっきりしないが、アイクを迎えるについては、とにかく治安対策を十分やらないと、せっかく迎えても何か起こるようではいかんという話は、中曽根君からあったと思う。

——五月二十八日の記者会見で総理は、アイク訪日は変更しない、治安には自信を持っているとおっしゃっているのですが、実際のところ、本当に自信をお持ちだったのですか。

岸　自信はないけれども、何とかしなければならないし、自信を全然失ったという状況じゃあなかった。完全に自信満々というわけではないのだけれどもね。

——六月二日の午後総理は三木武夫さんと約一時間にわたって会談されましたね。そこで三木さんは総理に文書を手渡すんですが、その内容は、新条約の国会承認とともに首相が辞任すること、新条約批准前に新しい内閣によって解散するということが含まれていました。

岸　私の政治的な信条には、総理をいつまでもやろうというような考えはないし、とにかく新条約を成立せしめるということが日本にとって大事であるということだけだった。（新条約を）成立せしめたら総理を辞めるということを決めておったわけではないが、新条約の批准は絶対やらなければならないし、批准した後には、辞めた方がよければいつでも辞めるという腹だった。しかし総理の地位にあるものは、辞める瞬間まで、いつ辞めるなどということを前もっていうべきでは絶対ないですよ。

——当時総理は、太平洋の向こうのアメリカの状況をどうご覧になっていたのですか。

岸　新条約については日本のほうが完全に国会承認を済ませるまでは、アメリカの上院は議決しないんです。日本の議会が条約を承認するかどうかをアメリカ側は睨《にら》んでいたわけだ。だから、アメリカ側の議決前に自分が辞めるとか何とかをいうべきものではない。それなのに、「国会承認後は辞めろ」なんてことをぐずぐずいうのは怪しからんという考え方で一貫していたから、あのときの三木の申し入れに正面衝突したのは当然です。

——この岸・三木会談は、気の進まない総理に対して池田さんや財界筋からの強い勧めがあって実現したと伝えられていたのですが……。

岸　財界と三木は関係ないですよ。財界は三木が嫌いなんだ。池田と財界の関係は別だがね。だから三木が総理になってから、政治資金規制法改正案（一九七五年七月成立。政治活動に対する献金額の制限と政党・政治資金団体の収支公開を義務づけたもの）などというものをつくって財界も困っているんですよ。大体三木君は財界とは平素あまり交渉を持たない人ですよ。池田君のほうは、もちろん財界と交渉はありますよ。

――あのころ、財界筋といえば、岸さんにどんな方々がアドバイスしていたのですか。

岸　あの頃は、経団連（副会長）の植村甲午郎《こうごろう》君とは親しい関係だった。かつて役所（農商務省、商工省）で一緒だったし、彼は私のすぐ上級でしたからね。したがって、（経団連会長の）石坂泰三《たいぞう》さんや（日本商工会議所会頭の）足立正《ただし》さんなどとも親しくしていました。財界のほうは、私が商工省出身ということもあって、従来から付き合いもありました。いろいろな意見やアドバイスをもらっていた。足立さんには新条約調印の全権団にも入ってもらいましたしね。

マスコミのこと

――六月に入りますと総理は、アイク訪日を控えて急速に盛り上がってきた大衆運動に直面して、マスコミの首脳陣と次々にお会いになりましたね。六月七日には読売新聞社社主の正力松太郎《しょうりきまつたろう》さん（一八八五―一九六九。衆議院議員。鳩山・岸内閣の国務大臣）、NHK専務理事の前田義徳さん、毎日新聞社会長の本田親男《ちかお》さん（一八九九―一九八〇）ら五人と会談し、八日、九日にも引き続き新聞社、通信社、民放の各社代表に協力方を要請しておりますが……。

岸　それはね、何といったって報道機関は影響力が非常に大きいから、このマスコミの協力を得たいということだった。日本としてはアメリカの現職大統領を初めて迎えるのだから、しかも（安保改定）反対の動きがある際だから、マスコミの諸君の協力によって立派に大統領を迎えたいので、是非力を貸して欲しいということで集まってもらったんです。

――正力さんは第一次岸内閣（改造）では閣僚（科学技術庁長官・国家公安委員会委員長）でしたね。

岸　マスコミの代表を呼ぶことについては正力君と相談をしました。

――報道関係者にこの種の協力を要請するというのは、それ自体かなり微妙な意味をもっていたのではないですか。

岸　そりゃあ、私としては報道機関がいかに重要な位置にあるかということは承知していました。私自身、随分マスコミの反対に遭って窮地に立ったこともあるし、それからマスコミを敵に回すことは政治上の得策だとは思っていないから、彼らの協力を得ようと思ったわけだ。ただしかし、残念なのは社長や上の地位にある者とわれわれの意見は割合通じるのだけれども、実際に新聞の記事がそうなるのかというと、なかなかそうはいかなかった。

岸　記事は第一線の記者が書くわけですからね。

——編集局長だとか政治部長だとかが直接責任を持つんじゃないからね。

岸　随分叩かれたからね。

——岸さんはマスコミにはかなり敵対的な態度をおとりになったこともありますね。

岸　一番の問題は表題ですよ。つまり見出しだよ。中身を読む読者はよほど少ないですよ。新聞社でも偉い人は表題などに関係していないんだ。見出しはセンセーショナルになってしまうが、中身を読んでみると、必ずしも表題とは一致しないということはよくある。多くの人は、そうね、十人のうち七人ぐらいまでは見出ししか読まないのではないかな。

——あの見出しが岸総理としては非常に癪《しゃく》にさわることもあったわけですね。

岸　そりゃあ、ありますよ。だってあの見出しなるものは偉い人は関係していないし、政治部の記者諸君でも原稿は送るが、見出しは付けないでしょう。見出しを付ける人は一種の天才だろうね。

——見出しはやはり刺激的ですか。

岸　雑誌でも表題はあるかもしれないが、大体その内容は読みますよ。しかし新聞はね、表題だけを見る人が多いんですよ。僕なんかも忙しいときは、どうしてもそうなるよ。

——新聞については何か他にご感想はありますか。

岸　活字の魔術というのかね。それは、確かにありますよ。自分が関係したことを新聞記事で読むと随分嘘があるんだよね。だから、僕が関係しないことも、同じように嘘があるはずだと思ってしまう。しかし、自分の関係しなかったことについては、新聞記事を百％信ずるでしょう。自分の関係していることを読むと、「なあんだ、こんなに嘘を書いて」という部分が随分ありますよ。

——新聞はなかなか意のままにはなりませんでしたか。

岸　ならない、そりゃあね。

大衆デモ

——社会党についてですが、六月一日に社会党の中央執行委員会は「議員総辞職」を決定します。全衆議院議員百二十五名の辞表が浅沼委員長に預けられました。結局この「議員総辞職」は実現しなかったのですが、日本憲政史上はもちろん、国際的にも例のないこの社会党の動きを、当時どう受け止めておられましたか。

岸　私はこの「議員総辞職」を一つのデモンストレーションとみていたし、実現はしないと思っていた。

――もし実現したとすれば、総理はどう対処されようとなさったのですか。

岸　法律で扱う以外に方法はないと思っていました。これをもってすぐ解散しなければならない理由はないんです。だから社会党が議員総辞職をしてみても、それが本当に効果のあるものとは思っていなかった。法律を研究させましたが、議員総辞職の効果はたいしたものではないと思っていました。だから、議員総辞職によって安保条約を不成立にさせるとか、内閣総辞職とか、何か政治的な効果があるとは考えなかった。

――六月に入りますと、社会党・総評を中心とする（安保改定阻止）国民会議の十七次統一行動というのがありましたね。六月四日でした。国鉄の戦後最大の運休を含めて、総評の発表によりますと五百六十万人（公安調査庁調べでは四十五万九千人）が参加しました。ほとんどゼネストの状態でした。当時の大衆運動を総理としてどうお感じになりましたか。

岸　この大衆運動は、総評や左翼政党の連中、そしてその背後にあるソ連や中共の支持による反対行動であると考えていました。これはね、国民的な反対じゃないと。その動員数は相当あるけれど、特殊な意図をもった反対行動であるということです。ソ連、中共の影響力を軽視はできないが、革命かクーデターが成功する可能性があるとは思ってもみなかった。

――当時大規模なデモが展開されましたが……。

岸　そのデモだがね、例えば清水谷公園に集まって編成されたデモが渋谷（南平台）の僕の家に来たり、総理官邸に来たりする。清水谷を出たデモの数が私の渋谷の家を取り巻くときに、あるいは国会や総理官邸を取り巻くときに大きく増えているのであれば、非常に問題であったと思う。ところが、ちっとも増えないんだよ。私の渋谷の家を取り巻いたデモはそこで解散するんだが、解散する際に指導者がデモの連中に、日当をいまのおカネで何千円かは知らないが、払っているんですよ。そして子供を背負ってきた人には少し余計に与えているということを、私の秘書が報告してくるんです。

松下圭一教授はその著書のなかで、当時の大衆行動に関連して次のようにのべている。

「だが、警職法や安保の国民運動では、指導部の目算をこえて多数が自発的に参加し、（安保改定阻止国民会議の）第八次統一行動の国会突入（ベトナム賠償協定が衆議院を通過した五九年十一月二十七日、デモ隊一万二千人が国会構内に乱入した）においては指導部の無能を暴露してしまった。そのうえ一日三百円（現在―二〇〇三年―の約二千円に相当する）前後の動員日当制があるかぎり、動員予算がなくなったときは、動員自体の息切れとなり、単組から動員割当て返上ということになる。なお、国民運動の財政負担比率は、慣例的に決っているのでのべておけば、社会党十、総評十五、全労五、中立三、新産別一の割合で、安保国民運動では共産党は五の比率となっている」（松下圭一『昭和後期の争点と政治』木鐸社、一九八八年、百三十一ページ。括弧は編者）

――その報告をお聞きになって、どんなふうにお感じになりましたか。

岸　そういう報告に接すると、国民が本当に盛り上がっている「反対」とはどうしても僕には思えなかった。したがって、僕はあくまでも新条約批准とアイク訪日を断行して、彼らの反対はこれを弾圧するという考えだった。動員数の発表も、総評と警察（公安）当局の間には大きな相違があるし、いずれにしても、私自身としてはこの大衆運動を抑える自信はもっていた。反対勢力に負けてはいかんという決意を固くしたんです。

――話は前後しますが、四月十五日から、安保反対のための国会請願というのが始まったのですが、二十六日までの十二日間に、請願書が十七万通、動員数も警察庁調べでは五十万人に達したと報道されておりました。この請願運動の盛り上がりというものを当時どういうふうに受け止めておられましたか。

岸　これ（請願書）は私のところにきましたが、みんな判で押したように同じような印刷の葉書でした。だから「反対」の請願運動なんていうのは、みんな組織的につくられたものであって、それが何十万枚であっても気にしていなかった。一人ひとりが書いて僕を激励するものもきていましたしね。

――それにしましても、次第にデモが激しくなるにつれて、ちょっと不気味だなとお感じにはなりませんでしたか。

岸　デモが私の家に押し寄せてきて、閉まっている門を叩きこわすような連中が出てきたり、火をつけたものを敷地内に投げ込んだりする者もいました。私の近所に随分迷惑をかけるんで、なるべく家にいないようにしたほうがいいのではないかということで、官邸に居を移そうかということも大分考えましたよ。それにしても、どこの宗派だか知らんが、ドンドコ、ドンドコと太鼓を打つあの音は不愉快でしたね。

――アイク訪日問題にしても、まだ五月のうちは、先ほどおっしゃっていましたが、ある程度自信をお持ちだったようですね。

岸　六月になるとハガチー事件（六月十日）があり、それから五日後（六月十五日）には樺美智子事件があって、警察力に非常に不安を持つことになるんです。やはり、大統領を迎えることの危険性を強く感じました。したがって、ハガチー事件以後ですよ、私が動揺したのは。

ハガチー事件と樺美智子事件

五月十九日の強行採決の後、政治情勢は「反安保」、「民主主義擁護」、「アイゼンハワー訪日反対」等々を叫ぶ大規模な院外大衆闘争によって緊迫の極点に達する。そのなかで、岸首相の秘書官中村長芳《ながよし》氏が総評事務局長岩井章氏と秘密会談をもった。これに関して中村氏は次のように語った。

「(岩井氏とは)夜な夜な赤坂の料亭で会った。戦《いくさ》だからね。敵同士互いに腹の探り合いをするのは、戦の常道だ。仲介に入った人はいます。自民党の政治家でいまも現役です。全部で岩井とは四、五回会った。情報交換です。ズロースを脱いだ話(本音の話)まではしなかった。例えば岩井は、『自分は共産主義者ではない。共産主義を制する第一人者は自分だ』という信念をもっていた。岩井と私は『この騒ぎは革命ではない』ということで一致していた。自衛隊を使うかどうかを考えていた頃だったしね。この頃岸は、民社党の連中、例えば中村時夫とはよく会っていた。中村は本来保守だから、岸のところに出入りしていましたよ」(中村長芳氏とのインタビュー、一九八二年八月二十四日。括弧は編者)

――そのハガチー事件ですが、この事件は六月十日午後三時過ぎに起こりました。アイク訪日準備のために来日した大統領新聞係秘書ハガチーの乗用車が羽田でデモ隊約千人に包囲、暴行を受け、車から救出されたハガチー氏は、ヘリコプターで米大使館に向け搬送されるというものでした。この事件を受けて夜九時半に臨時閣議が開かれ、閣議後藤山外相と椎名官房長官がマッカーサー大使に陳謝を表明します。

岸　警備力が問題であった。要するにデモ隊の構成員は入れ替わり立ち替わりだが、機動隊員は毎日出動して疲れていた。この警察の弱さを暴露したのが、あのハガチー事件でした。したがってこの事件で、アメリカの元首アイゼンハワーを迎えるということについては、非常な不安を感じた。そして決定的だったのは、結局あの樺《かんば》事件であった（六月十五日全学連主流派約四千人が国会構内に乱入して警察官と揉み合ううちに樺美智子さんが圧死事故に遭った）。これによって警察力の脆弱さにいよいよ確信をもったから、アイク訪日の延期（中止）を決めたんです。

――アイク訪日を断念するまでには、総理としてアイクをどのように迎えたらよいかを、いろいろお考えになったのではありませんか。

岸　（アイクを迎えるに際して）一般の民衆を動員したらどうか、ということを川島君なんかは考えていたんだけどね。

——一般の民衆をですか。

岸　うん、（羽田から都心までの）途中の警護にね。

——それは、例えば右翼のような勢力を動員するというお考えもあったのですか。

岸　右翼というよりも、消防団のようなものを道路の第一列に配置するとか、各地方の青年団を動員するというアイディアだったと思う。代議士諸君が自分の選挙区の人たちを動員したらどうかという議論もあったんですよ。

——警備力に不安を募らせていた総理が、警備当局を呼び寄せて叱咤激励したということはありませんでしたか。

岸　いや、叱咤激励というよりも、警視総監の小倉謙《けん》君（一九一一—七七）にいろいろ話を聞いてみたよ。機動隊の連中はとにかく毎日毎晩の出動だから疲労していて、これ以上動けないというんだ。

——総理はハガチー事件の二日後（六月十二日）マッカーサー大使を招いて会談されましたね。ここで大使は日本の警備力強化を要望したというふうに伝えられていますが。

岸　それは形式的なものでした。マッカーサーが日本の警備力を増加せよなどというわけはないよ。私は総理として、ハガチーのことに関して陳謝しただけです。向こうから何も難しい要求はなかった。

> アメリカ側の外交文書によれば、マッカーサー大使はハガチー事件の二日後、すなわち六月十二日岸首相と会談している。同会談における岸氏の発言は、それまでの強気の姿勢とは打って変わってハガチー事件そのものに対する岸氏の危機感と、「予定通りのアイク訪日」に対する重大な迷いをあらわしていた。このマッカーサー大使との会談で岸氏が強調したのは、第一にハガチー事件が警察関係者の無気力と無能力のためであること、第二に「訪日延期」の最終決断には、警察当局の警備計画を把握する必要があるため、二、三日の猶予が欲しいこと、そして第三に、もし「訪日延期」となれば、その「延期」がどの程度のものになるかを知っておくことは「死活的に重要である」がゆえに、大使がこれに関する情報をワシントンから得るよう努力して欲しい、ということであった。(Chronology of Ambassador MacArthur's Meetings, June 12, 1960.)

退陣を拒否

——実はハガチー事件の直後大野副総裁が川島幹事長と会談しますよね。大野さんはいわゆる大野収拾案なるものを川島さんに提示しました。この収拾案の内容は、先に三木さんが総理に示した文書（六月二日）と似ています。つまり「岸首相は退陣の意思を明らかにし、条約批准前に新内閣の手で解散すべし」というものでした。この案は後で分かったのですが、河野派の森清さん（一九一五―六八。佐藤内閣の総務長官）と社会党教宣（教育宣伝）局長の勝間田《かつまた》清一さん（後に日本社会党委員長）との合作が下敷きになっていたようです。総理はこの収拾案を川島さんからお聞きになったと思うのですが……。

岸　私は、これには絶対反対したんだ。

——やはりこれは覚えていらっしゃいますか。

岸　うん、覚えている。何が何でも安保条約を成立させるのが俺の責任だと川島にいいました。辞めるとか辞めないとかいうのはね、その瞬間に公表すべきものであって、これだけをやったら辞めるとか、事前にそんなことを総理大臣がいうべきものではないんですよ。私はこの収拾案に「絶対反対だ」と川島にいったんだ。こうした策略には一切乗らないという決意をもっていたからです。六月十九日には（新条約は）自然成立するんだし、そうなれば今度はアメリカが批准することになる。だからその前に総理たるものが辞めるとか辞めないとかいうべきものではない、というのが私の立場でした。

――川島幹事長は総理の側近中の側近であったわけですが、彼自身から総理退陣について進言ないしは意見の具申というものがありましたか。

岸　ありました、ありました。川島は党内の一般的空気を説明して、「とにかく新条約を完全に成立せしめたら、自分（岸）が辞めるということをみずから事前に漏らせ」と強くいってきました。しかし私はこれを断固として斥けました。私は川島に、そんなことはいえるものじゃない、アメリカのほうで（新条約を）批准する前に、もし自分が辞めるといえば、アメリカ自体が俺を信頼できなくなるのだ、といったんです。いつ辞めるかが決まっていれば、誰もいうことを聞くものではないんだよ。

――権力とはそういうもの……。

岸　最高地位にあるものは、自分の進退を誰に相談することもなく、自分自身で判断しなければならないものですよ。

――「絶対に辞めてはいけませんよ」といった進言、つまり川島さんとは逆の立場からの忠告はなかったのですか。

岸　ありません。

――大半の方は、「退陣表明をした方がよろしい」という意向だったのでしょうか。

岸　幹事長であり側近である川島君の意見は、何といっても一番強いよ。川島君は岸派の最長老でもあるし、党内の要《かなめ》の地位にあるわけだからね。

――大野収拾案といわれるものの下敷きは、先ほど申しましたように、社会党側と自民党反主流派との連携のなかでつくられたようですが、総理の周辺に対しては、当時社会党のほうから何か働きかけはございませんでしたか。

岸　ありません。

退陣を決意

――五月十九日の強行採決から六月二十三日の批准書交換に至るまでの一ヵ月間で最も重要かつ決定的な転回点となったのは、何といっても六月十五日の樺美智子死亡事件であったと思うんです。総理はこの事件をどういうふうに受け止めておられましたか。

岸　六月十五日の事件は、要するに警備力の脆弱さを最も明瞭に露呈したものですよ。ああいう状況で国会内に無秩序なデモ隊を入れて、樺さんはそこで踏み潰されたわけですから。デモ隊のほうが非常に感情的になっていたからね。あれ以上のデモが起こるかもしれない。アイク訪日を受け入れるということは、非常に危険であると。

——そういう面では、ハガチー事件と同じような性格を持っていましたね。

岸　この事件はハガチー事件と同じような性格のものであったけれども、それが国会内で起こったということは重大であった。無秩序なデモ隊を国会内に入れるということ自体が、警備力の弱さを決定的に証明していたんだ。デモに対して取り締まるとか、秩序だった形で誘導するということは、もう不可能であった。そういうことがみすみす分かっているのに、しかもそれ以上のデモが起こるかもしれない状況にあって、これ（アイク訪日）を強行するのは危険であると判断して、「延期」（中止）を決めたんです。

——このときに、退陣ということを決定的にお考えになったということですか。

岸　いよいよ首相を辞めようと決意したのは、アイク訪日を断ると決めたときです。このとき私の腹は決まった。ハガチー事件があってから「アイク訪日」については確かに迷った。それでも、アイクを迎える方法はまだ残されていると考えていました。しかし樺美智子の死亡事件によって私は最後の決断をしたんです。反対派のデモによって盟邦の大統領に何か危害が加えられるとか、アイクを迎える天皇陛下に何かあったということになれば、総理大臣として本当に死んでも償いがつかないということで、アイク訪日の断念を決意したわけです。退陣については誰に相談することもできないのだから、自分で決断したんです。大統領を迎えることを断念したのも、誰に相談したわけでもない。私自身が決めたことです。

――当然のことながら、退陣の決定は大きな決断でしたね。

岸　いまから考えると、もう少し頑張ればよかったと思うんですけどね。当時はあまりいつまでも総理を続けようとは思わなかったんです。辞めるということに未練もなければ、何か残念で悲痛な考えとか、そんなものは僕にはなかった。新安保条約を完全に成立せしめることが自分の使命であって、それさえ達成すれば、後はいろいろやる人がいるわけだからね。ただしかし、安保条約を有効に成立せしめるのは、日本で俺一人しかいないんだと、殺されようが何されようが、これをやることが日本のために絶対必要であると思っていました。

――途中で投げ出したいと思ったことはございませんでしたか。

岸　途中で投げ出したら、これをやり抜く者は他に一人もいない。そういう気持ちで一切これに集中してやっていたわけだ。その後も総理を続けるかどうかということは大した問題ではない、と思っていましたよ。ところが、まあ考えてみると、総理、政治家というものは、あんまりあっさりしてはいけないね。地位に恋々《れんれん》としてかじりつく必要があるんだ。そういう執念というかね、僕は政治家というのは、そういうものが必要だと思うんだ。その点、僕なんかはあっさりしすぎていた。それはまあ、性格だから仕方がないがね。

――いま振り返ってごらんになって、新条約の批准後も岸政権を続ける可能性があったのでは、とお考えになりますか。

岸　そりゃあ、あったと思うんです、頑張っていればね。しかし、辞めたことが日本にとってよかったか悪かったかという問題になれば、いろいろな見方があるだろうと思う。僕が辞めて池田君が（首相に）なったこと、そして池田君が「寛容と忍耐」といった歯の浮くようなことをいって低姿勢の立場をとったこと、これもよかったでしょう。当時苛立っていた民衆を鎮めた点においては効果がありましたよ。だから、その意味ではよかったと思うんです。

――六月十五日のいわゆる樺事件で、総理は翌日（六月十六日）未明臨時閣議を開くことになりますが、ここで佐藤蔵相とともに最強硬論者であった池田通産相は騒擾罪《そうじょうざい》（現行刑法では騒乱罪）適用を主張します。この事件についてもう少しお話を聞かせていただけませんか。

岸　いまいったように、私自身警備力の不足を痛感しましたし、いまさら急にこれをどうするというわけにもいかん。戦後ＧＨＱによって警察は叩かれましたからね。警察の

ハガチー

予算も非常に削られて人員の増加もできませんでした。しかし一方においては、共産党その他の勢力が勢いをつけるという状況もあった。警察力を強化しなければならないと分かっていながら、それができなかった。それまでのわれわれの政治が間違っていたんです。その付けがこのとき回ってきたんです。

――その「付け」が回ってきて、総理としてはどういう手を打とうとなさったのですか。

岸 安保条約のほうは、僕が頑張る限り、六月十九日になれば成立するわけだからね。ただ、アイク訪日を強行するとなると、デモ隊との衝突（の可能性）が高まるわけですから、これは断念せざるを得なかった。樺事件の夜（翌日未明）の臨時閣議では、そう難しい問題を議論したというわけではありません。

――この頃、総理の胸のうちには、例えば破防法（破壊活動防止法。一九五二年七月成立。暴力主義的破壊活動を行なった団体への規制と刑罰の補正による公共の安全確保を目的としたもの）の適用というようなことはお考えになりませんでしたか。

岸 そんなものは、あまり考えなかったね。

――自衛隊出動についての研究は進んでいたのですか。

岸　警察力の現状からみて、自衛隊出動についての議論も研究はさせていたんだが、結局「出動」は難しいということになったんです。国内警備について警察官は訓練しとるが、自衛隊は平生そんな訓練はしていないしね。国内治安のために自衛隊に鉄砲を撃たせるわけにはいかんよ。

――樺事件の翌日、防衛庁長官の赤城宗徳さんを総理の私邸にお呼びになりましたね。自衛隊の出動ということを考えておられたのではないですか。

岸　自衛隊を出動させるという議論は、党内をはじめ各方面から私のところにいってきましたよ。赤城君にはこうした議論に対して防衛庁長官としてどう考えているのかということを相談したことはあります。「自衛隊を出せ」ということを私から命令したわけではない。

「自衛隊出動」については、当時防衛庁の陸上幕僚監部第三部長であった和田盛哉《もりや》氏は次のように証言している。
「自衛隊内部では、すでに安保闘争の前年の一九五九年から、治安出動の準備が始まっていた。そして、一九六〇年の四月から五月になると、治安出動の教育訓練が行われ、必要な資材が集められた。催涙ガスや『拒馬《きょば》』と呼ばれたバリケード、蛇腹型の鉄条網などが準備された。また、特車（戦車）の出動も想定されており、火炎瓶を投げつけられた時に燃えないよう、車体に有刺鉄線の網を張ることになっていた」（NHK取材班『戦後50年　その時日本は』（第1巻）日本放送出版協会、一九九五年、三百二十三ページ）

また和田氏によれば、「ハガティー事件の前後にはいつでも出動できる待機状態になった」こと、そして「その人数は、第一管区隊（現在の第一師団）が一万五〇〇〇人、付属部隊を合わせると総計二万人にのぼった」とのことである。（同前書、三百三十二―三百三十三ページ）

新条約成立の瞬間

――「アイク訪日」を断念されて、総理退陣が決定的になった六月十六日以後は、「十九日午前零時」の新条約自然承認を待つだけとなりました。自然承認のあの瞬間には総理官邸にいらっしゃいましたね。

岸　ええ、いました。

──その瞬間のご感想はいかがでしたか。

岸　まあね、時間が経てば、当然自然承認ということだから、その瞬間に何か異様な感慨になるというようなことはなかった。前もってそうなることは分かっているんですから。

──自然承認のあの日は、国会周辺や官邸周辺の群衆の盛り上がりは大変なものでしたね。

岸　そうそう。あの日、警視総監の小倉君が私のところに来ましたよ。機動隊が疲労し尽くしてしまって総理官邸も護衛できない、というんだ。デモ隊は最後のヤマだというんで非常にいきり立っているし、だから小倉君がいうには、官邸は危険だからどこかに移ってもらいたい、ということでした。

──その日のことですか。

岸　うん、その日です。私はそのときに、一体君たちは私にどこに行けというのか、私を安全に警備できる場所がどこにあるのか、と質したんです。小倉君はここ（総理官邸）は駄目だというが、ここを抜けてどこに行けば大丈夫なんだ、と私はいったんだ。

──小倉さんは何といってましたか。

岸　そうしたら、小倉君も口をつぐんでしまってね。どこも安全なところなどないんだから。私はこういったんだ。総理大臣が危害を加えられて殺されるという万が一のことがあるとすれば、ここ以外にないではないか、とね。死ぬなら首相官邸で、ということだ。俺は動かないよ、警察官の連中も随分疲労しているんだから、まあ適当にやったらいいじゃないか、と小倉君にいったんですよ。それから、官邸にいたみんなに、引きとってもらいました。それぞれの役所で何があるか分からないから、そちらのほうに行くよう指示したんです。

――そのとき官邸で総理を囲んで籠城していたのは、確か弟さんの佐藤蔵相、赤城防衛庁長官、福田農林大臣、椎名官房長官らだったと思いますが、その方々はそれぞれの役所に帰ったわけですか。

岸　そうです。最後は弟と二人だけになったんです。弟と二人でブランデーを飲みながら、とにかく殺されればここ以外にないじゃないか、なんて冗談をいった記憶はありますよ。

後継総裁の問題

――さて、六月十九日に新条約の自然承認が実現して、それから四日後の二十三日ですが、いよいよ批准書交換が芝白金の外務大臣公邸で藤山外相とマッカーサー大使との間で行なわれました。即日、新条約は発効しました。一方総理は批准書交換式が行なわれているまさにそのとき、臨時閣議において正式に辞意を表明されます。この辞意表明を機に俄然、次期総裁問題が焦眉《しょうび》の問題として浮上してまいります。このとき大野伴睦、池田勇人、石井光次郎の三氏が次期総裁の有力候補として取り沙汰されていたのですが、この三氏のなかから一人に絞るための話し合いがうまくいかず、ついに公選で決着をつけることになりました。七月に入りますと、藤山外務大臣も名乗りをあげます。七月十四日の総裁選挙の前日、いわゆる党人派連合が結成されますね。ここでは大野さんが立候補を辞退されて石井さんが党人派の統一候補に推されます。結局、池田、石井、藤山の三氏が選挙に臨み、最終的には石井、池田の決選投票で、池田さんが有効投票四百九十六票のうち三百二票の過半数を得て当選、次期総裁が確定するわけです。

そこでお尋ねしますが、岸さんは閣議での退陣表明の頃は後継者を話し合いで決めていこうというお考えが強かったのではありませんか。

岸　そうです。なるべく公選なしで、話し合いで決めたかった。僕はいまもそう思っているんですが、そういう慣習をつくるべきだという考えでした。党内の意見に大体の決着のメドをつけて、党大会で形式的な承認をするという形がいいと思ってました。

——話し合いで決めていこうという場合、できれば「池田後継」の線でまとめていこうというお気持ちがあったわけですか。

岸 その通りです。

——六月二十三日の閣議における退陣表明の直後、岸さんは南平台の公邸で吉田茂さんと用談されましたね。

岸 吉田さんとは話しました。

——どんな内容だったのですか。

岸 吉田さんには、こんなことを話しました。私の後継者は選挙ではなく話し合いでナニしたいと思うが、党内における実力からみて池田君が一番だと思う。あなたが（次期総裁に）池田を推しておられることは、前から分かっているので、私も「池田」の方向でまとめたいと思う、という話をしました。

——「池田後継」の線はいつ頃からお考えになっていたのですか。

岸 いつ頃からといわれてもはっきりしないが、全体的にみてね、やはり総裁は同時に総理になる人ですから、池田君が一番適任であるとは考えていました。池田君に通産大臣として内閣改造（一九五九年六月）の時に閣内に入ってもらったということは、党内のまとまりをつける上からも重要でした。池田君は吉田さんとある意味において一体的な関係にありましたからね。

池田氏が「後継総裁」に近づいていくプロセスについて、岸氏の側近であった矢次一夫氏は次のようにのべている。

「六〇年五月十五日頃だったと思うが、私が台湾での蔣介石総統就任式（五月二十日）に列席するため岸に挨拶に行った。自分は岸に『君は安保を強行して国会を通したら辞めるという噂があるが、台湾に行って蔣総統並びに要人にこのことを聞かれたとき何といっていいのか困ることになる。一つ本当のところを聞かせて欲しい』といった。岸は『国内で他言しないという約束なら』といってこう話してくれた。『安保が通ったら俺は辞める。後継者については、これまで池田には安保で協力してもらって感謝している。もし自分が辞めるとなれば、あとは池田を考えている』とはっきりいった。自分はそこで翌日朝池田に電話して『すぐ来るように』といった。〝娘〟が築地で料亭をしているので、そこで午後三時頃落ち合った。自分は座敷で池田に対し、『いいか、これからここで昨日岸と会ったときの話をする。しかし俺はこの話を君にするのではない。座敷に掛かっている絵――確か前田青邨《せいそん》の絵だったと思うが――に話しかけるんだ』といって、岸が後継に池田を考えていることを話した。池田は自分の隣に座りなおして『矢次君ありがとう。俺は凡夫である。いまの話はきれいさっぱり忘れることにする』と俺の手を握りしめた。池田のあのときの態度は立派であった」（矢次一夫氏とのインタビュー、一九八一年六月二十九日。括弧は編者）

――後継問題で吉田さんとはどの程度接触されたんですか。

岸　二回くらい会ってるね。ただ私も、「池田後継」では迷っていなかったし、吉田さんも池田君を推薦し支持していることは、こちらとして十分了解していましたからね。

――いわゆる党人派連合については、どんなふうにみておられましたか。

岸　党人派としては、川島君なんかも大野君をずっと支持しておったし、だから純粋な党人的な立場からいえば、池田君には相当抵抗があったんです。池田は官僚派だということでね。党人派の連中のなかでは、大野君が一番長い経歴をもっているからね。

――岸さんは後継総裁として大野さんを考えておられなかったのですか。

岸　それは考えてなかったですよ。大野君には総裁競争から降りるよう話したんだけれどもね。党内でなかなか支持者が増えないんだ。総理の器じゃないという議論がありましてね。彼を総理にするということは、床の間に肥担桶《こえたご》を置くようなものだ、という話もあったよ。

――七月十日の未明、藤山さんが正式に総裁公選への出馬表明をなさるわけですが、岸さんはその頃藤山支持を打ち出していたようにもお見受けするんですが。

岸　それは違うね。藤山君がどうしても立候補するというものだから、僕は藤山君にこんな話をしたんだ。君は安保条約の成立を僕とともに努力してその目的を達成したんだ。いまのうちは何だかんだと批判する人がいるが、だんだん人心が収まってくれば、新条約が日本のためになると考えるようになることは、火をみるより明らかなんだ、とね。そのうちこの条約をつくった君の功績が非常に評価されるときがくる。しかし、いまはそうした冷静な評価はされないのだから、つまり君が僕と一緒に新条約をつくったということからして、いま君が総裁に立候補することは適当ではないし、池田と争っても勝てない、と随分説きましたよ。

藤山愛一郎

――藤山さんはその回想録において、もともとは岸総理が総裁選挙に出ろと勧めてくれたので自分は立ったのだ、と書いておられますが。

岸　それはもう、全く違うね。藤山君が立候補するについては、彼自身、政党政治家として、党内における情勢からして適当ではなかったと思いますけれどね。私は藤山君を説いて外務大臣にしたときに、こういうたんだ。君に外務大臣だけになってもらうつもりじゃない。自民党というこの保守政党の最も重要なる人物の一人として、君を将来ナニするということなんだ。その第一段階として外務大臣をやってもらうんだ。しかし、将来ナニになるかならないかは、君の努力次第だ、僕はそう思っている。できるだけ応援はするけれども、それは君の力によってできるんだ、とね。当時の自民党内における人物を眺めても、藤山君をその仲間に入れておくということは彼の将来のためになるんだ、という意味で藤山君を外務大臣に誘ったんですよ。

岸首相の後継総裁選挙について、藤山愛一郎氏はその回想録のなかで次のように証言している。

「昭和三十五（一九六〇）年七月一日だったと思う。岸さんから電話が入って『ちょっと話し合いたい。会の始まる前にきてほしい』という。折からアジア太平洋地域公館長会議が開かれており、そのメンバーを総理が招く首相官邸での昼食会の前に来いということだった。私は三十分ほど前に官邸に出かけ、総理室に入った。岸さんの話は、後任総裁のことだった。『どうもごたごたしだして、誰も決まらん。考えてみると、こういうときにこそ吉田さんでも出てくれるのが一番いいのだが、それは無理だ。こうなったのも安保をやった結果だと考えれば、後始末のこともある。ひとつ、君が立候補したらどうだ』。このとき岸さんははっきり『君が出ろ』といったし、いま振り返って思い返しても真剣な話だった。私を、自分が手がけた『改定安保体制』をあまり傷つけずに運用していくことのできる次善の人間と考えたのではなかったろうか」（藤山愛一郎『政治わが道』朝日新聞社、一九七六年、百十六—百十七ページ。括弧は編者）

——安保に関連する党内調整には、藤山さんも外務大臣としてこれにあたったと思いますが、藤山さんは何といっても政界に入ったばかりのいわば素人でした……。

岸　彼はよくやったと思いますよ。どこの社会でもそうかもしれんが、政党なんていうものはある程度の年季を入れないと、その人物がどんなに優れていても、いきなり総理大臣というわけにはいかんですよ。

——それにしましても、岸さんが池田さんを支持するについては、藤山支持の岸派の面々を最後には池田陣営に動員していくという荒業を演じたように思うのですが。

岸　私が池田君を支持するつもりで岸派の連中を最終的に池田のほうに糾合したのは事

実です。初めは藤山君のほうへ行った連中もいるし、石井さんのほうに行った連中もいる。川島君は最初「大野総裁」を支持していたが、大野君の出馬辞退とともに結局は池田支持になった。それから南条徳男《とくお》君（一八九五―一九七四。岸内閣の建設大臣）は当初は藤山支持であったが、これも池田支持に回ってくれた。まあ、岸派のメンバーは最初藤山、大野、池田などをそれぞれ支持して割れていたですよ。しかし、いよいよ最後の段階、つまり投票当日に私は南条や川島らに「池田後継総裁」を説いて、みんなが池田を支持するよう最終的に（各陣営からの）総引き揚げを指示したんです。とにかく、藤山君が最後まで立候補を断念しないので、立つ以上は藤山君に恥をかかせられないので、第一回目の選挙における彼への投票は自由にしたんです。

――第一回目の投票では藤山さんが三位、池田さんと石井さんの間で決選投票が行なわれますが、その決選投票では、それまで石井支持および藤山支持であった岸派の人々を池田陣営にもっていったということですか。

岸　そうです。当時、岸派がまとまるについては相当いろいろなことがありましたよ。ことに一番辛い立場にあったのは川島君だったと思うね。最後には池田君を支持してくれたのだがね。

――川島さんを池田支持の方向でかなり説得なさったわけですね。

岸　川島君は大野君とは長い付き合いだからね。しかし、私のいうことを聞いて、やはり大局的に動いてくれたんです。結局池田君以外にはないということを理解してもらったのだが、情誼の上からいうと、相当辛い立場であったと思いますよ。

――池田さんを後継総裁として推すについては、池田さんに何か条件をお出しになったのですか。

岸　党内の結束を乱した癌《がん》ともいうべき三木（武夫）や河野などを（党から）除名することを、池田君に要望したのだがね。結果的にそれができなかったのは残念でした。

――そのことをどの時点で要望されたのですか。

岸　池田君には、今度君を自分の後継に全力をあげてナニするから、それには条件があるよ、とね。私は感情的にいうのではないが、君が総裁になった上は、三木や河野を保守政党の主要なる地位につけるべきではない、というような意味のことを話して、池田君に彼らの除名を要求したんです。まあしかし、多少僕も感情的になっていたかもしれんね。

――ところで岸先生は、よく保守正流とか保守本流とかおっしゃいますね。例えば池田さんを岸さんご自身が総理後継者として適当であると判断する場合に、その理由の一つとして、「彼は保守正流である」というおっしゃり方をなさる。佐藤栄作さんについてもそのようですね。つまりご自分の価値基準のなかに、この「保守正流」という用語にかかわる何かがおありなんでしょうか。

岸 要するに私からいうとね、(一九五五年に)自由党と日本民主党が合同して保守勢力の一本化が実現した。その場合、従来から同じ保守党ではあっても、改進党(系)の一部、つまり松村謙三、三木武夫といった連中はやはり違うんだ。いわゆる保守党の正流ではないと思うんだ。保守党の正流は自由党と、そして日本民主党のなかでも三木武吉《ぶきち》や芦田均などの連中が常に保守の本流ないし中心としてやってきたわけです。三木武夫君などは常に保守の大勢の意見に対して異を唱えてきた。だから保守本流とはいえないよ。

――つまり、三木武夫さんなどは保守傍流ということですか。

岸 うん。傍流になるんです。三木武夫や石橋湛山君の考え方はそうだ。やはり何か皆と大きく手を握って本流をつくる人間と、これに対して屁理屈をこねて、それでいて社会党に行くわけでもないという連中がいるんです。まあ彼らは新自由クラブ(一九七六年六月結成。ロッキード事件の深刻化とともに自民党内派閥抗争が激化するなか、河野洋平氏ら自民党六議員が「新しい自由主義」を掲げて離党し、同クラブ結成に向かった)へなら行くかもしれんね。そういえば、新自由クラブをつくった連中ね、彼らはずっと自民党にいたんだが、やはり保守本流ではない。あの連中は傍流ですよ。だから、三木派も新自由クラブのほうへ出て行くかもしれないよ。ところが田中（角栄。一九七二―七四首相）派などは、田中君（一九七二―七四首相）自身があの事件（ロッキード事件）を抱えていることもあって、いま苦しい状況にあるが、そうかといって党を割るとか、党から出て行くなどというつもりはないと思うんだ。物の考え方の違いですよ。自由民主党の党是の一つである「憲法改正」についても、保守本流の連中は皆これに賛成であり、政策の上においても日米外交を機軸に据えているんです。石橋派の石田博英君がソ連に近い、あるいは誰それが北朝鮮（朝鮮民主主義人民共和国）とナニしているが、こういう人たちは、やはり保守正流とは違うんだ。本流と傍流の違いはあると思うんです。

悩んだこと

――新条約の批准書交換を終えていかがでしょうか、政策決定者としてそれまでに会心の決断もあれば、眠れないような苦しい決断もおありだったと思うんです。総理が本当に苦しまれた決断というのはこの安保改定に関連してございましたか。

岸　これは同じ決断でも、断念ということなんだが、いまでも非常に残念に思っていることがあるんです。前にも話しましたが、それは新条約を調印して（一九六〇年一月）帰った後、国会を解散してこの条約に対する国民の意思を聞いておくべきであったということです。新条約調印直後に（解散・）総選挙をやっておけば、あの後の安保騒動はなかったと思うんですよ。いまから考えると、（総選挙をやらなかったのは）非常に残念だし、大きな失敗だった。

——仮にあの時総選挙になっても、「勝つ自信はあった」と前におっしゃっていましたね。

岸　総選挙をしても、私は決して負けはしなかった。あれだけの安保騒動があった後、実際池田内閣が行なったあの総選挙は（一九六〇年十一月）大勝しているんだ。あの当時、マスコミやいわゆる文化人といわれている連中は新条約に随分反対したけれども、国民一般のナニからすれば、日米の安保条約を支持した者が非常に多かったということだ。とにかく川島君とは意見が違っていた。私は解散をしたいと主張して、川島君を随分説いたんですがね。彼はいうことを聞かなかった。川島がどういおうが、俺が総理として（総選挙を）強行しようと思ったこともあったけどね。とにかく私が相当苦しんだことは確かだ。

——苦労されたのは、その他に……。

岸　もう一つは、例の五月十九日の強行採決（衆議院本会議）の前日の五月十八日ですが、あの日の情勢判断については随分考えた。安保特別委員会の委員長は小沢佐重喜君でしたが、委員長が委員会で強行採決をするというんだ。前の日（五月十七日）の（自民党）両院議員総会で（「会期延長」・「新条約採決」を含む）国会対策に関しては「執行部一任」を取りつけてはいたんだが、しかし一体自民党がまとまっていけるのかどうか、が心配だった。私が強行採決に出た場合、党内反主流派が野党に迎合したりすると困るし、予想通りいかなければ、目も当てられないという思いだった。その情勢判断というもので悩んだんです。

――苦しい決断は他にありましたか。

岸　樺事件があってアイゼンハワーの来日を中止したときだね。私が眠れなかったのは、このときと、いま話に出た（新条約調印直後の）「解散」断念の時だ。とにかく戦後はね、総理というものは、誰かに相談し誰かの力を借りるということはできないんだ。決断するときには、自分ただ一人だよ。明治時代の伊藤さんは、例えば日露戦争の開戦（一九〇四年）という大きな決断に元老として直面したわけだけれども、その場合、自分がこうしようという決意を持って明治天皇（一八五二―一九一二）に御裁可を願えば、「よし、やれ」といわれる。その一言に伊藤さんや首相の桂太郎さん（一八四七―一九一三。明治時代の軍人、政治家）らは、どれほど力づけられたか分からないと思うんです。いまの総理にはそんなものはないよ。

――天皇に相談するわけにはいかない……。

岸　それはいかない。自分が一人で……ある場合には本当に神に祈る……目をつぶっておみくじを引くような……。

――総理として会心の決断というのは、いま振り返って何かございますか。

岸　まあなんでしょうね、よかったということはあまりないけれどもね。残念であったが、アイク訪日を断ったことは、よかったと思う。あの状態でアイク訪日にこだわっていたら、どういう間違いが起こったか、ということだよ。

――「アイク訪日」、樺事件を含めて総理は安保改定のプロセスで大変なご苦労をされたわけですが、それにしましても、いわゆる党内調整には終始腐心されましたね。

岸　党内調整には相当苦心しましたよ。

――藤山外務大臣が政界にお入りになったばかりなだけに、総理としては外務大臣に任せることができないというケースもあったかと思うんですが。

岸　藤山君は僕が懇請して外務大臣になってもらったんですから、もちろん、この日米安保条約の問題については十分話してあったんです。ダレスさんやマッカーサー大使と藤山君との会談によって新条約の骨子を最終的に決めたわけだけれども、藤山君には私は百％信頼していましたよ。ただ党内において一番の問題は、松村君や三木〔武夫〕君ら要するに改進党系の諸君が、初めから安保改定には熱心ではなかったからね。河野君は、最初はこれに全面的に賛成しておったけれども、途中で反対の立場に立ったしね。

そういう意味で、党内のいろいろな動きを適当に調整しながら進んでいったわけだから、藤山君も随分骨を折ってくれたし、それから川島幹事長も努力したわけです。いつもそうだけれども、何か重要な決断をしようというときには、一番大事なことは党内の結束を固めるということなんです。党自身が過半数を持っているんだからね。したがって党内が強力に団結していれば問題はないけれども、その内部にヒビが入るとね……。

――確かに安保改定においては、派閥の問題は実によく騒がれましたけれども、そもそも日本の政治というのは、政策の善し悪し、あるいは主義主張によって展開するというよりも、何か人中心というのですかね、人間的なつながりとしがらみのようなものが軸になって回転しているようにみえるのですが、岸さんはこうした日本の政治風土をどうご覧になりますか。

岸　日本の政治風土といわれるけれどもね、僕は政治というものはそういうものだと思うよ。必ずしも理論でもって割り切れるものではない。学問の世界とは違うと思うんですよ。政治の場合は、日本よりも共産主義社会のほうがよっぽどひどいと思うんだ。気に食わない奴がおれば、本当に殺してしまうんだから。われわれのほうは、そんなことはないものね。

——日本の政治におけるあの程度の派閥行動は、当たり前ということですか。

岸 そうね。日本の派閥構造が特殊なものだというけれども、僕はどこの国をみてもある程度政治というものが人と人との関係、つまり人と人とのつながりによるものであって、大学の法理論とか、学問上のナニとは違いますよ。しかし学術会議なんかをみると、君、ひどいもんだぞ。芸術の世界だってね。音楽界、美術界……。

——政治の世界よりもかえって陰湿かもしれませんね。

岸 うん。陰湿……。だからね、派閥解消というのは非常にやかましくいわれるが、まあ、いうは易しと思うんだ。派閥解消は天の声なり、と常にいうていいけれども、決してなくなるものじゃないよ。

——時の総理総裁にとっては、派閥は邪魔ではございませんか。

岸 そりゃあ、そうだ。しかし派閥があることを前提として、これを上手くコントロールしていくというのが政治の要諦だ。これをコントロールできなければ、総理総裁にはなれない。

――少々話は違いますが、国会における安保改定の質疑応答というのは、おそらく戦後の議会史のなかでも最も活発な議論であったと思うのですが、そのなかでも総理にとっていわゆる議会対策で苦労された争点というのは何でしたか。

岸　くだらない問題でしたが、「極東」の範囲なんていうのは、苦労した格好になっているけれども、あれは愚にもつかなかったね。しかし、政治というのはおかしなもので、議論としては大した結果をもたらさなくても、これが揉めるとね、肝心の問題が割合スーッと通ってしまうということがあるんです。非常に問題のある争点がね。

――「極東」の範囲で国会は大騒ぎになったけれども、そのお陰でスーッと通った問題というのは何ですか。

岸　例えば憲法の範囲内において、日本が武力を強化していくという問題のほうが実質的には重要なんだ。つまりこのほうが本質的な問題だった。あるいは「事前協議」の問題です。

――これも本質的な問題ではありましたね。

岸　この問題は、日米間で事前協議するということそれ自体ではなしに、日本政府がノーといった場合、あるいはイエスといった場合、どういう問題が発生するかというようなことは大変な問題ですよ。

――安保改定作業は、それ自体大変な仕事であることは、もちろん覚悟しておられたでしょうが、対米交渉で何が最も大変な問題になるか、予想されていましたか。

岸　何といっても一番は、アメリカが本当に日本を守るという義務を負うてくれるのかどうかという問題ですよ。つまりアメリカが若い者たちの血を流してでも、日本の国民を守るかどうかということだよ。

――旧安保条約には、それはなかった……。

岸　旧安保条約では、アメリカは日本にいろいろな権利をもっていたけれども、日本を守るという義務は明記されていないんだ。新条約では、アメリカの日本防衛の義務を謳ったが、逆にアメリカの領土が侵略された場合、日本が駆けつけていって助けることはできないんだからね。それをだな、アメリカをして呑ませるということ、これは大変なことだ。

――これは、初めからまったく見通しがつかなかったのですか。

岸　うん。最初は見通しは立っていなかった。この点では、ダレスともいろいろ話をしたし、マッカーサー大使も非常に骨を折ってくれた。

安保改定――いま思うこと

——安保改定についてお話をうかがってまいりましたが、最後に数点お尋ねしたいと思います。そもそも旧安保条約をどのように変更していこうかとお考えになった時、憲法をはじめとするいろいろな制約があったかと思うのです。もし憲法とりわけ第九条の制約がなかったとするならば、総理はあの安保条約をどのように改定なさったのか。やはり完全な相互防衛型条約にするおつもりでしたか。

岸　うん。その通りです。もし憲法の制約がなければ、完全に双務的な条約になっただろうと思うんです。日本が侵略された場合にはアメリカが、そしてアメリカが侵略された場合には日本がこれを助けるという、いわば日米一体の完全な双務条約になったでしょう。しかし、いまの憲法はそれを許さないからね。日本の憲法が特別のナニであったために、アメリカの上院では例のバンデンバーグ決議というのがあって、日本との完全な双務条約は認められないんだ（一九四八年六月米国上院で採択されたいわゆるバンデンバーグ決議の第三項は、米国が「自助及び相互援助を基礎」にしてのみ地域的その他の集団的取り決めに参加すべきことを謳っている。米国の立場は、この条項における「自助及び相互援助」の力を日本は持っていないのだから、その日本と双務条約を結ぶことはできない、というものであった）。だから、この新しい日米安保条約ではっきりアメリカが日本防衛の責任を負うと明記するについては、相当ダレスが苦心したと思うんです。日本の憲法によれば、日本は、アメリカの日本防衛に相応する義務をアメリカに負えないわけだからね。日本としては、ただ基地を提供するとか、憲法の範囲内で防衛力を漸増するという非常に気の抜けた対応になっているわけだ。

——三年五カ月間続いた岸内閣ですが、総理在職中の全仕事をもし十とするならば、安保改定にかかわるお仕事にどのくらいの精力を割いたというふうにお考えですか。

岸 そうね、七ないし八くらいに相当するだろうな。

——それでは、その安保改定のお仕事のすべてを十とするならば、さて、党内調整、国会対策、院外大衆運動、日米交渉等々片付けなければならないことが山ほどあったわけですが、それぞれにどのくらいのエネルギーを傾けたというふうに、岸先生ご自身お考えですか。

岸 やっぱり一番苦心したのは、党内調整だよ。

——つまり派閥間抗争にご苦労されたということですね。

岸 うん。松村や三木一派というのがいろいろ反対したからね。とにかく一番苦労したのは、足元を固めるための党内調整であり、その次が日米交渉なんだ。対米交渉についていえば、旧条約におけるアメリカの特権を安保改定で削っていくわけだから、彼らとしては当然大反対だ。これをアメリカ国内で特に軍部を説得したのは、ダレスとアイゼンハワーなんです。それにしても、自民党内の足元ががたがた揺れていてはどうにもならないわけだから、私としてはこの足元を固めるということに大変な努力をしたわけだ。二年前の重光とダレスの会談で、アメリカ側は重光（の「安保改定」提案）に洟《はな》も引っ掛けないような態度だったんだから、それを口説いて安保の変更を彼らに実現させるというには、よほどの決意とよほどの力を用いなければならなかったわけだ。だからこそ党内をまずは固めるということが必要だったんです。

国会対策のほうはどうせ野党の連中は反対するわけだから、そりゃあんまり意に介さなかったですよ。また、日本国内におけるデモがどのようなものであっても、それが内乱のようなものではなくて、極左に煽動された一部のグループがこれをやったにすぎないのだから、大したことはなかった。国会の周りが異様な騒乱であったけれども、これに対して大きな精力を尽くしたというほどではなかった。何といっても党内の足元を固めることであり、対米交渉をどう持っていくかということが最も大きな仕事でしたよ。

——確かに安保改定というのは派閥に始まって派閥に終わったという感なきにしもあらずですが、総理として最後に退陣表明をなさったとき、やはり派閥にしてやられたというような感じをお持ちになっていたのではございませんか。

岸　いや必ずしもそうは思ってなかったよ。僕自身としては政権に恋々とかじりつくつもりではなかったからね。人からみると、「岸は残念だったろう」と思うだろうが、実際はそうでもなかった。安保改定の目的を押し通したんだからね。まあ考えてみりゃ、もう少し執念を持って政権にしがみついて、やるべきことをもう少しやるのが国家のためになったかもしれんし、また政治家として進むべき道であったかもしらんがね。僕自身としてはだ、岸内閣の成立以来政権のエネルギーの七ないし八割を傾注した安保改定をだよ、私の思うように、いかなる反対があってもとにかく完成させたんだからね。まあほっとした感じはあったね。

——ご自分の政権のほとんどのエネルギーを費やして安保改定の作業を遂行されてきたわけですが、あれから二十年の歳月が経ちました。今日振り返ってごらんになって、安保改定なるものに、どのような感慨をお持ちですか。

岸　安保条約の前提は、みずからの力でみずからを守るという防衛体制を強化することであり、それを基礎に置いて日米対等の立場における日本の安全保障を確立することだと思うんです。日本自身を防衛するということは、何も軍事的な自衛力増強ということだけではないと思うんですよ。それよりも、むしろ国民的な防衛に関する意識、並びにみずからの力をもってみずからの国を守るという、独立の精神的基盤を確立することが一番大事なんです。しかしこれが、本当はまだ確立していないと僕は思います。

――新安保条約は、この二十年間岸さんがご満足いくように作動していますか。

岸　安保条約そのものが軍事同盟的な格好になっているんですから、アメリカの戦略に引きつけられて日本が戦争に巻き込まれる危険がある、という考え方が日本にはありました。しかし、例えばベトナム戦争においては、アメリカは日本に対して軍事的な参加を求めたことはなかった。アメリカは全然そういうことはしていない。つまり、この新安保条約ができれば、日本がアメリカのアジア戦略、大きくいえば世界戦略に巻き込まれて戦争しなければならないという危険は、現実の問題として、この二十年間なかったんです。全体として新条約はよく機能していますよ。

第七章

思想、政治、そして政治家

首相退陣後、ありし日の岸信介氏(1968年1月)
毎日新聞社提供

ている。

「政治家岸信介」は、いってみれば歴史が描出した一つの作品である。本章に収められたインタビューは、「政治家岸信介」なる作品が描かれていったそのプロセスに注目しつつ岸氏の人物像に迫っていこうというものである。したがってインタビューの内容も多岐にわたっている。

昭和史をその根幹の部分から動かしていった政治家岸信介とは一体いかなる人物であり、いかなる政治的存在であるのかという問いかけは、少なくとも政治学的には興味尽きない設問である。もちろん、これまでの諸章で岸氏がこうした設問にみずから応答していることはいうまでもない。しかし本章でのインタビューは、岸氏の政治的事績からひとまず離れて、むしろ、その事績を歴史に刻んだ岸信介その人の人間的要素に視線を向けている。つまり岸氏がみずからを語ることによって、また他者を語ることによって、そして歴史と思想を語ることによって、おぼろげながらも岸氏の自画像らしきものが浮かび上がってくるかもしれないという期待がその背景にある。

岸氏の岸氏たる所以《ゆえん》は、彼みずからが国家権力と組んず解《ほぐ》れつしながら国家権力そのものへの意志力を体現し続けたということである。しかしだからといって、岸氏を単に「国家主義者」、「権力主義者」として片付けてしまうのは、短絡に過ぎると同時に歴史の誤解を招くものである。岸氏の体内にある「政治的なるもの」がその濃度を増せば増すほど、その実像を理解することは難しい。「政治家岸信介」が一個の巨大な政治的複合体であればこそ、私たちの岸理解もまた複合的でなければならないのである。

岸氏における政治行動の思想的基盤が「国家主義」、「権力主義」であることは確かに一面の真理ではある。岸氏の「国家主義」、「権力主義」は、何よりもまず彼の生まれ育った郷土すなわち長州（現在の山口県）ないしそこから受けた教育と無関係ではない。維新の志士たちと交わる血族を持ち、中学時代には吉田松陰の思想に触れ『孟子』を叩きこまれたその影響は、岸氏自身の言によれば、「私の一生を貫いて今日まで残っている」（本章）。しかし私たちは、岸氏の「国家主義」、「権力主義」を狭隘かつ狂信的なそれと混同してはならない。なぜなら彼の「国家主義」、「権力主義」は、青年時代から培われてきた渺茫《びょうぼう》たる教養によってある種の中庸性を獲得していったともいえるからである。

岸氏の思想が偏頗《へんぱ》な主観主義から免れているとすれば、それは多分彼の無類の知識欲と関係があるのかもしれない。思想形成の最も重要な時期ともいえる旧制高校時代、岸氏が濫読の日々に明け暮れたという事実が想起される。十歳代後半の多感な少年岸信介のいわば〝知の道草〟は、彼の思想に一定のバランス感覚を植えつけたともいえる。ちなみに、後年岸氏が巣鴨プリズンにあって読み漁った書物は、文学、哲学、歴史、評論等々万般にわたっている。獄中日記は、岸氏が正岡子規、若山牧水、島木赤彦、斎藤茂吉を好み、二葉亭四迷、森鷗外、夏目漱石を愛読し、万葉集を抄訳し、そして千ページに及ぶチャールズ・ディケンズの *David Copperfield* を原文で一気に読破したことを伝えている。また獄中で岸氏は、英語版 *Les Misérables* の翻訳に熱中し、洋書の小説、評論等に手を伸ばし、短歌・俳句・漢詩をみずから嗜《たしな》んでいる。

とまれ大学時代、恩師上杉慎吉に私淑していながらその天皇主権説の狭小なる国家主義に反発して、上杉主宰の国粋主義団体「興国同志会」を脱会した岸氏、上杉教授と対立して天皇機関説を唱えていた美濃部達吉《みのべたつきち》（一八七三—一九四八。東京大学教授。憲法・行政法学者）の憲法論および行政理論を熱心に聴講した岸氏、そして北一輝《きたいっき》の国家社会主義に共鳴して「私有財産制」否定を唱える岸氏、いずれの姿も政治家岸信介の思想的源流ないし思想的基盤を知る上で示唆的である。また彼は「国粋主義者」を自認しつつも、天皇を絶対とみなす考え方を明確に否定する。自由と国粋主義、資本主義（市場経済）と計画経済、「反米」と「親米」等々多くの対立項を自家薬籠中《じかやくろうちゅう》のものにしてしまう岸氏の本領こそは、同氏が歴史になぜかくも長大なる航跡を残し得たのかを解き明かす鍵となるであろう。

岸氏はインタビューにおけるあらゆるテーマに絡めて、当然のことながら頻繁に人物評を展開している。第一章から第六章までに、例えば吉田茂、鳩山一郎、緒方竹虎、石橋湛山、三木武夫、河野一郎、池田勇人等々戦後日本を動かした政治家の人物像が折に触れて語られている。そして本章では、インタビュー当時現役政治家として活動していた多くの人物に関連して岸氏の寸評が収録されている。鈴木善幸（一九八〇—八二首相）、福田赳夫、中曽根康弘、田中角栄、竹下登（佐藤内閣の通産大臣）、宮沢喜一等々の各氏について歯に衣《きぬ》着せず披瀝するその人物批評は興味深い。他の政治家を岸氏がどうみているかを私たちが知ることは、岸氏がそもそも政治家ないし政治指導者のあるべき姿をどうイメージしているのかを知ることでもあり、翻って政治家岸信介その人を知ることでもある。

インタビュアーとして強く印象に残っているのは、まず第一に岸氏が政治家を語る場合、「見識」という用語を多用していることである。政治家が国家国民の指導者として「見識」すなわち世界観なり哲学を持っているのかどうか、そしてその「見識」に基づく政策を遅疑逡巡することなく決断、実行し得る能力を持っているのかどうかを岸氏は重視する。彼において、人物の善良なることと政治家としての資質は峻別されるのである。

しかし第二に、岸氏は少なくとも個人的感情としては、人物像が直線的でわかりやすいタイプを素直に好むところがある。例えば河野一郎氏に政治家としての「見識」や「信念」を欠くとみていた岸氏が、それでも人間的に河野氏に親近感を抱き好感を持ち続けたのは、あるいは河野氏の「単純さ」のためであったのかもしれない。岸氏が石橋湛山氏の「見識」・「信念」が本物であることを十分認めた上で、なお石橋氏と距離を置いたのとは見事な対照をなしている。

インタビュアーとして第三に印象に残ったのは、岸氏がいわば座談型の政治家であったということである。座談型はいわゆる演説型とは異なって対話の妙を楽しむ。そのためか、前にものべた通り（第二章「編者解説」）、岸氏が保守合同の同志である鳩山一郎よりも、むしろ政敵吉田茂を人間的に好んだという事実は印象的である。戦後において岸氏はその政治エネルギーを吉田氏の「サンフランシスコ体制」打倒に傾注しながらも、しかし一方で、彼が吉田氏の人間的魅力とりわけそのユーモアと、寸鉄人《すんてつ》を刺す諧謔《かいぎゃく》の精神に親しみを覚えていたことは、本章での証言にも滲み出ている。吉田氏と同じように冗談を発して人を笑わせ快活に振る舞って会話を楽しむ岸氏の姿は、彼のもう一つの顔ではある。

ところで、日本が「八月十五日」すなわち敗戦を機にその価値体系を大きく変えていったことは、いまさらいうまでもない。「非軍事化」と「民主化」を基調とするアメリカの対日占領政策は、日本の政治経済構造を革命的に変容させ、日本人の政治意識を激変させた。ある人はこれを「コペルニクス的転回」といった（宮沢俊義『憲法の原理』岩波書店、一九六七年）。この「コペルニクス的転回」は言論人、知識人、そして政治家においても当然の如く受け入れられた。翼賛体制を支持し「鬼畜米英」を叫んだ多くの言論機関は、敗戦とともに「自由」と「民主」に宗旨変えした。知識人そして政治家もまた、「軍国体制」の陣営から、戦後ともなれば、あるいは革新陣営の「非武装中立」へと走り、あるいは保守党内のリベラル派へと変身していった。

岸氏が戦後政界に復権しやがて政権を獲得して安保改定に向かったとき、国内各層からあれほどまでに敵視攻撃されたのはなぜか。その主な理由の一つは、戦前岸氏と同じ陣営にありながら、戦後「コペルニクス的転回」を果たした多くの人々を含むいわゆる「進歩派」勢力が岸氏の「戦前的体質」を問題にしたからである。確かに岸氏において、いや、いま少し正確にいえば、岸氏の思想的本質において「戦前」と「戦後」の間に断絶はない。このことを端的に証しているのは、彼があの戦争犯罪を裁いた極東裁判に強い反発の姿勢を貫いたという事実である。

岸氏においては、前述の通り（第一章「編者解説」）、「開戦」の決定が「正当防衛」のためであった以上、自身の唯一の「戦争責任」は日本を敗戦に陥れたことにある。岸氏がその思想において「国家」と「革新」との交錯地点に立っているという意味では、彼の思想的基盤は「八月十五日」を挟んで変わってはいない。ただ留意すべきは、例えば彼の「国家主義」が戦後の価値体系である「民主主義」（「国民主権」）に見事なまでに適応しつつ大きく相対化されていったということである。天皇制との間合いを計りつつ二大政党制による政権交代のシステムを目指して「保守合同」に奔走していったのも、実は民主主義と「国家主義」との折り合いを岸氏が戦後いち早く模索しようとしたからにほかならない。しかもその「国家主義」は、「独立の完成」を掲げて戦後日本の「被占領的体制」からの脱却を追求するという形で表現されていくのである。

彼の「大アジア主義」についてもまた、同じことがいえよう。なぜなら、岸氏の「大アジア主義」は、その本質をとどめながらも戦後変容していったいま一つの例だからである。岸氏の「大アジア主義」は、第二次大戦後における植民地解放の新しい風を受けて、確かにその「覇権主義」を稀釈《きしゃく》している。しかし「アジアの指導国」日本の矜持《きょうじ》を背に負うてアメリカに対しあるいは世界に対して日本の存在証明を示威していこうという姿勢は、明らかに岸氏のものである。岸氏の「大アジア主義」は、戦後にあってその軍国的要素を脱色しつつ、政治的、経済的アプローチによって日本を「アジアの中心」に押し立てていこうというものであった。岸氏がみずからの「大アジア主義」について戦前と戦後の間に「おそらく断絶はない」(本章)と述懐する背景にはこうした含意が潜んでいる。岸氏がその終生を賭して執念を燃やした「憲法改正」は、まさに「アジアの中心」日本が国家国民の自立を求めることの謂《いい》であったといえよう。

戦後外交のエポック

――敗戦直後から今日までの日本外交を振り返ってみて、日本外交の最も重要なエポックは何であったとお思いですか。

岸　第一は吉田さんのサンフランシスコ講和条約。あの時に、社会党などは全面講和論であったんだが、吉田さんは多数講和（部分講和ともいう。一九五一年九月八日サンフランシスコで日本はソ連などを除く四十八カ国の連合国との間で対日平和条約を結んだ）に踏み切った。当時の新聞やいわゆる進歩的知識人と称する人たちは全面講和論であって、それを押し切って決断されたのが吉田さんです。もしも全面講和論を推し進めていこうとすれば、ソ連を説得し、サンフランシスコ会議においてソ連をして調印せしめなければならないわけです。しかし当時の状況からいうと、ほとんど不可能であった。そういうことまでしなくても、多数の国々が講和条約に参加するならそれでよろしい、多数講和をやるんだという決断をされたことは非常に大きかったと思うんです。この多数講和によって日本の政治的独立が確立されたんです。もし全面講和論にこだわっておったら、日本の独立というものはそれだけ遅れたということになる。

――部分講和ないし多数講和は、確かに日本の戦後史にとって大きな分岐点でしたね。

岸 二番目のエポックというかもう一つの決断は、私がやった安保条約の改定だと思うんですよ。したがって、戦後における日本の国運の発展においては、吉田さんの決断と、私の決断というのは非常に意義があったとみずからも考えております。

――他のエポックはありますか。

岸 もしあるとすれば、今後の大きな問題ですが、憲法改正と北方領土返還の問題だと思います。これは誰がやるか知らんけれども、やらなければならない時期は必ずくる。その間における〈佐藤内閣の〉「沖縄復帰」は一つの決断といっていいでしょう。

——そういう面で、日ソ国交回復（一九五六年十月、日ソ共同宣言調印）は鳩山さんの努力で決着しましたが、あの決断はいかがでしたか。

岸 それは正しかった。

――やはり今後の問題としては、憲法改正と北方領土ということですか。

岸 だからこの二つの問題は、今後政治家に重大決断を課することになる。結局は、自分の一身を賭しての決断ということですよ。

――憲法改正は必ずしも外交問題ではありませんが、見通しとしてはいかがですか。

岸 最近非常に盛り上がってきたね。私どもが唱えると、何か右翼的なあるいは妙に過去に拘泥《こうでい》して進歩を妨げるような憲法改正というふうに思われるけれども、この頃、若い代議士諸君その他の連中のなかにも、とにかく改憲をして時代を刷新する必要がある、という空気が出てきている。今日の日本の沈滞や各方面における自立性の欠如の根拠は現在の憲法にもあるので、新たな憲法をつくろうという考え方がだんだん盛り上がってきて、改憲の時機が近づいているように思うんですがね。

——北方領土のほうはいかがですか。

岸　これはなかなか難しいな。とにかく相手があるものだからね。憲法改正のほうは、自分で本当に身を挺《てい》してやる決意をすればということだが、しかし、北方領土もやらなければいかんでしょ、絶対に。

——ところで、戦前における外交のエポックということになれば……。

岸　明治時代の外交官や政治家からわれわれが学ばなければならんものはたくさんあるね。維新後とにかく日本は世界の一流の国々に伍するようになったんだから。ちょっと世界に例のないスピードですよ。まあ、政治家だけではなく各界における明治人の努力と優れた英知のお陰だと思うんです。特に印象深いのは日露戦争ですよ。あの時点で戦争を終結して、ポーツマス条約（一九〇五年九月米国のポーツマスで調印された日露講和条約。日本は賠償金請求を放棄し樺太南半をロシア側から獲得した。同条約の内容に抗議した民衆が暴徒化する事件も発生した）を締結したことです。もし仮にあの条約締結に失敗したとしたら、日本は一体どうなったかということです。日本の一般国民の感情からいうと、条約には非常に不満でした。しかし戦争をあの時点で終結したこと自体が日本を救ったんです。あれ以上戦争はできなかったんだから。あのとき小村寿太郎《じゅたろう》さん（一八五五―一九一一。明治時代の外交官。日露戦争の早期講和論者。ポーツマスでの講和会議の全権として日露講和条約に調印した）は死を賭して日露講和を成し遂げたんだ。不可能なことではあったが、太平洋戦争もシンガポールを落としたあたりで（一九四二年二月）やめればよかったんだが……。

――しかし、日本はそれができなかった……。

岸　それをやめさせる……ナニがあったらね。

政治と権力

――安保改定では随分ご苦労なさったわけですが、そもそも安保改定は直接的には日米関係の問題であり、間接的には今日の国際政治の全文脈にかかわることです。岸さんにとって、今日の国際政治にはどんな要因が働いているとお考えですか。

岸　やはり国際政治の基本は力と力ですよ。単に軍事力だけではなくて経済力なども含まれるでしょう。一つの民族が持っている政治力というものもありますがね。

——力を構成する最も重要な要素というのは、やはり軍事力ということになりますか。

岸　軍事力と経済力と……。まあ両方だろうね。もちろん、われわれが国際的に付き合っていくうえで、国際信義というものは大事ですよ。約束したことは必ず実行するとか、また自分の狭い利己的な考えで動くのではなく、世界の平和と安全という観点から動くべきは当然としても、それを裏付ける経済力や軍事力、すなわち国力というものがなければね。やはりそういう意味で力というものが国家間の問題処理の基礎をなすといわざるを得ないと思いますね。

——国と国との関係で共産主義とか自由主義とか、つまりイデオロギーというものをどういうふうに考えたらよろしいでしょうか。

岸　イデオロギーは各国の選択によって採用されるのなら問題はない。しかし共産主義が危険なのは、マルクス以来一国共産主義ではなしに、世界の共産化を目的としてきたことです。イデオロギーというものは、その国が自主的な立場で決めるべきものですよ。特定のイデオロギーを他国に強制して、いうことを聞かなければ軍事力をもって押しつけていくという共産主義のやり方は困るんだね。共産主義というものには、絶対反対です。

——共産主義は自由を認めないということですか。

岸　個人の自由を認めないという点が一番ですよ。私のような監獄生活をしたものこそ、本当の自由がどれほど有り難いものかが分かりますよ。日本人は自由の有り難さを知らないんですよ。あまりにも自由であるためにね。世界中で一番自由であるのは、日本だと思うんです。自由の有り難さというものを知らないんだよ。

——政治というのは、申すまでもなく、人間と人間の相互関係の中で展開するわけですが、とりわけ赤裸々な人間同士の愛憎のぶつかり合いだと思うんです。ですから、人間とは何かという問題は、おそらく政治の舞台でその役どころを演ずる政治家が常に直面するテーマではないかと思うんです。岸さんにとって人間はいかなる存在、いかなる生き物であるとお思いになりますか。

岸　人間の本質がどうだといわれると分からんけれど、政界におけるこの離合集散をみるにつけて、ナンですね、権力欲というかそういうものが人間には相当本質的に強いものがあるね。

——その権力欲を悪と考える立場もありますが。

岸　いや、権力欲が悪いというわけではない。自分の理想や考えを実現しようとすれば、その実現に必要な権力が伴わなければ駄目です。つまり自分の政治的な理想や考えを実現するために、本来必要な権力を持ちたいと思うのは当然のことです。しかし一度権力を持つと、さらなる権力が望まれる。ここら辺でもういいのだ、というその限度がなくなるということもあると思うんです。政治のマキャベリズムがそこにある。山岡荘八《そうはち》君（一九〇七―七八。作家）の『徳川家康』を読んでみると、信長・秀吉・家康の三人とも日本歴史における偉大な政治家だと思うんだ。それぞれ違ったタイプですがね。しかし権力に対する飽くなき執着というか、それは共通しているね。

――信長・秀吉・家康のうち権力への執着という点では甲乙つけ難いのではないですか。

岸　確かに甲乙つけ難いね。単純に権力を割り切るという意味で、信長が一番好きなんだ。信長が一番割り切った単純さをもっている。一番複雑なのはやはり家康だ。

――岸さんはどのタイプですか。

岸　信長タイプだ。好きだよ。三人の人物にはそれぞれ長所も欠点もあるけれど、天下人として日本を統一しようという考えを一番早くもって、それをナニしようとしたのは信長だ。

――岸さんは平時よりも乱世に力を発揮される、とご自身お思いですか。

岸　どちらかといえば、私は平和な、すべてのものが落ち着いた、そこに座っていてその効果を守っていくようなことには適していないね。難しい問題をナニして、それを切り拓いて一つの目標に向かって行くというのに適している。

——そういう意味では、公職追放解除後の岸さんの前に開かれていた混沌とした政治舞台は……。

岸　確かに私が活動するにはあの時代はよかったかもしれない。日本民主党をつくり、自由民主党を樹《た》てたあの保守合同も、ああいう時代だから私もやろうとしたわけだし、また全身全霊を傾けることもできたんです。

——信長的タイプに比べれば、家康的タイプはやはり違う……。

岸　しかし考えてみると、やはり政治家には家康的な執着というか、あるいは忍耐とか我慢とかいうものが必要だ。

——政治における策略という点ではいかがですか。

岸　まあ、ナンだね。策略を一番用いたのが秀吉だと思うんです。信長にしても家康にしても当時の封建下における相当の家柄に生まれているんだからね。ところが、秀吉は生まれが生まれだから、策をめぐらせて生き抜いてきたという面もあるだろう。

——三者三様ですね。

岸　三人ともあの戦国時代に天下を平定して平和をナニしようという、つまり天下人はわれなりという考え方ね。これをやり得るものは俺だと……。みんなついてこい。まあ、政治というものにはそういう部分があるね。

――一定の権力を手にすれば、さらなる権力を欲するという話が出ましたが……。

岸　本来権力というものは、先ほどいったように、ある理想を実現するために必要なんです。しかしそれを一度ナニすると権力のための権力、まあそこに政治のマキャベリズムというものがあるということでしょうね。

――実際に権力を追い求めてこられた岸さんからすれば、権力なるものをどう実感されますか。

岸　本来権力とは、政治家の意志力というものがその基礎にあると思うんです。意志の力、それを裏付ける制度の問題も生まれてくるでしょう。

――政治においては、権力というものがカネによって培養されるという面も否定できないように思うのですが。

岸　特に日本はね。選挙でたくさんのカネがかかる。国会が国権の最高機関である以上、政治的な仕事をするには、まず国会に出なければならない。人格的な偉さとか人間的な優秀さ以外に、現実の問題としては、カネがなければどんな立派な人でも国会議員には当選できない。しかし、政治的な権力を得るためにカネというものが必要だということになると、いろいろな弊害も出てくるし、あまた忌《い》まわしいことも生まれてくる。そうかといって、いくらそれが忌まわしいといっても、それが現実であるということは認めざるを得ない。

——特に日本の場合、その要素は強いのではないですか。

岸 いや、日本だけではないでしょう。やはりこれは民主政治の一つの弱点だね。

重要なのは安全保障

——ところで、一国の最高政策決定者である総理がですね、政策として最も重要視するものは何であるとお考えですか。

岸 第一はね、いうまでもなく安全保障ですよ。政治においてその国が安全であり、その国が平和であるということが政治の基本ですよ。それがなけりゃあ、経済の発展も、あるいは文教の振興もないと思うんですよ。その国が他国から攻められて、現実に侵略が行なわれるという状況があれば、そりゃああなた、教育制度をどうしようとか、社会保障をどうしようとか、あるいは老人福祉をどうしようなどと考える余地はないですよ。そういうことを推進していく前提として、日本の独立を守って安全を保障するという仕組みは、実は戦後未だ確立されてはいないんです。

——その点に関連しますが、吉田さんの旧安保条約には不備があったと……。

岸　吉田さんがつくった安保条約では、日本がアメリカに占領されているようなものなんです。形式的には占領軍が撤退して、その後改めてアメリカ軍がやってきて日本を占領している状況が旧安保条約なんです。そんなもので日本が安全であるとはいえない。日本の独立を擁護し、独立の基礎を確立するということが、すべての政治の出発点なんです。それがなければ、他の大事ないろいろな問題は一切手につかんということになる。

大衆とは何か

――とくに戦後の民主政治のなかでは、政治家が世論というものをどういうふうに考えるかということはかなり重要な要素だと思うのですが、岸さんにとってこの大衆というのは、どう捉えられているのでしょうか。

岸　まあ私なんか出身は官僚だから、一般大衆には割合縁遠いと思うんですよ。ただ私はね、農商務省に入って中小企業の問題を扱っていただけに、産業界においては比較的弱小の企業に接していました。企業の数は非常に多いし、やってる仕事も複雑雑多であって、比較的大衆に近かったともいえる。大きな製鉄業だとか大きな化学工業だけを相手にする産業政策と違って、そういう中小企業対策を請け負っていたんです。

——大衆と触れ合うことはできましたか。

岸　大衆との触れ合いというものはね、政治家でなけりゃあ無理ですよ。官僚にはできない。だから私にしても、一般大衆に接する機会が多くなったのは、政治家になってからです。大衆に対峙するのではなく、大衆のなかに入っていくということです。しかし、政治家はいわゆる大衆よりも数歩前進しているものだと思うんだ。これが望ましい形だ。数歩前進しておって大衆への指導力を持たなければ、政治家としては駄目だと思う。やはり指導性と見識がなければね。大衆のなかに溶け込んでしまって、大衆の一部になったんでは意味をなさないんです。

——安保改定のときの大衆はどうでしたか。

岸　安保のときのデモというのは、いわゆる大衆じゃないと思っていました。まあ一部の大衆といってもよい。しかも、ある意図で組織されている一部であって……。総評や全学連や、あるいは背後にある極左的な勢力だったと思います。一般大衆は無関心だったと思うんです、大部分は。前にも話しましたが、あの時も国会の周りはデモでナニしていたけれども、後楽園球場では数万の人が入って野球を楽しんでいた。銀座通りには若い男女が手をつないで歩いていた。それが大衆であって、いわゆる「声なき声」ですよ。声を出しているのは一部のつくられたナニであって、あれは大衆じゃないというのが私の当時の見方でした。

――これと関連しますが、一国の総理にとって国民というのは、統治の対象であると同時に政権獲得のための一つの不可欠な母体でもあるわけです。岸さんにとって日本人ないし日本国民の特質といいましょうか、これをどういうふうにお考えになっていますか。ナポレオン（ボナパルト。一七六九―一八二一。フランス皇帝）が、フランス国民は神経を逆なでしなけりゃ非常に治めやすい国民だといったそうですけれど。

岸　そうですね、日本国民は全体として乱を好まない民族だと思うんです。非常に保守的ですよ。進歩的な考え方の人も、破壊的な考え方をもっている人もおるにはおるが、大衆の大部分は非常に保守的で堅実だと思うんです。変革を好まないということが、日本の大衆の基本的な性格だと思うな。

――日本国民というのは、「長い物には巻かれろ」という諺の通り、やはり権威と申しますか、上位の者に弱いという一つの特徴があるのかもしれませんね。

岸　まあそうだね。権威に反抗するとか抵抗するという考え方は少ないね。

――そういう先生のご認識は、政策決定者として、やはりどこか頭の片隅にあったんでしょうか。

岸　あると思いますね。

思想の形成

——岸さんの思想形成について大変興味があるのですが、そもそも国粋主義に興味をお持ちになったのはいつ頃からですか。

岸　理論的に勉強したのは、大学に入ってからですよ。高等学校時代はそれがないんです。

——やはり、恩師である上杉慎吉さんの影響ですか。

岸　私は初めは上杉先生の思想よりもその人柄に惚れたんですよ。例えば、講義には和服を着てね、紋付き袴のいで立ちで実に男っぷりもよかった。講義するその姿は、大学の教授でありながら、一面国士ふうでして、単に学者というよりも一個の魅力的な人格者であった。私の中学時代の先輩が三、四人上杉先生の門下に入っていたんです。彼らの手引きで上杉先生のお宅に出入りするようになった。牛込の先生宅にも随分通っていました。

——かなり親しくお付き合いされたんですね。

岸　面白い光景がありましてね。例えば、新聞記者の連中と家で一杯酒を飲んでいると、自分のお銚子と相手側のお銚子をそれぞれ別々に置いて、お互い手酌で飲んでいる。決して他人にもつがないし、他人からつがせもしないんですよ。暫くすると、先生がこういうんだ。君らはさっきから気がつかないだろうが、何故《なにゆえ》に俺は手酌で飲んでいるか分かるかね、と。みんな黙っていると、君らの飲んでいる酒と僕の飲んでいる酒は、酒が違うんだ、というんだよ（笑い）。自分の酒は上質、特別の酒で、君らにはそれが分からないから飲ませないんだよ、と平気でおっしゃったりするんだ（笑い）。

――なかなか磊落《らいらく》の人であったわけですね。

岸　それから、こんなこともいわれるんです。岸君、山口県じゃね、一流の人物は中学校を卒業すると、みんな軍人を目指してるんだ。大学へ来るのは、二流、三流でだな……そうだろう、と。君ら偉そうな顔をしていても、山口に帰れば二流、三流だろうなどと、実にこう人間的な情愛をもっていわれましてね。

思想的には、つまり上杉先生の憲法論については、私は一から十まで賛同していたわけではなかった。美濃部達吉さんの憲法論にも非常に共鳴しておったほうだし……。上杉先生には、むしろ人柄の点で敬服していた。大学時代に上杉先生主宰の木曜会（後の興国同志

上杉慎吉

会）に入ったのも、それが手伝っていたかもしれないね。

――興国同志会（一九一九年四月結成。東京大学における国家主義の学生団体）といえば、岸さんは大学時代この会から離れてしまいますね。

岸　助教授だった森戸辰男《もりとたつお》さん（社会政策学者。片山、芦田内閣の文部大臣）がクロポトキン（ピョートル。一八四二―一九二一。ロシアのナロードニキ系社会学者）についての論文（「クロポトキンの社会思想の研究」）を経済学部の『経済学研究』という雑誌（創刊号）に載せましてね。それが問題になったんです。とくに興国同志会の連中が分からないことをいって、森戸さんを激しく攻撃したんです。私はとうとう彼らと袂《たもと》を分かって、そこを脱会したわけです。上杉先生には後で、大学に残るよう懇望されましたが、私はそれをお断りしたんです。上杉さんの憲法論のすべてに必ずしも賛成ではなかったし、しかしそうかといって、興国同志会に反対していた新人会（社会主義を支持する学生たちの集まり）の考え方には、もちろん反対でした。

――いわゆる森戸事件ですね。これは一九二〇年に森戸辰男助教授の論文が朝憲紊乱《ちょうけんびんらん》の科《とが》で罪に問われたわけですが、そのとき東大のなかで新人会と興国同志会が激しく対立しましたね。

岸　僕はね、共産主義、社会主義には反対だったのだが、しかし頑固な国粋論にはどうもついていけなかった。このとき、興国同志会を牛耳《ぎゅうじ》っていた人々は、何というかな、融通のきかない頑固一点張りの考え方でした。本来、思想の進歩とか新しい考え方というものはこれを理解した上で反駁するなら反駁すべきなのに、彼らは自分たちとは違う思想を頭から一切理解せず否定してしまうんだ。これには僕はついていけなかった。いわゆる国粋論というのは、いまの右翼団体のようだったよ。

――このとき上杉先生はどういうふうに対応していたのですか。

岸　私が不満だったのは、そういう場合上杉さんという人は、極端な右翼的な連中をあえて抑えようとされなかったことだ。私は上杉先生にもそのとき、「あんなの抑えてください」といったのだが、なかなかそうされないんだ。そういうところに私は不満だった。

――そのときに脱会されたわけですが、お仲間何人かと一緒だったのですか。

岸　いや私だけだ。

――岸さんは当時、新人会とは何か関係があったのですか。

岸　いや、ありません。ただ新人会の三輪寿壮君とは親しかった。これは新人会とは関係なく、三輪君とは一高時代から親しかったということです。

――先ほど、美濃部さんの憲法論に共鳴されたとおっしゃっていましたが、どんな部分に共鳴されたのですか。

岸 美濃部さんの天皇機関説には賛成しなかったが、他の行政理論の説明は非常に理論的でしたよ。一般の行政法、憲法の講義の時なんかは、大いに勉強になった。でも、大学時代、理論的に共鳴したのは北一輝です。彼の『国家改造案（原理大綱）』（後に『日本改造法案大綱』に改題された）が秘密出版されたとき、僕は夜を徹して筆写したことを覚えています。

――北一輝のことについては後でうかがうとしまして、東京大学にお入りになる前、つまり第一高等学校の時代、岸さんの思想形成がどのようになされたのか、興味がありますね。

岸 まあ、一高時代は濫読するだけでしたね。とくに何を読んだというわけではなしに、いろんなものに首を突っ込んでいた。何らまとまったものはなく、好き勝手なことをやっていましたよ。

――そうしますと、思想らしい思想、ある種体系的なものに初めて出会ったのは、やはり上杉さんの国粋論ですか。

岸 そう。でもね、むしろ私が一番嫌だったのは、新人会の社会主義運動というナニだったな。学生の間に相当勢力をもってきた社会主義運動には非常に反発しましたよ。上杉さんの影響を受けたからそうであるのか、そう（社会主義運動への反発）であるが故に上杉さんのほうに惹かれていったのか、分からんのですがね。

——岸さんの思想形成には、長州というか山口出身ということと浅からぬ関係があるように思うんですが……。

岸　山口県は非常に面白いところですよ。日本共産党の指導者であった市川正一《しょういち》（一八九二—一九四五。日本共産党中央委員）の出身地は、私の育った田布施《たぶせ》からあまり離れていない宇部というところですよ。（日本共産党議長の）宮本顕治《けんじ》君も、私のところから近い（山口県熊毛郡光井《みつい》村—現在の光市光井）。

——（日本共産党名誉議長の）野坂参三《さんぞう》さん（後に党除名）も山口県出身ですよね。

岸　彼も山口県はいまの萩市ですよ。神山茂夫《しげお》（一九〇五—七四。日本共産党中央委員。後に党除名）は下関だ。

——なかなか多彩ですね。

岸　僕なんかは吉田松陰先生に大変な影響を受けてね。松陰門下の高杉晋作（一八三九—六七。幕末の長州藩士。討幕派の中心人物。奇兵隊の創設者）とか久坂玄瑞《くさかげんずい》（一八四〇—六四。高杉晋作とともに松下村塾の代表的人物で尊王攘夷の活動家）などは、そういう意味ではわれわれのアイドルだった。ところが野坂参三にいわせると、吉田松陰や高杉の直系は、自分たちだというんだよ。岸や佐藤なんて奴は俗論党だというわけだ。時代の秩序を破壊して新しいものをつくり出そうとしたのが、革命家吉田松陰であった。逆に、長井雅楽《ながいうた》（一八一九—六三。幕末の長州藩重役）やその他はいわゆる俗論党と称されていた。その流れを汲んでいるのが岸や佐藤だというのが、野坂君のいい分なんだよ。反対に、野坂君たちが吉田松陰先生の後を継ぐんだと主張するのは怪しからん、というのがわれわれのいい分でしてね。しかし、彼らのいうことにも一理はあるんだよ。

——長州における右と左には、やはり共通性はありますか。

岸　明治維新の頃の歴史においては、同じ長州ですから両方とも同じような考えをもっているんではないかと思うな。そういう意味での共通性はあると思いますね。

——ご幼少の頃から青年時代にかけて、岸さんの世界観の形成に大きな影響を与えた人物、事件、あるいは書物はございますか。

岸　私は中学時代には義理の叔父の家に寄宿していたんです。叔父は吉田祥朔《しょうさく》といって山口中学の歴史の先生でした。この人は萩の出身で、私の叔母（岸氏の実母茂世《もよ》さんの妹）の夫にあたる人です。私自身ははじめ、叔父（実母茂世さんの弟）の佐藤松介《まつすけ》の世話で岡山中学に入っていたんですが、その叔父が急死したので、山口中学に移ったんです。松介は岡山の医学専門学校の教授で、弟の（佐藤）栄作の家内になる寛子《ひろこ》の親父です。

その頃岡山中学は中国地方では有名なエリート中学でした。なかなか入学も難しかったものですから、松介叔父さんは田布施の高等小学校二年の私を転校させて、その転校先から岡山中学に私を入学させたわけです。ところが、その岡山中学二年のときに叔父が肺炎で死んだんです。そのすぐ後私を山口中学に転校させて面倒をみてくれたのが、祥朔叔父さんだったんです。

岸氏は巣鴨プリズンで、幼少の頃から少年時代までの思い出のメモを認《したた》めている。そのなかで、岸氏が最も敬愛していた叔父の佐藤松介氏の急逝について次のように書いている（後にこれは、岸氏の後援会機関誌『風声』に収録された）。

「（明治四十三年）四月の中葉に急に熱が出て叔父が寝込まれ、始めは風邪の様であったが熱が高く非常に苦しさうであった。医専の先生が診察に来られついで寛造叔父もやって来た。何でもクルップ性肺炎と云ふことで、僅か十日許《ばか》りの病いでポックリと亡くなられた。行年三十五才であって寛子（後の佐藤栄作夫人）も（佐藤）正子もまだ西東も解らぬ幼《いと》けなさであった。人間の死に目といふものに始めて会ひ、然かも慈父も及ばぬ慈愛を垂れられ、其の当時私としては一番尊敬もし頼りにして居た叔父に亡くなられて、悲しくて泣いても泣いても泣き足らぬ思ひであった。（佐藤）音世姉と二階の私共の部屋で何時迄も相擁して泣いたことを忘れ得ない。吉田（祥朔）の叔父が山口からやって来て居て、私はその叔父に連れられて叔父の葬儀にも立会はず匆々《そうそう》に岡山の地を去って行った」（『風声』第四号、一九五三年十一月、五十九ページ。括弧およびルビは編者）

――吉田祥朔という方はどんな人だったのですか。

岸　この人は郷土史の大変な研究家でした。よく私を萩に連れていってくれました。吉田松陰先生の松下村塾をはじめ明治維新時代の遺跡に連れていかれたものです。また、吉田松陰先生の書いたものを叔父から読まされてね。松陰先生が学んだ『孟子』を叔父からも盛んに説かれたものでした。したがって、その松陰先生と松陰門下の考え方と、それを貫く『孟子』の思想が私に影響を与えたことは間違いない。孟子の言葉として私の好きなものは、例えば、「至誠にして動かざる者は、未だ之《これ》有らざるなり」とか、「自ら反《かえり》みて縮《なお》くんば、千万人と雖《いえど》も吾《われ》往《ゆ》かん」などがある。中学時代のこういう教育は、私の一生を貫いて今日まで残っているわけです。高等学校時代は女義太夫なんてものを追っかけまわしていました。義太夫百番なんてものを暗記してみたり、そういう呑気な時代もあったね。

――長州が岸さんに与えた感化力は大きかったのですね。

岸　叔父に萩に連れて行かれて、明治維新の雰囲気に触れて松下村塾をはじめとする維新の事跡をみせられました。その影響が私の後々の人生観の大きな基礎をなしていることは確かです。自分の行動は、そういうところから来ていると思うんです。私の国粋主義なんていうのも、もとを辿れば、やはり萩が与えた影響ですよ。

――吉田松陰から一番影響を受けたものは何ですか。

岸　そりゃあね。三十歳に達するか否かで一生を終わった人ですからね。その間に不便な交通事情にもかかわらず、長崎からあの青森の北まで、そして江戸まで何遍か行って非常に苦労をした人です。いま残っている松陰先生の著作なんか読んでみても非常な勉強家であることが分かる。これを貫いているものは、「至誠」ということでした。つまり、誠を貫くには自分の命を賭してやれという……当時の私の心に非常な影響を与えたものであったし、そのためには勉強をしなきゃいかん、自己反省というものをしなきゃいかんということを教えられたものです。それに比べて一高時代は呑気なものでした。中学時代の緊張から解放されて僕としては本当に濫読の日々であった。しかし、何かに帰結を求めるということはなかった。それが大学へ入って上杉先生の国粋論というものに出会うわけです。

学者の道を選ばず

――岸さんは大学時代に、上杉さんから学者として大学に残るよう懇望されたという話ですが。

岸　私は実は子供のときから少なくとも軍人志望ではなかった。あまり体が丈夫ではなかったからです。体が弱かったということが、軍人志望ではなかった一番の原因であったかもしれない。体が丈夫だったら軍人になっていたでしょう。大学へ進んでいった理由は、将来政治家として立とうという考えに基づいていたように思います。

――学者は眼中になかったということですか。

岸　学者になるということは、およそ自分としては考えていなかった。我妻栄君と私は高等学校、大学を通じて非常に懇意だったので、一緒に勉強もしたし、休みごとに伊豆にいって机を並べて合宿していました。高等文官の試験準備は、ひと夏一緒に猪苗代湖畔でやりました。我妻君はね、あくまでも学者になるような才能をもっていた。彼の勉強の仕方をみるにつけ、僕は学者には向かないということを感じていました。もともと政治家になるつもりでいたもんですから。

第一高等学校、東京大学時代を通じて岸氏の親友であった我妻栄氏は、次のような思い出の手記を岸氏の後援会機関誌『風声』に寄せている。

「岸君とほんとうに親しくなったのは、大学に入ってからだ。私は、鳩山秀夫先生に可愛がられて、民法に打ちこんだ。彼は、上杉慎吉先生に私淑して、憲法に傾倒した。教室では始終議論した。二人を中心としたわれわれグループが、明けても暮れても法律の議論をしていたことは、他の高校から来た人達の驚異であったらしい。

一年の冬休みには、二人で伊豆の土肥温泉に行き、明治館の座敷に陣どって、試験勉強をした。（中略）そこで、私が急に発熱して、岸君が夜もロクに眠らずに看病してくれたことが、いまでもまざまざと記憶によみがえってくる」（『風声』第十一号、一九五六年一月、五十ページ）

――上杉先生は簡単には引き下がらなかったんではございませんか。

岸　上杉先生に対しては、私は学者には向いていないと話したら、先生が怒りましてね。君は学者でもないのに学者には適せんとか何とかいうのは、おこがましい限りだ。学者である俺が、君を学者として立ち得るといっているのだ、と随分叱られましたよ。しかし、私は政治家としていくつもりですから、といい張ったわけです。

——政治家になろうというお考えは、いつ頃からですか。

岸 ぼんやり考えたのは中学時代からです。ずうっと考えとったね。伊藤博文公は私と同じ郡（山口県熊毛郡）の出身ですが、私の郷里から二里くらいの村に、いま伊藤公の記念館（伊藤公資料館）ができています。そういう所だから、子供の時から政治家というものに関心を持っていたのだろうね。

——やはり長州という土地柄が影響しているのでしょうね。

岸 そうね。だから軍人だった者でも、結局は政治家になる人が多かったと思うね。山口県の軍人の多くは政治家になっているからね。山県有朋《やまがたありとも》さん（一八三八—一九二二。明治・大正時代における政治・軍事的最高指導者の一人。一八八九—九一他首相）、寺内正毅《まさたけ》さん（一八五二—一九一九。明治・大正時代の軍人・政治家。一九一六—一八首相）、田中義一《ぎいち》さん（一八六四—一九二九。大正から昭和初期の軍人・政治家。一九二七—二九首相）は、もっと後の政治家だけれどもね。やはり子供のときから先輩たちのことを学校でも説いてくれるし、親なんかもそういう人たちの名を挙げて見習えというし、子供のときから環境がそうだからね。それから明治維新の事跡を直接みたり体で感ずるということもありますしね。確かに土地柄としてそうした影響はあったと思う。

——大学を卒業されて、農商務省をお選びになりましたね。

岸　産業経済の実体に関心を持っていたことは事実です。内務省というと、権力中心の警察行政ということになるのだが、そういう権力だけの機構ではないというのが農商務省の特徴でした。それから農商務省は、大蔵省のようにただ税金をとって予算をつくるというものでもない。

——農商務省といえば、一九二五年農林省と商工省に分離されたとき、岸さんは商工省、つまりいまの通産省（二〇〇一年より経済産業省となる）に属することになりますね。そもそもどうして内務省や大蔵省ではなくて、農商務省にお入りになったんですか。

岸　学生時代私の保証人になってくれた人は、上山満之進《かみやまみつのしん》（一八六九―一九三八。明治から昭和にかけての官僚）という人なんです。農商務省の次官（一九一四年就任）をされたり、内務官僚として熊本県知事（一九一二年就任）も経験された人です。彼は後に台湾総督になって亡くなったんですがね。その上山さんからこっぴどく叱られました。呑気なことでしたが、上山さんには農商務省に入ることが決まってから挨拶に行ったんです。そうしたら、えらく怒られてね。貴様、就職というのは一生の問題だ。それこそ先輩である保証人の意見を聞いて決めるのが当然ではないか、というんだ。そして、こうもいわれた。俺は内務省と農商務省の両方を知っとる。お前は山口で生まれたから、当然政治家を志しているんだろう。それなら内務省に行くべきだ。政治家になるなら、農商務省に行くのは間違っている、とね。

——随分はっきりいわれましたね。

岸 僕は僕でこう反論しましたよ。私は先輩の意見と違うんですが、政治家志望だからこそ農商務省に行きたいんです、とね。従来なら、内務省とか大蔵省が政治家への近道だったかもしらんけれど、これからの政治の実体は経済にあると考えていたんです。要するに、国民生活をいかに豊かにし安定させるかが政治の要諦であるとすれば、どうしても農商務省でなければいかんというようなことをいったら、上山さんはえらく不機嫌になったんだ。バカ！ お前なんかそんなことを口先でいうけれど、現実はそんなものではない。政治というものには権力が必要であり、人心を把握するということからすれば、内務省でなければ駄目だ、というんだよ。

——いま振り返って、ご自分の決断をどう思われますか。

岸 いまにして思うと、自分自身間違った選択はしていなかったと思うんですよ。農商務省に入ったために政治家として特に損をしたとは思わないし、また非常に得をしたとも思わないですよ。考えてみれば農商務行政から出て総理になったのは僕一人だろうね。

——やはり異色でしたね。異色といえば、先生のご実弟である佐藤栄作さんが鉄道省

（後の運輸省。二〇〇一年より国土交通省となる）にお入りになったのも、ちょっと変わっていたのではございませんか。

岸　変わってる、変わってる。まあ彼の場合は学校の成績はよくなかったから大蔵省に行っても駄目だと思って、あそこ（鉄道省）へ行ったんだろうと思うがね。わざわざ聞いたこともないけどね……。

――岸さんに比べれば、佐藤さんは勉強は苦手だったのですか。

岸　うん。彼は学校のほうはね、僕と五歳も違うんだが、僕のノートやサブノートを一生懸命使って（笑い）、精進して試験勉強をしていたよ。大学の成績は、僕のほうが非常に優秀だった。

国家社会主義との出会い

――上杉先生の極端な国粋主義、保守主義に疑問をお持ちになっていたその前後でしょうか、北一輝や大川周明《しゅうめい》などに傾倒されていたようですが。

岸　その頃一番影響を受けたと思われるのは、鹿子木員信《かのこぎかずのぶ》（一八八四―一九四九。大アジア主義の思想家、北一輝らの猶存社《ゆうぞんしゃ》に参加。戦中は言論報国会事務局長）という人です。鹿子木さんが鎌倉の建長寺で座禅しておられるんで、そこへ訪ねていって一緒に座禅をしたこともあるんです。それから確か高田老松町だったと思うんだが、目白のね、そこへ伺ったりした。先生は非常に山登りが好きでね。鹿子木さんには随分影響を受けた。

——上杉さんと鹿子木さんとは、やはり違いましたか。

岸 それは違う。確か鹿子木さんは、日露戦争における日本海海戦のときに軍艦に乗っておったはずです。しかし、戦争が嫌になって一種の厭世観に陥ってしまうんです。海軍を辞めて、座禅に励んだのもそのためなんです。そういう方でしたから、彼の国粋主義の背後には、哲学的な思索を伴うある種禅の考え方というようなものがありました。しかもスポーツマンとしての明るさというものを本来もっている人でもあった。そういう意味では、われわれに非常な魅力を与えた人ですよ。上杉さんに比べれば、鹿子木さんは同じ国粋主義でもそれ程極端ではなかった。それから北一輝なんかは一種の凄みというか、周りを圧倒するような迫力があったし、大川周明なんかはどこか高いところにいて、われわれに指導を与えるというところがあったんですが、鹿子木さんはむしろわれわれと一緒に議論し思索するというようなところがあったね。僕は鹿子木さんから、人生観というか人生のいろいろな問題について影響を受けたような気がするなあ。

——北一輝の国家社会主義に影響されたというのは、どういうところでございますか。

岸　それはね、東京の牛込に猶存社という結社体がありましてね。そこが北一輝なんかの巣だったわけだ。そこへ私は誰に連れていかれたのかはっきりしないが、訪ねていって北一輝に初めて会ったんです。彼は隻眼《せきがん》の人です。炯々《けいけい》とした片目で僕を睨みつけてね。こちらは大学の制服を着ていたと思うんだが、北一輝は辛亥《しんがい》革命のあの革命服を着ていた。そしてこういうんだよ。「空中に君らの頼もしい青春の血をもって日本の歴史を書くんだ」。北一輝に会った瞬間の第一印象は、僕には強烈でした。北一輝の『国家改造案（原理大綱）』が一つの大きな魅力でもあった。

――北一輝は私有財産の否定ということをいっていますね。

岸　私には、私有財産制というものを維持しようという考えはなかった。それだから、例の森戸辰男の論文に対しても、私は国体とか天皇制の維持は考えるけれども、私有財産制を現在のまま認めなければならないとは思っていなかった。私有財産の問題と国体維持の問題を分けて考えるというのは、その当時のわれわれの問題の基礎をなしていたんです。したがって、私有財産制の維持というものに対しては非常に強い疑問をもっていました。

北一輝

――そこにやはり北一輝に通じるものがあったというわけですね。これは、後に革新官僚として岸さんが推進したいわゆる統制経済論というものにもつながっていくわけですね。

岸　まあ、そういうことでしょう。

――岸さんは学生時代から相当の読書家であったわけですが、マルクス・レーニン主義とか社会主義なるものにかなり関心をお持ちだったのではないでしょうか。ちょうど学生の頃はロシア革命の時代であったわけですし、マルクス（カール・ハインリッヒ。一八一八―八三）やレーニン（ウラジミール・イリーチ。一八七〇―一九二四）の本などお読みになりませんでしたか。

岸　われわれの先輩だが、河上肇《はじめ》先生（一八七九―一九四六。明治から昭和時代にかけてのマルクス経済学者）が教壇（京都大学）の上でマルクス・レーニン主義を大いに講義されていました。誰もが若いときに傾倒するのだが、『資本論』は難しかったよ。一応は読みました。マルクスとエンゲルス（フリードリッヒ。一八二〇―九五）の往復書簡などはとにかく読みましたよ。でもね、（これらの著作は）どうも根本的に初めから（自分と）相容れないものでしたね。ある意味からいえば、理解できない点が随分多かったと思うんですよ。

――若い頃にマルクスの理論にぞっこん参ってしまったというケースは、よくあることですが。

岸　私は参らなかったな。

――やはり北一輝のほうですか。

岸　うん。

――革新官僚の統制経済論というのは、例えばゴットル（フリードリッヒ・フォン。一八六八―一九五八。ドイツの経済学者。共同体持続の実践的要求に基づくその経済理論はナチス政権に利用された）などに影響されていると思うのですが。ゴットルの影響などはいかがでしょうか。

岸　それはあったでしょうね。ゴットルは私も読みましたよ。理論的にはある程度研究しました。われわれは統制経済論によって何か社会革命を行なおうというのではなくて、現実の政治的な必要からこれを用いたように思うんです。

大アジア主義

――先生は学生時代、北一輝の国家社会主義とともに大川周明の大アジア主義に影響されたようですが、大川さんとの出会いはどんなものだったのですか。

岸　大学時代には新人会中心の社会主義があったり、国粋的な立場の人がいたり、それから大川周明の流れもいたね。私の同輩の太田耕造君（一八八九―一九八一。後に法政大学教授を経て、鈴木貫太郎内閣の文部大臣。戦後は亜細亜大学学長）なんかとは互いに連絡をとっていたんです。誰であったか記憶にないのですが、大川さんのところへしょっちゅう出入りしている人がいて、僕を連れていってくれた。大川さんのところに出入りするようになったのは、それがきっかけだったように思います。

――そのとき大川さんの本をお読みになっていたのですか。

岸　本は読んでいた。その頃はまだ大東亜共栄圏などというものは頭になかったけれども、こういった考え方や私の満州行きの基礎には、大川さんの考えがあったことは否めんね。

――その場合、中国との関係というものをどう考えておられたんですか。

岸　当時は袁世凱《えんせいがい》（一八五九―一九一六。一九一一年辛亥革命によって首相となる。一九一二年中華民国の初代大総統になるが反体制運動のため失脚）というのが勢いを得ていましたよ。孫文先生（一八六六―一九二五。中国の革命家。中国共和制の樹立者）を中心とする若い世代の改革派の多くは日本に学んだり亡命したりして、日本との関係が深かった。私なども中国の革命を日本が一緒になってやるべきだというふうに考えておりました。私の叔父は浪花節が好きでね、子供の頃よく講演に連れて行ってくれたもんです。そのときに宮崎滔天《とうてん》

（一八七〇—一九二二。明治・大正時代の中国革命運動家）の浪花節を聞いたことがあります。大学時代には滔天の息子の宮崎龍介（一八九二—一九七一。社会運動家。弁護士。歌人柳原白《びゃく》蓮《れん》の夫）というのがおりました。

——大川周明というのは先生のなかでは非常に大きなウェートを占めているのでしょうね。

岸　それは占めていますよ。

——感銘を受けたのはどんなところですか。

岸　やはり大川さんは人間的に魅力をもっていました。彼は物事をいい切る人だった。そういうことが、若い者には非常に印象的でした。学者は、ああでもないこうでもないといろいろな学説を並べるが、とにかく大川さんという人は決断をもって若者にこうだといい切るんです。上杉先生と同じように、それが非常に魅力的でしたね。

——大川周明の大アジア主義は、岸さんにおける戦後の政治活動の原点にもなっているのではございませんか。

岸　確かにそうです。私のアジア諸国に対する関心は、大川さんの（大）アジア主義と結びつきますよ。もちろん、私が戦前満州国に行ったこととも結びついています。一貫しとるですよ。

——満州国にいらっしゃったことと結びつく……。

岸　うん。根底においてはね。

——そうすると戦前と戦後の間には、岸さんにおいては断絶というものはないのですね。例えば戦後、アジア諸国に対する岸さんのアプローチと戦前のそれとの間には……。

岸　おそらく断絶はない。

——そうしますと、日本があくまでもアジアのなかで指導国にならなければならないという考えになりますか。これはともすると、アジア諸国から反発を招きませんか。

岸　いやそれはね、指導国になるということは、われわれの態度なり実際の行動次第だと思うんですよ。アジア諸国に対して脅威を与えないためには、これら諸国を威圧するような軍事力を日本はもたないということも必要でしょう。それから、われわれの経済外交というものも、独善的な考え方に立つことのないようにするのは当然です。例えば福田君が福田ドクトリン（一九七七年八月福田首相がマニラで発表した東南アジア外交三原則）で唱えたように、アジアにおける人材養成に日本が貢献するなどということは非常に重要です。

——具体的にいいますと……。

岸　例えば戦前の日本が、その武士道的な態度でもってアジアの人々に感化を与えたことは、非常に大きな意味をもっていると思うんです。ごく小さな一つの例を挙げると、私は蔣介石に何度か会いましたが、彼は毎朝正座する習慣をもっているというんです。それは日本に留学したときに正座をさせられましてね。それ以来正座というものが自分の精神を統一し、肉体的にも非常に健康のもとになっているというんです。だから毎朝やるんだというようなことをいっていました。まあ、こういうように日本に留学したり日本で生活した人々が、日本の生活様式に影響されて人物形成の上で大きな力となっているんです。将来外国で中心となるべき若い人々を日本で教育することはやはり必要ですよ。大アジア主義の考え方そのものではなくても、さらにもう一段進んで、人間としてのあり方に感銘を与えるようなアジアの団結とか理想というものが実現されてしかるべきだと思うんです。やはり若い人たちの養成というものが一番必要なことじゃないかなあ。

計画的な自主経済

——先生のお話を伺っていますと、その思想における最も核心的なものの一つは「反共」ということになるかと思うのですが、それは、一体那辺《なへん》から来るのでしょうか。

岸　私の「反共」は、いわれるほど徹底したものではなかったかもしれないが、戦後における日本共産党の行動、それからソ連の世界政策というものが私の現在の反共思想を非常に強く形づくっているのかもしれないね。私は大学生の時代から国粋主義者であり、当時の傾向というか、私を取り巻く雰囲気というものからして、自然に反共的なムードのなかで育ってきたと思うんですよ。ともかくコミュニズムに対する自分の気持ちは、感情的に一種の憎しみをさえ含んでいるように思うんです。戦後の日本共産党は、火炎ビン闘争（一九五二年五、六月にかけて日本共産党主導で展開された武力行動）に表れているように、ある種の破壊主義であった。これに対する私の立場からいうと、理論的にこれはいかんとか何とかいうような生やさしいものではないですよ。感情的な「反共」がそこにあるように思うんだ。

前にも話したように、学生時代、私もマルクスの『資本論』を読んだり、エンゲルスとマルクスの往復書簡も一応通過はしている。共産主義に対しては、そのぐらいの程度における理解はあった。だけれどね、いまの共産主義に対しては、徹底的に批判する立場だ。自由と民主主義を基本にした政治組織ならびに政治の実体というものがあるべき政治の姿であって、それに反するものは絶対に排除すべきだということです。排除すべき一番極端なものが共産主義だ、私はこう割り切っている。

——共産主義の持っている暴力性といいますか、破壊性というのでしょうか、これに並ぶのが極端な右翼であると思うのですが……。

岸　右翼も同じことです。日本を守るというのはどういうことか。日本の国土を守るんだろうか、あるいは国民を守るのだろうか、それを考えるとね、一番大切なことは、やはり自由な日本というものを守るということだと思うんだ。したがって共産党が日本を支配した場合、一体外国に対して日本を命を賭して守るという気持ちが出るかといえば出ないと思うんです。自由を妨害し破壊する共産主義思想と同様、暴力的な極右の考え方や行動というものにも僕は反感をもつね。

——しかし、戦前はいわゆる国粋主義というものが全体主義あるいは軍国主義と結びついた歴史をもっていたわけですね。振り返ってご覧になって、国粋主義がどうしても全体主義的なものに結びついていくという歴史をどういうふうにお考えになりますか。

岸　だからあなたがいわれる通り、歴史的事実としては確かにそうです。しかし私の国粋的な考え方は、そういうものと結びつくようなものではないんですがね。

——岸さんは自由主義というものに価値を置いていらっしゃるようですが、確か保守合同（自由民主党の結党）の完成に前後して、箕山社《きざんしゃ》（岸氏の後援会）の機関紙『風声』にこんなことをお書きになっていましたね。つまり放漫な自由主義経済と決別して計画的な自主経済を樹立するんだ、ということでした。この「計画的な自主経済」というのは、ある意味では社会主義的な要素を取り入れたものでもあるでしょうし、あるいはどこかで戦前の統制経済的な国家経営というものにも結びつくような気もするんです。この「計画的な自主経済」というのはどういうお考えから……。

岸　放漫なる自由主義経済はね、弱肉強食、つまり力で勝手にやれというシステムですからね。だから、そういうものではなしに、経済に一種の計画性とか、みずから越えてはならない制約というものを設けるという考え方なんです。計画された経済といっても、あくまで個人の創意と自由な行動を基本としなければいけない。無秩序というものに制約を加える、つまり越えてはならない社会生活上の制約を設けるという意味において「計画的な経済」ということなんです。

自由と国粋主義

――抽象的な質問になりますが、国家というのは先生にとって一体何かということです。日本という国家は国民そのものだと考える立場もありますし、また国家に何か守るべきものがあるとするなら、それは天皇であるという考え方もあるでしょう。岸さんにとっては後者ということになるのでしょうか。

岸　僕はそうじゃないと思うな。天皇がいわゆる民族糾合の象徴であるという意味において は、確かに天皇を守らなければならないし、また国土も国民も守らなければならないでしょう。しかし、結局煎じ詰めていけば、守るべきは、人々の自由ということになるんじゃないかと思うね。例えば、日本を共産主義化するというような場合には、われわれがそれを認めない。国民の自由を守るということが、本体じゃないだろうか。国土を守るということではなくってね。国土さえ守れば、われわれの自由が踏みにじられてもいいのかということになる。そうじゃなしに、結局は国土も国民も天皇制もあるだろうけど、われわれの自由を擁護するということが究極の目的ではないだろうか。ただ生きていくだけでは意味をなさないんで、自由が行なわれてこそ生きる価値があるんだ。自由を脅かすあらゆるものを排撃して、自由を防衛していくことが結局は政治の基礎だと思うんだよ。その点共産主義は人間の自由を認めないからね。

――となれば、天皇制の名の下に国民の自由を拘束する、そういう政治体制ができたとすれば、いかがでございますか。

岸　それはよくない。

――よくない。

岸　天皇制そのものは、決して国民の自由を制限するものではないですよ。もしも軍閥や何かを利用して国民の自由を封殺するようなことが行なわれるならばだ、共産主義に反対するのと同様、僕は反対するね。反対すべきだと思うな。

——そうしますと、先生は一方でいわゆる国粋主義をお持ちになりながら、他方では、国内外の敵から守らなければならない一番の価値は、むしろ天皇よりも自由だとおっしゃるのですね。その辺の考え方はどこからきているのでしょうか。

岸　巣鴨の経験は、やはり大きいように思います。私は官僚生活においてもその他の生活においても現実問題に忙しく取り組んできたものですから、ゆっくりと本当に心鎮めて考えるということが少なかったんです。ところが、巣鴨プリズンの三年三月《みつき》というものは、自分を省み、同時に物事の真髄について思いを潜めるというね、そういう時間を与えられたんです。あの三年三月というのは、私にとって非常に意味のあるものでした。自由というものに対する本当に強い信念的なものがつくり上げられたのは、やはりあの監獄生活だな。一切の自由が奪われていた監獄生活が自分に考える時間をもたせてくれたように思うんです。

——いま現在、国粋主義というものをどうお考えですか。

岸　私の国粋主義は自由主義であるということと矛盾してはいないですよ。極右の人々はその思想を皆に押しつけるために、ある場合には暴力を用い自由を排撃して強制力をもってナニしようとするけれども、本来国粋主義というものはそういうものではないと思うんだ。国粋主義そのものに、そういう本質はないと思うんです。日本の歴史そのものをみても、人間の自由を奪う共産主義のあいう制度は本来の国粋主義にはないと思いますよ。

――岸さんにおける国粋主義の真髄というのはどういうものでしょうか。

岸　われわれが今日までつくり上げてきた歴史あるいは伝統というものに対する憧れといいますか、そういうものが本体をなしていると思いますよ。われわれの存在というものは、歴史とか伝統を離れて突然できるものではなくして、長いつながりのなかの一点であるわけですよ。それが国粋主義の根本です。

――日本の伝統に敬愛をもつということは、当然天皇制というものがその中心に絡んでくるように思うのですが、天皇制を絶対的とする考え方についてはいかがですか。

岸　それはありません。

――いま極右の話が出ましたが、三島由紀夫（一九二五―七〇）などはお読みになりましたか。

岸　ええ、読みました。

——彼をどのようにみておいでですか。

岸　僕自身の考えは現実的ですよ。三島由紀夫はね、いわゆる神がかりの考え方ですよ。ああなってくると、われわれの思想を超越している。しかし、それは間違いだという批評もできないしね。

——三島は芸術家ですからね。だから美の追求にあくなき貪欲さをもっている……。

岸　やはり政治家の世界では、真・善・美のうち美を追求する世界ではないと思う。政治家は善を追求し実現するけれども、美を追求し真理を探求するという世界ではない。

——岸先生の周りには極端な国粋主義者とか、極右と呼ばれる人々が力を貸してもらいたいと寄ってくることはございませんか。

岸　それは非常にある。例えば赤尾敏《びん》君（大日本愛国党総裁。右翼活動家。衆参両院・東京都知事の選挙などに計二十六回出馬）ね。彼とは長い間の知り合いですが、時々会いに来ますよ。時には僕をムキになって攻撃しているようだ。ああいう連中は、子供みたいないいところもあるんだよ。彼には感心しているんだ。僕とは同い歳くらいなんですが、銀座の数寄屋橋の近くで雨が降ろうがナニしようが、一年を通じて「反共」、「反ソ連」一本で演説しているらしいね。若い者が十何人ついているようだ。どこからその運動のカネをもってくるんだろうと思うんですが、われわれもときどき盆と暮れぐらいは、いくらか援助をしています。そんなにカネをもらい歩いているようでもないようだが、感心ですよ、普通できることではないよ。

――赤尾敏さんの思想についてはいかがですか。

岸　「反共」の考え方については、これは私も「反共」ですから……。ときどき僕のことも攻撃するけどもね（笑い）。

――右翼といえば、笹川良一さん（右翼運動家。一九四二年衆議院議員当選。戦後はA級戦犯。日本船舶振興会会長）とは、やはりお付き合いがありますよね。

岸　そう、笹川良一君なんかも、まあ、右翼といわれている人だ。笹川君にいわせると、マスコミで一番評判の悪いのは、笹川と岸だと、こう私にいうんだ。マスコミから悪口をいわれている限りは、君と僕は社会的に影響力をもっているという証拠だよ、と彼はいっている。マスコミが悪口をいわなくなったら、もうお互い終わりだということとかもしれない。笹川君も世間でいうてるほど変な男じゃないんだがね。

――ポケットマネーと呼ばれるものも、ケタが違うんではないでしょうか。

岸　それはもう……。僕なんかにも分からんのだが、彼がどうしてあんなにカネを持っているのか、彼は大したカネを持っているよ。

――競艇で稼いでいるのですかね。それとも株ですか。

岸　株もやるんだよ。

——それは笹川さんからお聞きにならなかったんですか。

岸　聞きもしない……。そんなのは。

——「岸先生、使ってください」といってきませんか。

岸　いやっ！　やはりね、笹川君の私有財産……いろんなナニでね、十億単位のカネを動かしている。

——すごい話ですね。

岸　うん、うらやましい話だ。競艇のほうと関係のある財団（日本船舶振興会）から、私なんかもカネを出してもらっている。例えば私が会長として関係している家族計画国際協力財団（一九六八年設立）というのがありますが、この財団の仕事に対して補助金が出ていると思いますよ。この財団は人口問題について立派な仕事をしているんだが、笹川君に頼むと財団（日本船舶振興会）のほうに影響力を働かせてくれます。また、私の郷里にこの間公民館のようなものをつくったんだが、これも財団のほうからカネを出してもらいましたよ。とにかく、性格的には僕の好きな男の一人だ。彼は率直でいいところもあるんだよ。

——同じ右翼でも笹川さんとは異なるタイプですが、児玉誉士夫《よしお》さん（右翼運動家。ロッキード事件で起訴）なんかとも、岸さんは親交をお持ちだったのではありませんか。児玉さんとは巣鴨プリズンでご一緒であったわけですし……。

岸　児玉君は、私は知ってるけれども、世間でいうほど力があったわけではないね。妙にいろいろなところに凄みを利かせるような、したがって矢次一夫君のように物事をまとめるというよりも、児玉君などは破壊力というか、そんなものを持っていたのかもしれない。もう少し小さいナニからいうと、田中清玄《せいげん》（戦前は日本共産党幹部。戦後は反共運動を推進。六〇年安保闘争で全学連に資金援助をした）なんていう人はね……。

――田中清玄さんは安保改定の頃には全学連の方面とも通じていたと思うのですが。

岸　田中清玄君はもとは共産党だからね。共産党からの転向ですよ。私はあまり親しくはない。何回か来たこともあるけれども……それぞれみんな持ち味は違いますよ。

官僚と政治家は違う

――岸先生の六十年にわたる官僚生活および政治家生活をみますと、事実を事実として見ていく現実主義者としての面と、しかし一方では、北一輝や大川周明に通じるある種理想主義的な面を持っておられるのではないかと思うのです。この二つの面はどの辺からつくられてきたのか、ご自分で分析されていかがですか。

岸　まぁ、ナンですね。ことに官僚の仕事としては、事実を事実として認識する現実主義者じゃないといろんな行政事務というものはできないと思うんですよ。しかし政治家としては、やはり現実も大事だけれども、一つの理想主義的なものをもたないといけない。

——しかし、先生はかつて革新官僚といわれて、理想主義の立場に立っておられたのではございませんか。

岸　そう。確かに革新官僚といわれました。革新官僚は単に現実主義者ではなかった。やはり一つの理想主義的な考え方を持っていた。ただね、役人の世界はマイナスのないほうが出世するんです。仮にある役人の行動についてプラスが五、マイナスが三あるとすれば、差し引き二のプラスが残っているにもかかわらず、プラス、マイナスともにゼロの役人がいれば、マイナスのないこの役人の方が尊重されるんです。その人なら間違いがないということでね。プラスをもつよりも、まずはマイナスのない人のほうが役人の世界では評価されるんです。ところが政治家の世界になると、とにかく相当欠点があっても、プラスをもつということが大いに必要なんです。そこが違うと思うんだ。だから私は、理想主義的な考え方というものが政治には必要だが、官僚生活では現実主義的であるべきだと思うんです。

――官僚というものは、政治家からいろいろ出る施策をいかに能率よく実行に移すかということが本来の使命かもしれませんね。

岸　役人がある事態を処理する場合、たとえ結果が悪くても法律を守らなければならないと私は思うんです。したがって、結果がいいだろうから法律を無視するのだということは、官僚の世界では許されない。

――政治家はいかがですか。

岸　政治家はね、それが国民のためであり国のためであるなら、法律をつくり、法律を改正しなければならないのです。緊急やむを得ない、いわば危急存亡の時、一時的には法律を無視しても結果のいいものを選ばなければならないということもありますよ。それが国民のため、国のためであるなら、万やむを得ないということも想定されるでしょう。それから、官僚と違って一種の理想主義的な考えを持って進んでいくのが政治の世界だ。理想主義のない現実主義だけの政治家というのは、なっとらんと思うんだ。ですから、戦前われわれ革新官僚とか新官僚とか称されたものは、ある意味からいうと、純然たる官僚の域を脱しておったんです。やはりこういう連中はみな、他日政治家になっていますよ。

――確かに先生は官僚としてはやんちゃであったようですね。

岸　役人としては、いわゆる純情なる官僚ではなかったね。いつだったか通産省の局長連中と飯を食っていろんな話をしたんだけれども、通産省の職員組合と管理者との折衝のときに、しばしば僕のことが引き合いに出されるらしい。浜口内閣時代（一九二九―三一）に僕が事務官の筆頭として、つまり職員組合の委員長のような職責にあったとき、例の減俸問題で管理職をやり込めたことがあったんです（一九二九年浜口内閣による官吏給与の「平均一割切り下げ」に対して、商工省の岸氏は減俸撤回運動の先頭に立ってこれを実現させた）。官吏というのは陛下の官吏でしたから、それが徒党を組んで、上司に対して自分たちの待遇問題をだな、五分五分の立場で交渉するなんていうのは、当時としてははなはだ怪しからんということですよ。そんなことをやった岸なんかが官僚として成功して商工大臣や総理大臣になっているんだから、いまどきの通産省の職員組合の連中からすれば、自分たちを頭から押さえつけること自体が面白くないというわけだ。「岸のところにいって聞いてみろ」と職員組合の連中は管理職にいうらしいよ。局長連中が笑いながら話をしておったけどね。

「両岸」といわれて

——ところで、ご自分の性格をみずから語るというのは、少々面映ゆいでしょうが、よく総理在職中には「両岸」とかいわれましたね。

岸　ソツがないとか、「両岸」とかいわれたなあ。そりゃあ、人間、時と場合によるよ。一本調子で世に処していけるもんじゃないと思うんです。時と場合によっては、どっちつかずのようなこともしなければいけない。

——例えば……。

岸　例えば幹事長などになるとね、「両岸」といわれるが、川に「岸」が二つあれば、幹事長として党内をまとめていくのに、一方の「岸」だけ好いて他方の「岸」を押さえつけるわけにはいかんよ。やはり「両岸」でね、つまり両方を調和していく以外に方法はないですよ。しかしそうかといって、それじゃあ私自身が常に物事の決断がつかず、また自分の信念というものがない男かといえばそうじゃないよ。

——確かに、ソツがないともいわれましたね。

岸　そういってはナンだけれども、国会答弁などで揚げ足をとられたり、ドジを踏んだりしたことがなかったのは事実だ。適当にあしらったことも十分やってきた。かといって、ものの決断がないのかといえば、大きな決断においては、私は自慢じゃないがやってきたつもりだ。政治家というものは、単純では育たないと思うんですよ。一本筋ではね。学者とか芸術家は一文字に突き進むけれど、政治家はいろいろなものに接し、いろいろなことを処理していかなければならないから、そう単調であってはならんのですよ。しかし、心の底には一本通ったものがなければいけない。その辺が政治家の難しいところだと思いますけどね。

多数、民主主義、そして小選挙区制

——さて、先生の政治哲学にもかかわることですが、政治は結果が重要であるということをおっしゃっていますね。結果を成功に導く最も重要な要件というのは、先生にとっては何でございますか。結果を成功に導く戦略戦術で最も重要なこと……。

岸　民主政治においてはね、やはり多数の人の協力ということが基本だと思うな。つまり数ですよ。それがなければ結果は出てこない。どんないい考えがあっても、民主政治においてはそうです。

——そうしますと、岸政治の根本は数を自分の下に結集するということですか。

岸　そうそう。僕が保守合同を企てた所以でもあるんです。

――そういう意味では、やはり戦前と戦後では違いますか。

岸　戦前とは違うね。戦前においては陛下がいて、袞竜《こんりょう》の袖に隠れるということがあった。あるいは統帥権なるものがあって、要するに陛下を引っ張って来ることもできた。天皇は明治憲法の下では、数を超越していたんだから。陛下は絶対であった。政治においてこの陛下の力を用いる手があったわけです。戦後は、それはない。全然ない。だから、戦後は戦前とは非常に違うんです。戦前においては、相当の数をもってしても、いざという場合に陛下のご聖断で決まった。戦後は数が重要だ。だからこそ、巣鴨を出て（日本）再建連盟をつくり、国民運動をやろうとしたんだ。

――「戦後政治の根本は数である」というお考えを、先生はどのように身につけられたのでしょうか。巣鴨をお出になって再び戦後政治の舞台で活動をなさるわけですが、とにかく先生は巣鴨ボケはしていなかったという評判でした。戦後政治では数が問題だということ、これからは数だということを感得されて、しかも戦後政治に見事に適応していかれる。これと関連しますが、先生は一貫して「小選挙区」論を展開されております。そもそもなぜ小選挙区でなければいけないのですか。

岸　私が「小選挙区」論を唱える一番大きな理由は、前にも話に出ましたが、それが党内における派閥解消につながるということです。これはどうしてもやらなきゃいかんですよ。いまの中選挙区では、同じ選挙区から同じ党の人間が立候補するという場面が多く出てくる。同じ党から同じ選挙区で複数の立候補者がお互いに闘って当選するためには、やはり同じ派閥というわけにはいかない。弟と私の場合は特別な関係だから別としても、普通やはりAという人物がある派閥に属していれば、Bは違う派閥から出て闘わなければいけなくなる。勢い、派閥と派閥の対立ということになるわけだ。もう一つ、中選挙区よりも小選挙区が優れている最大の理由は、野党を強くするための小選挙区であるということだ。

——野党を強くする……。

岸　うん。小選挙区は野党を強くしますよ。

——野党を一党に収斂《しゅうれん》するということですね。

岸　そうです。いまの中選挙区では小党分立のおそれが非常にあるということです。日本の現状からすれば、社会党もいまのままでは天下を取ることは難しい。社会党の天下は、見当がつかんですよ。小選挙区にすれば確かに、以後二回ないし三回ぐらいの選挙では、自民党が圧倒的な勝利を得るでしょう。しかしね、徐々に社会党は力を得てきますよ。その理由はだね、自民党の候補者は全選挙区から出るとしても、社会党は全選挙区に一人ずつ立てるのは最初は無理だ。全選挙区に当てる候補者を社会党は持ちあわせていないと思うんだ。

ところが、選挙ごとに候補者は増えますよ。社会党からどういう人間が立候補するかというと、自民党で公認されない連中がそこに流れて行きますよ。政党はやはり現役優先でいくだろうから、公認から漏れた若い人たちは野党へ行くわけだ。そうすると、社会党もその本質が変わるんです。労働組合の代表者ばかりということはなくなるよ。社会党も本当の国民政党になってしまうさ。そうすると二大政党というものが本当にできあがって、平和的、民主的に政権の授受が行なわれるわけだ。これは、何年後か分かりませんがね。ともかくいまのままでは、百年経っても二大政党制はできませんよ。

——いまの中選挙区制では、二大政党制はますます遠のいていきますね。

岸　亡くなった片山哲さんは、この私の説については非常に賛成しとったですよ。ただ片山さんは、それには条件が一つあるといっていた。つまり小選挙区になると、一、二回は圧倒的に自民党が勝つだろう。そのときに憲法改正をやってくれちゃ困る、とね。仮に自民党が三分の二の多数を取っても、憲法改正をやらないという約束をするなら、俺は岸君の「小選挙区制」に賛成する、片山君はそういっていました。私にしてみれば、憲法改正はやらなければいかんと思うが、小選挙区制実施後の何回かの選挙においては、憲法改正はこれをやらないということがあってもいいと思うんだ。こんな話をして片山君と別れたことがありますがね。社会党のなかでも、いまの社会党が伸びていくためには小選挙区制を推し進めるほうがよいのだと考えている人が、私の知っている限りでも何人かいますよ。一番反対なのは公明党などではないかな。

——そうでしょうね。共産党だってこれには反対するでしょう。

岸　私は是非この小選挙区制を実現したいと思うんだがね。議会制民主政治を完成するために小選挙区制が生まれ、二大政党制が実現するというのが一番だ。そして自民党内における派閥解消にも役立つんですよ。

いまの政治家たち

——話は違いますが、いま現在活躍されておる政治家について少々お話をうかがいたいのですが……。今日鈴木善幸さんが総理大臣（一九八〇年七月就任）として国政の最高責任者になっております。まずいまの鈴木首相をどうご覧になりますか。

岸　いまの鈴木内閣はアメリカとの関係を非常に悪くしている。アメリカは鈴木君のことを全然信用していないよ。

——それはどうしてですか。

岸　だって、鈴木君がいうてることは、みなアメリカを裏切っているんだ。先日の日米共同声明には日米同盟の安定を謳っているのに（一九八一年五月八日鈴木首相とロナルド・レーガン大統領が出した共同声明は、日米関係を初めて「同盟関係」と規定した）、アメリカとは同盟の関係ではないとか軍事関係などはないとかいってみたり（同年五月十三日、鈴木首相は参議院本会議で先の共同声明の「日米同盟関係」には「軍事協力前進」の意味は含まれないと言明。これに関連して伊東正義《まさよし》外相が辞任した）、あるいは千マイルのシーレーンの問題でもプレスクラブであれほど堂々と演説していながら（レーガン大統領との会談後、鈴木首相はワシントンのナショナル・プレスクラブで、日本から千海里のシーレーン防衛の努力を表明した）、あれは公約ではないと馬鹿なことをいっている。だからアメリカにしてみれば、鈴木君が何をいおうと、一つも信用を置いていないんだ。

——それは鈴木さんの性格からくるものでしょうか。彼をどういうふうにみておいでですか。

岸　鈴木君は悪い人ではないよ。人間的にね、悪くはないと思うんだ。しかし、総理になるというのは、人間がいいとか悪いとか、善人であるとか悪人であるとかいうのではなしに、見識をもつか否かということですよ。要するに、国の代表として国益を身を挺《てい》して守るというその能力がなければ、いくら善人でも総理としては駄目ですよ。

――鈴木さんには、その能力はないですか。

岸 そもそも大体こんなに（首相を）長くやらせるつもりではないんだからね。せいぜい一年くらいのつもりでやらせていると思うんだ。だから、後に続く連中がなっていないんですよ、僕にいわせれば。

――どういうことですか。

岸 （前首相の）大平正芳《まさよし》君（一九一〇―八〇。一九七八―八〇首相）が急死して、しかもそのときは衆参ダブル選挙（一九八〇年六月）の最中でした。大平君に対する国民的な気持ちからいって、自民党に対する同情もあったと思うんです。やはり国民も感情的なところがあるからね。選挙で自民党が安定多数（自民党の衆議院議席数は二百八十七、参議院は前回選挙の議席数と合わせて百三十七となる）を得た後、大平派から鈴木君が総理になったわけだ。しかし鈴木君からすれば、「自分は総理になるつもりはなかった」というだろうよ。他の連中みたいに、そういうこと（総理になること）は実際考えてはいなかったんです。ところが、人間というのはおかしなもので、総理になればなったで今度はだね、自分以外のどの人間も結局は自分と同じようなものだ、というふうにみえてきたんでしょう。次のいわゆる受け皿がないものだから、鈴木君はますますその地位に座ることになるんです。

――やはり権力の蜜は甘いということでしょうか。

岸　権力の蜜が甘いかどうかは知りませんが、要するに、あの人（鈴木首相）が一日長く総理を務めれば、それだけ日本としてはマイナスになる。国際的にはサミット（先進七ヵ国首脳会議）に行って何を主張しようが、彼のいうことは皆さん信用などしませんよ。だって、いままでの例がそうなんだから。本当のことをいうとね、鈴木君は総理になるつもりでいろいろ勉強をしたり修業をしてきたわけではないからね。何も知らないんだ、物事をね。

――随分手厳しいですね。

岸　いま国内の問題でも、例えば財政の問題は大変なことですよ。赤字国債は絶対に発行しないといっているが、税収の不足が二兆円を超す（歳出とそれを下回る歳入との差額、すなわち「要調整額」は一九八二年度には二兆七千七百億円、八三年度は四兆九千六百億円の見込み）といわれている。そんな例は過去においても一、二回くらいしかないんですよ。財政をどう立て直すかという見識が鈴木君にあるかといえば、ありゃあしませんよ。（大蔵大臣の）渡辺美智雄《みちお》君のいうことをそのままナニしとるが、それも書いたものをよう間違えていうたりするんです。本当だよ。

――一国の総理にして、そうなんですか。

岸　だからね、それ（財政再建）をやり得るのは、実は福田君以外にないと思うんですよ。いまいる中曽根君のような、いわゆる「中二階」の連中だって、その能力はないよ。ところが、福田君は一度総理をやったということから、（再び首相になることは）難しいのだがね。

――福田さんが再登板するにしても、政敵である田中角栄さんが許さないでしょう。

岸　いや、角栄君が許さないといったって……。

――「福田再登板」となれば、田中角栄さんはやはり面白くないんじゃないですか。

岸　そういったって、それじゃ、後に誰がやるんだ。田中角栄君がどう思っているのか知らないが、鈴木君でいいとは思っていないでしょ。田中君も分からん男じゃないんだよ。ああいう問題（ロッキード問題）はあったけれども、よく話してみれば、決して国家の前途を考えていないわけではない。ただまあ、先生自身のいま置かれている立場が立場だからねえ……。とにかく政治情勢は極めて複雑多岐、しかも日本の直面しておる内外の問題は非常に重大であって、いまの鈴木君ではこれを十分に切り拓いていくことは期待できないと思うんです。

――大平正芳さんの話がでましたが、岸さんは大平さんをよくご存じだったと思います。総理としての大平さんはいかがでしたか。

岸　これもね、まあ、大したもんじゃない……。

――どういう意味ですか。

岸　あまり見識がないということだ。しかし大平君は鈴木君とは違って総理総裁になるつもりである程度修業し努力してきましたよ。ただ、本当の意味における見識は足りなかったと思うな。

――具体的にはどういうことですか。

岸　そりゃあナンですよ、世界情勢を見通して日本の進むべき道に対する確固たる信念をもち、それを内外に事あるごとに打ち出していくというものでなければ駄目です。単に党内をまとめていくとか、つまりニコポン的に事にあたるということでは、総理としてはいかんですよ。やはり世界情勢に対する正しい認識、日本の国際的地位ならびにその責務についての認識、そこから割り出されるいろいろな政策が重要だと思う。日本の総理としての見識の基礎はそこにあると思うんですよ。

――いまの大蔵大臣の渡辺美智雄さんは、やはり総理を狙っている一人だと思うのですが。

岸　渡辺君もね、やはり人物ではありますよ。ただね、これも本当の意味における総理としては、考えてしまうなあ。大蔵大臣としてはまあ合格点をつけてもいいだろう。

――田中派にはいま竹下登という人がいますが……。

岸　これはいいですよ。私は買っている、相当。

――どういう面でですか。

岸　やはりちゃんと政治家としての踏むべき道をもっているよ。あっちこっちに媚《こび》を売るというのではなしに、やはり見識をもっていると思いますよ。

――いまの鈴木内閣の官房長官は宮沢喜一さんですが、この方も将来の総理総裁候補の一人だと思うのですが。

岸　宮沢君は好きなんだがね。彼は見識もあります。いま総理として適任は宮沢君だと思うんだよ。ところが、彼は党の総裁としては不適任だ。総裁としては、これはゼロだ。彼についてくるものは一人もいないんだ。

――それはどういうことですか。

岸　人の世話をしないんだ。他人がみんな馬鹿にみえるんだよ。宮沢君は頭がいいもんだからね。僕としては、党の総裁として宮沢君は一番の不適任だと思う。だから、総理総裁を分離すればいい。宮沢君に総理をやらせて、鈴木君が党の総裁になっていればよかったんだ。

――宮沢さんという方は馬鹿になれない人なんですか。

岸　そうです。馬鹿になれない。

――頭の切れ具合からいえば、岸先生も歴代総理の中では出色ではないですか。

岸　いや、俺なんかそうでもないけどね。宮沢君はね、大平君を馬鹿にしておったんだから。大蔵省の役人をしている頃、宮沢君からすれば、先輩格の大平君は、そりゃあ馬鹿にみえたと思うんだよ。

――そんなに宮沢さんは頭がいいですか。

岸　いいよ。だから、政治家としては難しいところだ。大平派のなかでも、宮沢君についていくものはおらんのだが、同じ大平派の田中六助君（大平内閣の官房長官）についていくのは十二、三人おるでしょうね。田中六助君は人の世話をしておるから。それから斎藤邦吉君（田中内閣の厚生大臣）とか伊東正義君だとか、そういう連中がそれぞれ何人持っているかねえ。

宮沢喜一

――何拍子も揃っている政治家というのは、なかなかいないもんなんですね。

岸　そうだね。いわゆる「中二階」組と称する人たちがいるんです。竹下登、渡辺美智雄、安倍晋太郎などはヤングパワーだが、その上にいるのが「中二階」組といってね、中曽根康弘君や（経済企画庁長官の）河本敏夫君、それにいまの宮沢君などです。しかしこの「中二階」組が、みんな帯に短しタスキに長しということなんだ。

――河本敏夫さんという方は……。

岸　河本君については私はよく知らない。彼は三木派だったからね。しかし経済理論としては、なかなかしっかりしたものをもっているようだ。船会社（三光汽船）の社長さんでね、うんとカネはもっていて、三木派のカネの世話をしているわけだ。彼を支持するのが党内でどれだけおるかが問題だ。そもそも三木派というものが、いわゆる保守本流ではないからね。となれば、中曽根君がやはり一番のナニかもしれんよ。

――中曽根さんはよくマスコミでは「風見鶏」などといわれますが、彼をどのようにご覧になりますか。

岸　なかなか頭のいい男ですよ。ただ、「風見鶏」という批評はいい得て妙だよ。一つの信念というものを貫いて動くという人物ではない。ただ、三木（武夫）君のように陰気臭くはない。中曽根君は陽気だから。最近は少し落ち着いてきたけれども、常に政治的な動きの立役者になろうとしているね。

――田中角栄さんはいまロッキード事件の裁判にかかっているわけですが、田中派から総理総裁候補として誰か出ることはないですか。

岸　田中派もね、一番の長老は（自民党幹事長の）二階堂進君だが、この二階堂君がちょっとその（「ロッキード灰色高官」という）鳥黐《とりもち》がくっついているような格好だからね。気の毒だけれども、この二階堂君を総理総裁候補として出すことは、田中派といえどもできないと思いますよ。そうなると竹下君でしょうかね。しかし田中角栄君が一番好いているのは山下元利《がんり》君（大平内閣の防衛庁長官）なんだよ。これも相当の人物だ。

――山下さんに総理総裁の目はありますか。

岸　そりゃまあ、田中君があのくらい推すとね。

――田中角栄さんという人も、いま本当に厳しい状況にありますけど、先生は政治家田中角栄をどうみておられますか。

岸　僕をしていわしめれば、田中君は幹事長もしくは党総裁としては第一人者かもしれんな。しかし総理としては、つまり日本の顔として世界に押し出すということになると、あの行動を含めてやはり教養が足りない。

――教養が足りない……。

岸　うん。そりゃあ、鈴木善幸君と比べて教養がどうだということになればナンだけれど、ちょっとそのね、身だしなみがねえ……。柄《がら》が悪いね。

――田中角栄さんは相当無理をして総理総裁というか、政治家の頂点にまでお立ちになったからですかね。

岸　やはり何というかな、僕の性格かもしらんがね、政治家は決断がなければ駄目だよ。熟慮断行というか、決断をもってやるということだ。田中君を政治家として高く買っているのは、彼が物事を判断するその決断力だ。そして決断したことに対するその実行力だ。僕の好きなタイプです。遅疑逡巡しないし、いい加減なことをいうてごまかすような男ではないんだ。しかし総理になって、サミットなどで世界一流の政治家と交わるにはねえ……。総理となると、日本を代表する顔となると、やはり人間的な教養というものが必要だよ。別に学校を出たとか出ないとか、というような問題ではないですよ。

——かつて吉田茂さんが、田中角栄という人は監獄の塀の上をいつも歩いていて、内側に落ちるか外側に落ちるか分からない、といったことがありますが、田中さんには、政治家として用心深さというものが少々足りないのではないか、という人もいますが……。

岸　そうかもしれんね。「ああ、よっしゃ」といって少し軽率なところがある。決断が速くて遅疑逡巡しないのはいいが、ただ、思いつきとかその場その場で「よっしゃ」というのは、どうかねぇ……。そこここに少し考えをいたして、黙って聞いておって、そしてどうするか、という余裕というものが必要かもしれない。まあすぐにだ、「ああ、よっしゃ」とこうくるからね。

――角栄さんの「よっしゃ」は有名ですよね。

岸　しかし、角栄君もなかなかいいところがあるんだよ。いまの政治家では決断力という点では一番だ。いうた以上は断固やるからね。ただね、ニクソンが彼を称して、ちょっとサイドワーク（副業）が多すぎるといっていたよ。

――サイドワークが多すぎる……。

岸　ニクソンがそういう批評をしていた。うまいことというだろう。

――なるほど。サイドワークが多すぎて、ちょっと転んでしまったのでしょうか。ところで先生のお嬢さんのお婿さんである（自民党政調会長の）安倍晋太郎さんは、政治家として成長株ではございませんか。

岸　まあ、僕からみると、まだ少し鍛えが足りないよ。

――安倍晋太郎さんは、これまで大きな仕事に取り組んだご経験には少々乏しいということでしょうか。

岸　政調会長を二期やって、物の捌《さば》き方なんていうのは割合堂に入ってきたがね。それから人の使い方もうまくはなってきた。

――あの方は、あまり敵をつくらないタイプではないでしょうか。

岸　まあね、僕からいうと、もう少し悪口をいう敵がいなければ駄目だっていうんだ。

人の下にいるときはいいけれども、もう彼ぐらいになれば、対立する敵がいなければ駄目だよ。少し評判が良すぎるね。吉田さんも引退してからはそうだったが、最近は僕も割合評判が良くなっているんだよ。引退してぼちぼち（評判が）良くなるのがいいんでね。

——これは先生にとって喜ぶべきことか……。

岸　もう終わりが近づいているんだよ（笑い）。

兄弟の間

——政治家とおカネというのは、それはつきものですが、おカネの始末が甘いというか、後でボロが出てしまうというのでしょうか、田中さんにはそういうところがあるのでしょうね。ところで、田中さんの師匠というべきか親分というべきか、佐藤栄作さんをご実弟としてではなく一個の政治家としてみた場合、先生にはどんなふうに映りますか。

岸　まあね、佐藤についてはいろいろな評価があるだろうけれども、私はやっぱり佐藤を自民党内における有力なる政治家だと思っていましたよ。私の頭のなかでは、池田君が（首相を）私の後にやり、その次ぐらいには弟がやるのが適当ではないかということは考えていたですよ。

佐藤栄作

――人はよく「人事の佐藤」とか「早耳の佐藤」とかいいますね。また佐藤さんを称して「待ちの政治家」ともいいます。やはり岸さんと佐藤さんとではタイプが違いますか。

岸　そりゃあまあ、違いますよ。兄弟といってもやはり違うね。ある意味からいうと、弟は政治家としては私よりも優れておったですよ。私はよくいうんだが、兄弟が三人で、兄貴（佐藤市郎《いちろう》――海軍中将）と私と弟のうち、頭のよさでは兄貴が一番で、次は私で、弟は一番悪いとね。兄貴は海軍の軍人でしたが、彼の著書などをみても、そりゃあ実に頭が透徹しておった。しかし政治家的な要素となると、兄貴はそもそも政治嫌いでしたね。だから海軍におっても軍政にはタッチしていない。軍令の方面だけでした。弟は頭が一番悪いけれども、政治家的なナニからいうと、一番優れておった。だから私が謙遜していうときには、自分は兄弟のなかではどっちつかずで一番駄目だと。自慢していうときには、頭のよさと政治的なナニを上手く調和しているのは俺だ、などというんです（笑い）。

――同じ兄弟でも、それぞれ違うのですね。

岸　弟は田舎の小学校時代から、子分みたいな奴を何人も引き連れて、川に魚を採りに行ったりしていた。お前はこの籠《かご》をもって行けとか、お前は網をもって行けとかいうように、いつも四、五人を家来のように従えていたですよ。

――「人事の佐藤」はそこら辺から始まっていたのですね（笑い）。

岸　まあ、しかしね、私には「人事の佐藤」が本当かどうか疑問はあるんですがね。佐藤内閣で三木武夫君を外務大臣にしたことがあったんです（一九六六年十二月）。僕はこれに反対しました。三木君は安保改定のとき、新条約の（国会）採決にあたって本会議を欠席したんだ。このことはアメリカが知っているわけだ。三木を他の大臣ポストにするのは勝手だが、外務大臣にするのはよくないよ、と佐藤にいったんだ。日米関係が一番大事なんで、その日米関係の基礎である安保条約に反対した男を外務大臣にしちゃいかん、と私は弟に意見をしたんです。

そのとき弟はこういうんだ。そりゃあ兄さん、安保改定のときの（本会議）欠席は当時の派閥争いの結果であって、何も思想上の問題じゃあない、そのことに兄さんが囚われているのはおかしい、とね。僕は「馬鹿なことというな」といったんです。そりゃあ派閥の関係であろうが、思想の関係であろうが、そういう事実があるんだから、彼を外務大臣にすることはまずい。大体お前は三木を信じているんだろうけれども、信ずるに足るような人間じゃないよといったんだ。

弟は結局三木を外務大臣にしたんだけれども、間もなくして弟は、「三木は困った男だ」というんだよ。結局、三木は外相を（自民党総裁選挙に出馬するために）辞任したよ（一九六八年十月）。だから僕は佐藤に、三木を外務大臣にするようでは、お前も人をみる目がないね、というたんだ。「人事の佐藤」なんて大間違いだ、とね。

――あのとき確か佐藤さんは、三木外相の辞任にあたって、「私の不明のいたすところ」とおっしゃっていましたね。

岸　まあ、しかしね、弟は党内におけるいろいろな人間の特徴をよく知っておって適材を適所にもっていくという意味では名総裁でしたよ。竹下登君を（第三次佐藤内閣の）官房長官に採用した時には（一九七一年七月）、私はどうかと思っていたんだが、竹下君は立派にやりましたよ。人材に目をつけて育てていくというのはなかなかのものだ。三木の問題は別としても、弟の政治的才能は優れておったと思いますよ。

――佐藤政権の業績は、何といっても「沖縄返還」であったと思います。「沖縄返還」に先鞭を付けた岸さんご自身、佐藤さんの「沖縄返還」問題についてはいろいろサポートされたのではございませんか。

岸　そりゃあ、いろいろ動いたことはあります。例えばアイゼンハワー（元大統領）の葬儀（一九六九年三月）に（特派大使として）参列した時には、ニクソン大統領に沖縄返還問題の解決を急ぐよう説いたんです（岸氏は四月一日ニクソン大統領と会談、沖縄返還問題が日米関係にとって「緊急の課題」であることを強調した。一月大統領に就任したばかりのニクソン氏にとってこの会談は、日本の要路と「沖縄返還」を話し合う最初の機会となった）。あのときはニクソンはまだ「沖縄返還」にはそれほど熱心ではなかったんだ。彼としても沖縄を返さないというナニじゃないけれども、当時取り組まなければならない喫緊《きっきん》の問題がたくさんあったわけです。対ソ連、中近東、そして国内では黒人差別撤廃運動など、確かに難問があった。この時ニクソンの机の上には決裁を求める書類が山積みになっていた。沖縄問題はその山積みされた書類の下のほうにあったが、これを上のほうに上げるようニクソンに頼んだんです。「この秋には弟がくるからよろしく頼む」とニクソンに要請したんです（同年十一月十九日から佐藤・ニクソン会談が行なわれ、二十一日には沖縄の「七二年施政権返還」が合意された）。

——沖縄問題では随分佐藤さんを支援されたのですね。

岸　沖縄問題を解決しなければ日本の戦後は終わらない、というようなことを弟はいったけれども、若者の血を流さずに平和裏に領土返還が実現したなんてことは世界の歴史でも珍しいですよ。弟も非常に熱を入れてこの問題に取り組んでいましたが、私はその脇役として助けたということだ。どうせアメリカは沖縄を返すつもりでしたから、さらに五年か十年すればどの総理の時代でも実現はしたかもしれんが、あれ程早く返還されたのは、佐藤の努力とともにニクソンの日本に対する非常な好意のためであったと思うんです。

――岸さんからご覧になってニクソンという政治家はどういう人物ですか。

岸　私は割合好きですがね。

――どういう点が。

岸　約束したことはきちんと守るしね。ニクソンと私が知り合ったのは、彼が副大統領であったときですが、その後大統領選挙（一九六〇年十一月。J・F・ケネディが勝利）に敗れ、カリフォルニア州知事選（一九六二年十一月）にも敗れて非常に不遇であった。そしてペプシコーラの顧問弁護士か何かをしておったときに、私がニクソンに日本に遊びにこないかと誘ったんです。つまり彼を三井物産に紹介して……。それからあっちこっち連れ歩いてね、ゴルフをやったり……。

――三井物産には先生がお世話して……。

岸　うん、そうです。ニクソンとしてみればあの不遇時代ですからね。そりゃあ人情は東西を問わないよ。大統領選挙に一度敗れた男が、また盛り返したという例はなかなかないんだよ。不遇の時代に割合親切にしてくれたということで、私に対しては非常なナニを持っている。私もニクソンはなかなか信頼できる男だと思っているからね。

——ご兄弟の話に戻りますが、総選挙ではいつも岸さんと佐藤さんは同じ選挙区で闘いました。そもそもこういう場で兄弟が相争うというのは辛いことでしょうね。

岸 そりゃあもう。弟のほうがいつも選挙は強いんだよ。ところが選挙になると、私のほうが、弟は大丈夫だろうか、などと心配するもんだから、私の選挙事務所の連中が怒るんだよ。選挙の事務長なんかは、先生よりいつも選挙で票を余計に取るのは弟さんじゃありませんか。それなのに弟さんのことを心配するのはおかしいですよ、といつも怒るんだ。僕はこういうんだ。俺は兄貴なんで、弟は子供のときから俺にはかなわないんでね。俺はいつもあいつより先に行ってしまうものだから、後からついてくる弟がどうしても心配なんだよ、とね。そうすると皆が笑うんだ。

「選挙になると、本人同士は何もしないんだが、それぞれの陣営の連中はそうはいかんよ。弟を担いでいる連中、私を担いでいる連中のなかには、それぞれ県会議員や町村長がいて、自分たちの選挙の関係もあるもんだから、それだけに両陣営は激しい闘いをするわけだ。ですから、陣営同士の争いはひどかったよ。新聞は面白がって、私の選挙事務所に来ると「打倒！　佐藤」の空気をかき立て、佐藤のところに行くと「打倒！　岸」を喧伝《けんでん》するんです。

印象に残る人たち

――ところで、岸さんが交わった外国の要人のなかで特に印象に残った人はおられますか。

岸　チャーチル（ウインストン。一八七四―一九六五。一九四〇―四五他英国首相）ですよ。私がチャーチルに会ったのは、総理としてイギリスに行った時（一九五九年）です。先生はすでに引退していて、ハイドパークの脇にある小さい家に住んでいました。しかし、元首相であり海軍に深い関係があるということで、海軍士官を政府が秘書官としてつけていたんです。アメリカでもアイゼンハワーが大統領を辞めてから彼を訪ねたことがあるんですが、ちゃんと現職の陸軍士官が政府から派遣されていた。外国では大統領や首相をやった人は辞めた後でも、特にアメリカでは、ある一定の費用を本人にペイしてるんです。つまり国家は高い公職にあった者には敬意を払って面倒をみてるわけです。

――日本ではこの種の制度はありませんね。

岸　日本では、一度首相を辞めたらもうそれっきりだからね。これについては将来考えるべきだと思うんです。チャーチルは、戦後日本の皇太子がお出でになったとき、排日運動がイギリス国内で相当強く起こったものだから、皇太子をつつがなく迎えて、何か問題が起きないよう非常に苦心してくれたんです。私が行ったときも、非常に丁重に迎えてくれた。そのときチャーチルは、日英同盟（一九〇二年から一九二一年まで続いた日英同盟協約）についてこんなことをいっていました。同盟をイギリスが廃棄したことは、イギリス外交の大きな失敗だった。しかし当時、アメリカが強硬に日英同盟の廃棄を迫ったもんだから、イギリスとしてはいうことを聞いたが、もしこれが存続しておったら世界の情勢は非常に変わった。特に第二次大戦におけるアジアの戦争でソ連の出方にも大きく響いていただろうし非常に残念に思う、とね。

――チャーチルは、日本には非常に強い関心をもっていたといわれていますが……。

岸　チャーチルの家にはテーブルに馬のブロンズ像がありましたよ。彼はそれを撫でながら、このブロンズは、自分のお父さんとお母さんが日本を日露戦争後に訪れたとき土産として持ち帰った、というんです。チャーチルはこうもいうんだ。このブロンズ像はおそらく名もない職人のつくったものだと思う。決して偉大な芸術家の作品というわけではない……。しかし、どこからみても手を抜いていない。名もない一職人が、値段もそう高くないと思われるこの作品をつくるのに、ごまかしひとつせず忠実に最後まで仕上げるということは、これは容易ならぬことだ、とね。だから僕は、日本というものに対する彼の思いはこんなところにもあると私は思ったんです。日本にいらっしゃい、日本では絵を楽しんでいるアマチュアの連中がチャーチル会というものをつくっていますよ、といったんです。

――当時チャーチル会というのは、有名でしたね。

岸　私はチャーチルにいったんです。あなた一つ、われわれ日本民族が誇りとし日本の象徴でもある富士山をその手で描き残されたらどうですか、とね。しかしチャーチルは、本当に行きたいけれども、何分もう歳だし、この通り立ったり座ったりも一人ではできない。こうして秘書官に手伝ってもらってるんだから、残念ながらどこにも行けないというんだ。私がいよいよお宅を立ち去るとき彼はわざわざ立ち上がって私の手を両手でこう握ってだ、何か涙ぐんでいるようにさえみえましたよ。当時九十歳近くになっていたわけだから、あの大戦を勝ち抜いたチャーチルの面影というものは少しもなかったんですがね。しかし政治家としてのチャーチルは、僕の好きなタイプの一人でした。ドイツのアデナウアー（コンラート。一八七六―一九六七。一九四九―六三西ドイツ首相）も偉かったがね。

もう一遍総理を……

――「安保改定」と引き換えに政権を手放した岸さんとしては、もう一度総理大臣をやりたいとはお考えになりませんでしたか。

岸　いや、そりゃあね、もう一遍私が総理になってだ、憲法改正を政府としてやるんだという方針を打ち出したいと考えたんです。私が総理を辞めてから、あまりにもだな、池田および私の弟が「憲法はもはや定着しつつあるから改正はやらん」というようなことをいってたんでね。私が戦後の政界に復帰したのは、日本立て直しの上において憲法改正がいかに必要かということを痛感しておったためなんです。だからこの改憲気運をもう少し盛り上げる必要があった。憲法の「定着」をいまの鈴木君もいうてるけど……。いまの憲法がどのようにしてできたのか、その内容がどういうものであるのか国民は関心がないというよりは、知らないんだよ。この憲法があれば戦争がないのだと思っているが、そんなものではない。憲法を改正したら戦争になる、というのではないんだ。

護憲の連中は憲法を改正するとまた戦争になり、徴兵制が敷かれ、子供や夫をまた戦場に送ることになるんだというような、訳の分からぬ宣伝をしているが、これをそのまま信じている人も多いんです。もう時代は変わっているんです。制定の手続きにも間違いがあるし、内容にも誤りがある。あれは占領政策を行なうためのナニであった。その辺の事情を国民に十分理解せしめるという役割は、総理が担わないといけないんです。総理がみずから改憲に意欲を持ったのは、私が最後なんです。

——岸さんが、もう一度総理をやりたい、とお思いになったのはいつ頃ですか。

岸　私は割合〔首相を〕辞めたのが早かったからね。「もう一遍」〔首相をやりたい〕と思ったときは、まだ年齢も七十いくつで元気だったからね。

——ということは、佐藤内閣の頃ですか。

岸　そうです。

——それでは、佐藤さんの次にまた〔首相を〕やらにゃいかん、というふうにお考えになって……。

岸　そういうわけだ。

——池田内閣の時には、「もう一度総理をやろう」とはお考えになりませんでしたか。

岸　まあ、池田君自体が僕のすぐ次だったから、それはないよ。ただし池田君のやっていたいわゆる「低姿勢」に対しては、私も不満ではあった。

——もう一度俺が総理にならなければとお思いになったとき、現職首相の佐藤さんあたりに打ち明けられましたか。

岸　いや、打ち明けもしないですけど、まあ密かに政権復帰を思ったことは随分ありましたよ。

——つまり一度ならずですね。

岸　うん。私はいまでも思うんだが、戦後の日本では派閥間の抗争、党内の人間関係からいうて、一度総理総裁になるとそれで一丁上がりということで、お次の番ということになるんです。本当は、総理をやってですよ、しばらく野に下《くだ》って、今度は権力者としてではなく国民の側に立ってものを観察し、いろいろ思いを巡らしてこれを前の経験と結び合わせてもう一度総理をやった政治家は、前より大いに偉くなるんですよ。それを利用しないのは、国にとって非常に僕は非能率だと思うんだ。明治時代はそれができたから伊藤公にしても度々総理になっているし、一回目よりも二回目、三回目と総理になって非常に練達したわけだ。だから一度総理になれば、もうそれっきりだ、ということにならないようにしたほうがいいんです。

——いまずばり、「岸さん、あなた、総理をやって下さい」、こういわれたらどうなさいますか。

岸　いや、もう、そうはなかなかいかんよ。

——どうしてですか。

岸　総理は務まるかもしれんが、党総裁は務まらんよ（笑い）。

――総理ならやってもいいとお考えですか。

岸　総理は務まるが総裁には適当でないと宮沢君の悪口をいうとる当の本人が、宮沢君と同じことになるよ（笑い）。

編者補遺

インタビューから二十年、いま……

対米支援のためインド洋へ派遣されるイージス艦「きりしま」（2002年12月）。その高度な戦闘能力ゆえに集団的自衛権行使の問題を惹起した
海上自衛隊ホームページ （http://www.mod.go.jp/msdf/formal/gallery/ships/dd/kongou/img/174_02l.jpg）

米ソ冷戦と五五年体制の崩壊

岸信介氏とのインタビューを終えて（一九八二年六月）から今日に至る二十年間、世界は大きく変わった。日本もまた変わった。

まず世界をみてみよう。この二十年における最大の出来事は、もちろん米ソ冷戦の崩壊とそれに続くソ連邦の消滅であった。一九八九年十二月地中海マルタ島沖の艦船上で行なわれた米ソ首脳会談（G・H・W・ブッシュ米大統領とゴルバチョフソ連最高会議議長）は、東西冷戦の終結を確認しこれを世界に宣言した。二年後の九一年十二月、十五の共和国から成るソ連邦すなわちソビエト社会主義共和国連邦は、六十九年に及ぶその命脈を閉じた。ソ連消滅の四カ月前（八月）には、すでにソ連共産党が党中央委員会の解散をもって事実上解体している。米ソ冷戦は二一世紀を待たずに名実ともに終焉を迎えたのである。

二〇世紀最大級の事件がロシア共産主義革命（一九一七年）とそれに続くソ連邦の誕生（一九二二年）であったとするなら、アメリカがその生死を賭けて闘った「ソ連型共産主義」とソ連邦そのものの崩落は、これまた二〇世紀最大の歴史的事件であった。資本主義と共産主義のイデオロギー的対立を搦《から》めとった米ソの覇権闘争が人類破滅を導く「全面核戦争」への恐怖と不可分であっただけに、第二次大戦後の半世紀間、私たちは死への重苦しい強迫観念に悩まされつづけた。米ソ冷戦の崩壊によって資本主義対共産主義というイデオロギーの二項対立は消え、米ソの政治・軍事的な二極対立もまたその姿を消したのである。

翻ってこの二十年間の日本をみてみよう。岸信介氏が主導力の一つとなって推進した保守合同の結晶体すなわち自由民主党と、社会主義政権を目指す日本社会党との対決は、たまたまその起点が一九五五年であったことから、一般には「五五年体制」と呼ばれた。米ソ冷戦が国際冷戦であるとすれば、自社対決の五五年体制はまさに国内冷戦というに相応《ふさわ》しい。総じて日本社会党が一党独裁の「ソ連型共産主義」に通底する階級政党であったがために、この社会党と、資本主義・自由主義を標榜する自民党との政治的相剋は熾烈であった。この国内冷戦が米ソ国際冷戦のいわば相似形であったといわれる所以《ゆえん》である。日米安保体制を強化してアメリカとの政治・軍事的結合を進める自民党と、ソ連や中国など共産主義国と連携を深める社会党との対立構図は、それ自体国際的特質を持つものであった。したがって、米ソ国際冷戦の終焉が国内冷戦すなわち自社対決の五五年体制を終局に導いたのは当然である。

確かに五五年体制は消滅した。九三年八月、自民党分派の新生党（一九九三年六月結党）、新党さきがけ（一九九三年六月結党）、さらには保守系新党の日本新党（一九九二年五月結党）が五五年体制の野党勢力（社会党、公明党、民社党など）と結んで「非自民」連立政権すなわち細川護熙《もりひろ》内閣を生んだ。繰り返すが、自社対決の五五年体制は完全に崩壊したのである。いや、自社対決の崩壊どころか、驚くべきことに、九四年（六月）には自社連立内閣、それも社会党首班政権すなわち村山富市《とみいち》内閣が誕生したのである。村山内閣は社会党のそれまでの政策を「大転換」して「日米安保堅持」、「自衛隊合憲」を打ち出す。自社対決を支えてきた対立軸を国家権力と引き換えに放棄せざるを得なかった社会党は、その長期低落傾向に歯止めをかけることができないまま、九六年（一月）事実上消滅するのである。

「独立の完成」のために

ここで考えなければならないのは、八〇年代後半から九〇年代にかけて生起した冷戦崩壊と五五年体制消滅を経たいま、政治家岸信介の事績が戦後政治史のなかでいかなる意味をもっているのか、ということである。岸氏が一九八七年のその死まで政界に隠然たる権勢を揮《ふる》っていたことは事実である。しかし、彼が文字通り権力と行動力を駆って日本の戦後史に顕著な事績を刻印したのは、やはり政権を手放すまでの時期すなわち一九六〇年をもってほぼ終わったとみてよい。終生、憲法改正への執念を燃やしていたとはいえ、その結果をわがものにできなかったという意味では、それは「未完の事績」でしかない。

戦後政治において、岸氏が練り上げた二つの「作品」すなわち「保守合同＝自民党」と「安保改定＝新安保条約」は、いずれもこれを突きつめていえば、米ソ冷戦下にあって日本内外の共産主義と対決するためのものであった。国際共産主義の指導国ソ連は、第二次大戦後東欧諸国を強権的に共産化してこれらをみずからの衛星国にした。ソ連は、アジアの大国中国に対して、少なくとも一九六〇年頃（以後は中ソ対立）までは影響力を行使していた。そしてソ連は、「反米」・「反植民地主義」の第三世界諸国を味方に引きつけつつ、アメリカと世界を二分していた。そのソ連が日本の敗戦に乗じて取得した北方領土を占有しつづける一方で、日本共産党、社会党最左派を含む左翼勢力に強い指導力を発揮していたという事実は、「独立の完成」を戦後政治最大の重要課題とする岸氏にこの上ない危機感を抱かせたといえよう。もちろんこうした危機感が、吉田茂氏をはじめとするいわゆる保守陣営に共通のものであったことは間違いない。

しかし同じ「反共」の立場ではあっても、岸氏は政界再編→保守合同への道を走った。

戦後初期の日本政治をリードしてきた吉田茂氏は、岸氏によるこの「保守合同」を阻止する側に回った。岸氏の「保守合同」が、「被占領体制」の惰性を引きずる吉田勢力の排除をも企図していたからである。岸氏による「保守合同」は、第一に憲法改正によって外なる共産勢力への防壁を堅固にするためであり、第二に経済復興による国民生活の安定をもって内なる共産主義への抵抗力を磐石にするためであった。かくして「独立の完成」への道も開かれるというわけである。

岸氏は一九五五年夏、重光・ダレス会談に同席するため訪米するが、その直前「保守結集」に関連してこう主張している。「我々は保守勢力の立場に立って日本の再建に当っているのであるが、昨今に於ける左翼勢力の進出については、真剣に之に対決する方法を講じなければならない段階に来ている。その為には政策に於て、組織に於て、全く新なる角度から検討して構想を立て、今日の難局打破に当らなければならない。再建の過程に於て日本が当面しているこの歴史的な課題を解決する為には、所謂保守勢力が大きく結集されなければならぬと言うことは、私の一貫した考えである」（「保守結集について―それは国家的要請である」『風声』第十号、一九五五年七月十五日）。

岸氏のこの一文は、「保守合同」がいかに内外共産勢力への危機意識に触発されていたか、を示している。しかも重要なことは、日本におけるこの保守結集の動きを、日米安保体制の一方の当事国アメリカが強く支持したということである。ダレス国務長官は重光外相との会談で、折しも進行中の「保守合同」を説明する岸（民主党）幹事長に対してこう応ずる。「もし日本に強固な統一政府ができれば、われわれが支援を求められて何かをしようとする場合、われわれ自身、より一層行動しやすくなるだろう」(Department of States, Memorandum of Conversation, Date: August 29, 1955, Subject: First Meeting with Shigemitsu, International Situation; Communist China; Japan's Talks with USSR)。「保守合同」は、日米が「手を携えてやっていく」、つまり日米安保体制にとって「本質的に重要である」といいたいのである。

岸氏によるこの「保守合同」がその延長線上に旧安保条約の「変更」を見据えていたことはいうまでもない。安保改定への問題意識である。「独立の完成」のために「反ソ」・「反共」を推進し、この「反ソ」・「反共」を確たるものにするであろう「保守合同」を重光・ダレス会談の数カ月後に実現した岸氏が、同じ「反ソ」・「反共」のアメリカからある種の信頼を勝ち得たことは、自然の成り行きである。しかしアメリカの信頼を手にした岸氏が、今度はそのアメリカから国家的自立を図ろうとしたのが、実は安保改定であったといえよう。

「自助および相互援助の力」

吉田氏が手がけた旧安保条約が、独立国日本にとって極めて従属的かつ不平等であったことは誰の目にも明らかである。そもそもアメリカ側が日本との「双務条約」締結を拒んだからである。四八年アメリカ上院で採択されたいわゆるバンデンバーグ決議（第三項）は、「自助および相互援助の力」を持つ国でなければアメリカは地域的、集団的取り決めを結ぶことはできないとしている。つまりアメリカの立場は、講和条約によって日本が独立しても、日本に「自助および相互援助の力」がない以上、その日本と「相互防衛条約」という名の双務的地域協定はこれを結ぶことができないというのである。旧安保条約が日米対等の相互防衛条約ではなく、米軍による在日基地使用のための単なる「駐軍協定」になった最大かつ本質的な理由はここにある。いま少し有り体にいえば、バンデンバーグ決議の「自助および相互援助の力」とは何かについての日米間の認識の相違が、まさに旧条約の性格を決定づけたということである。旧条約づくりで日米交渉に当たった（外務省条約局長の）西村熊雄氏（一八九九―一九八〇）の回想によれば、アメリカの主張は「自助および相互援助の力」とは軍事力そのものであること、軍事力としての「自助および相互援助の力」を持たない日本とは双務条約を結ぶことはできない、というものであった。

一方日本側からすれば、「自助および相互援助の力」が唯一軍事力からのみ成るのではなく、現有の自衛力、生産力、労働力等々によってアメリカに「有用な協力」をすることができること、そして何よりも米軍に日本駐留を認めること自体アメリカへの「協力」であり「援助」ではないのか、というわけである（西村熊雄『安全保障条約論』時事通信社、一九五九年）。しかし、被占領国日本は占領国アメリカの論理を覆すことはできなかった。

かくして日本側が駐軍協定としての旧条約に代えて双務条約を望むとなれば、当然のことながら「自助および相互援助の力」としての軍事力（防衛力）を増強し、集団的自衛権を行使し得る法的基盤すなわち「憲法改正」をアメリカから課されるという道筋になるのである。重光・ダレス会談でダレスが重光の「安保改定」要求を厳しく斥けながらも、「改定」の前提条件として敢えて「防衛力増強」と「憲法改正」を日本側に持ち出したのは、この文脈からすれば何ら不自然ではないのである。「反吉田」↓政界再編↓保守合同↓自民党結成へと向かう岸氏の行動軌跡は、それが保守勢力の政治基盤強化による「防衛力増強」・「憲法改正」への道に通じるとなれば、明らかにアメリカ側の思惑と符合していたといえよう。

吉田氏とともに旧条約作成に取り組んだダレスは、そもそもこの旧条約の改定に必ずしも積極的であったとはいえない。しかしそれにもかかわらず、岸氏の「安保改定」要求に応じたについては幾つかの理由がある。まず第一に日本国内の世論が旧条約の不平等性に強い不満を持っていたこと、しかもそこから来る「反米」→「日本中立化」(「日本共産化」)への動きにアメリカが危機感を強めたことが大きい。第二に「保守合同」を駆動力にして「自助および相互援助の力」を強化していこうとする岸氏、その岸氏の「安保改定」要求に応えることこそみずからの国益に資するものだ、というのがアメリカ側の立場であった。

第五条と第六条と

岸政権がアメリカとの十五カ月にわたる交渉の末調印に漕ぎつけた新条約、そして調印されたこの新条約が戦後最大の政治闘争の果てに発効をみたことは、確かに日米安保体制の新しい姿を示すものであった。例えば新条約は駐軍協定としての旧条約から変身して、少なくとも形の上では双務条約になった。新条約第五条は、「アメリカの日本防衛義務」を謳うその見返りとして、日本が自国領土内の米軍基地を守る義務があることを規定している。つまり旧条約の「最も本質的な欠陥」（西村熊雄）とされた「アメリカの日本防衛義務」の「欠落」がこうして是正されたのである。

しかしアメリカのリアリズムは、日本が在日米軍基地のみを守り、一方アメリカが日本領土を丸ごと守るという自明の「不均等」を許容するはずはない。アメリカは第五条（「不均衡」）のいわば「補償」として、むしろ行政協定と極東条項の継続を求める大義名分を獲得しているのである。

そもそも行政協定と極東条項こそは、アメリカ対日占領既得権の最も核心的な部分を構成している。アメリカの立場からすれば、行政協定は米軍の日本駐留細目を日本に認めさせることによって、一方で「対ソ防壁」としての日本本土の防衛を果たし、他方でアメリカ極東戦略のための軍事的な足場を確保することを可能にした。そして極東条項は、まさにアメリカ極東戦略のために駐留米軍および在日基地を使用するその法的正当性を保証するものであった。こうしてみると、アメリカが日本側からの要求に応じて安保改定に取り組んだとはいえ、旧条約における既得権の根幹に関する限り、アメリカ側が同改定で失ったものはほとんどなかったといってよい。

もちろん行政協定の改定と、極東条項にも関連する事前協議制（新条約第六条にかかわる「交換公文」は、米軍の日本からの戦闘作戦行動——第五条に基づいて行なわれるものを除く——や、

「核持ち込み」などについては、これを日米間の事前協議の主題とすることを謳っている)の新設などによって、アメリカの既得権が個別的に削られたことは確かである。しかし、行政協定についていえば、アメリカが日本側の「改善」要求に応じたことによって、つまり日本側に一定の譲歩をしたことによって、むしろ同国は在日基地を旧条約時代よりも安定的に利用することが可能になった。また事前協議制は、「協議」そのものが安保改定以来今日まで一度として持たれていないという経緯が示すように、事実上形骸化している。アメリカが核戦略を含めてみずからの軍事戦略を押し通すというその姿勢は、新・旧両条約を貫いている。

一方日本側からしても、安保改定から得たものは、決して小さくはない。前述の通り、第五条で「アメリカの日本防衛義務」を謳ったこと、アメリカ側がもともと嫌っていた「行政協定同時大幅改定」を実現させて日本の主権回復に寄与したことは、確かに安保改定の成果を示していた。また経済条項を新設して旧条約の軍事色を相対化し（第二条）、新条約と国連憲章との関係を明記して同条約を国連集団安保体制の一環として位置づけたこと（第五条など）、条約期限を設定して条約終了への手続きを明らかにしたこと（第十条）、そして旧条約第一条および二条がそれぞれ規定した、内乱（間接侵略）鎮圧のための米軍出動と、第三国への基地権許与に関する「アメリカの事前同意」を新条約で廃止したことなどは、それらが独立国家の内実を整えたという意味では、安保改定の更なる成果であったといえよう。

それにしても重要なことは、安保改定によって生まれた新条約の主柱がやはり第五条と六条であったということである。なぜなら冷戦時代の日本にとって、仮想敵ソ連の対日武力攻撃を想定した第五条はとりわけ死活の重要性を持ったからであり、しかも同じく冷戦時代日本がみずからの「安全」のためばかりでなく「極東の平和と安全」のために米軍の基地使用を認めるという第六条は、それが日本に多大の負担を強いたとはいえ、第五条における「アメリカの負担」と相殺されるという論理構造を持っていたのである。

しかし、冷戦は終わった。条約本体に占める第五条の比重は相対的に軽減されたといってよい。「冷戦終結」のマルタ会談（一九八九年）↓ソ連の消滅（一九九一年）によって、「五条事態」すなわち仮想敵ソ連いや後継国ロシアからの「武力攻撃」は、その意味を大きく減ずることになったからである。もちろんアジア国際関係の不安定な状況からみて、ある特定国が日本を攻撃するという「五条事態」が、将来起こらないとはいえない。ただ、「五条事態」を想定する軍事・政治的客観条件が米ソ冷戦時代に比べて希薄化していることは否定できない。

一方、冷戦が崩壊してむしろその重要性を増しているのは、第六条の極東条項である。

「六条事態」すなわち「極東の有事」といわれる事態が、冷戦後とりわけアメリカによってそれまで以上に重視されるようになったからである。ただ、「六条事態」を「極東の有事」にのみ限定してしまうのは、実は正しい捉え方ではない。米軍による在日基地使用の目的は、「五条事態」とともに「極東の平和と安全」に「寄与するため」である。つまり、米軍の在日基地使用は、「極東の有事」そのものを含めて広く「極東の平和と安全」に寄与するという「目的」に適う限り可能なのである。いい換えれば、米軍の在日基地は、「極東の有事」のみならず「極東の有事」にかかわる、あるいは「極東の有事」を引き起こすと判断される他地域の有事に際しても使用されるのである。旧条約作成の日本側当事者であった西村熊雄氏が、旧条約（第一条）における「極東の平和と安全の維持」にかかわるといった場合の「極東」とは、「（在日米軍使用の）目的の地域的限界」であって「（在日米軍の）使用の地域的限界」ではないといったのは、このことを説明している（西村熊雄、同前書）。

新条約の極東条項もまた、その論理において旧条約のそれとは何ら変わらない。「極東」以外の例えば中近東に紛争が発生しても、アメリカはその紛争が「極東の平和と安全」に「寄与するため」に在日米軍の出動を要すると判断すれば、（「事前協議」を経て）在日基地を使用できるのである。したがって、この極東条項が安保条約に占める位置は極めて大きい。とりわけ冷戦後の安保条約に占める極東条項の重みは、「五条事態」の比重が軽減された分だけますます増大している。しかしこうした冷戦後の新しい状況は、元来日本本土防衛のための第五条を条約最大のメリットとする日本側からすれば、当然条約それ自体の魅力を薄めることにつながる。一方アメリカにとっては第五条の負担が減じて、自国の極東戦略いや世界戦略に寄与する第六条を条約の中心に据えることは、「アメリカの安全」を更に追求していく重要な布石となるはずである。

「安保再定義」へ

かくてアメリカ側からすれば、日本防衛のための基地使用よりも、「極東の平和と安全」のための基地使用へと重心を移していくその現実的要請に条約を適応させることが重要になる。いわゆるナイ・イニシアティブによる「安保再定義」は、まさにこのアメリカ当局の問題意識を具体化したものであった。一九九五年二月国防次官補ジョセフ・ナイの手になるナイ・レポート（「東アジア戦略報告」）が提起した条約の「読み替え」がそれである。「安保再定義」は、実は第六条の極東条項を拡延して日本の自衛隊をアメリカの戦闘作戦に直結させるための理論的名分を編み出すための作業であった。「冷戦」を失った日米安保体制の揺らぎに危機感を抱く日米政府とりわけアメリカ政府は、この「安保再定義」なるものによっていま一度日米同盟関係を一体化させようとしたわけである。翌九六年四月橋本（龍太郎）首相とウィリアム・クリントン大統領が発した「日米安保共同宣言」は、紛れもなくこの「安保再定義」の帰結としてまとめられた日米間の正式文書であった。

「日米安保共同宣言」における最大の眼目は、アジア太平洋の平和と安定のための日米軍事協力実現への道を開いたことである。「日米ガイドライン」（「日米防衛協力のための指針」、一九七八年）の見直しによる「新ガイドライン」の決定（一九九七年）、および同「ガイドライン」に基づく「周辺事態法」の成立（一九九九年）などは、「日米安保共同宣言」の延長線上に位置づけられるものである。「新ガイドライン」は海外における自衛隊の「後方地域支援」を可能にし、米軍による自衛隊施設・民間空港・港湾の一時的使用を認めている。「周辺事態法」は「新ガイドライン」の実効性を確保するために、政府が地方公共団体に協力要請をすることができるというものである。

しかも重要なのは、「周辺事態」とは「日本の平和と安全に重要な影響を与える事態」だということである。極東条項の伝に従えば、「周辺事態」の「周辺」とは「（日本による対米支援の）目的のための地域的限界」を意味するのであって、「対米支援の地域的限界」ではないということである。一九七〇年代から自民党政府がその国会成立を目指してきたいわゆる「有事法制」は、当然こうした流れの一つの帰結となるであろう。

こうみてくると、岸氏の手になる安保改定＝新条約が冷戦崩壊とともに大きく変容したことが分かるであろう。岸氏は吉田氏がダレスを相手につくりあげた旧条約の不平等性を確かに是正しようとした。事実安保改定は、新条約の内実とその運用実績からしても、「独立の完成」を目指す岸氏の政治的執念がある一定の成果を挙げたことを示している。しかしそれにしても、第六条を含む安保条約が冷戦崩壊後これほどまでにその意味を変えてしまったという事実は、おそらく岸氏も予想しなかったに相違ない。

「護憲」か「改憲」か

改めて確認しておきたい。岸氏が安保改定にあたって「相互防衛条約」を望んでいたにもかかわらず、憲法がこれを阻んだということである。岸氏はアメリカが攻撃されれば日本が、日本が攻撃されればアメリカがそれぞれ相手国を助けに出かけていくという「相互防衛条約」を断念せざるを得なかったのである。集団的自衛権の行使すなわち同盟国を助けるための海外派兵を禁ずる憲法九条の壁はやはり厚かった。「もし仮にグアムが攻撃されたなら、日本はアメリカ防衛のために駆けつけてくれるのか」(Department of States, Memorandum of Conversation, Date: August 30, 1955, Subject: Second Meeting with Shigemitsu, Defense Matters)という前出重光・ダレス会談でのダレスの言は、同席の岸氏に憲法の軛《くびき》を思い知らせるに十分であった。

果たして、重光・ダレス会談から五年を経て完成した新安保条約もまた「双務性」を欠くことになったのである。日本が在日米軍基地のみを守り、アメリカが日本領土すべてを守るという「安保タダ乗り」論が喧伝される所以である。しかし、「安保タダ乗り」の代償が、例えば新条約第六条の極東条項であることは前述の通りである。しかも冷戦後、この極東条項が独り歩きを加速しつつ「新ガイドライン」、「周辺事態法」等々へと拡延していることは、もはや現行憲法がこれらの事態を捕捉し得なくなっていることを物語っている。

憲法と現実社会との間に広がるこうした深刻な乖離《かいり》は、折しも今日「改憲」を軸とする憲法論議が国会を中心に再び高まっているその政治気候と決して無関係ではない。岸氏が一九五七年みずからの内閣主導で憲法調査会を実質始動させたが(一九六四年同調査会は、改憲への賛否両論を盛り込んだ最終報告書を内閣と国会に提出した)、半世紀後の二〇〇〇年、今度は衆参両院に憲法調査会が設けられ、「九条論議」を含めて活発な議論が続いている。

しかも憲法改正をめぐる国内政治勢力の絵柄は、冷戦後大きく変化している。それぞれの陣営内に濃淡の差はあれ、「改憲」の自民党、「護憲」の社会党という五五年体制の構図は、冷戦崩壊とそれに続く社会党の消滅によって消え失せた。今日国会内における「反改憲」・「護憲」勢力が五五年体制時に比べて後退したことは否定できない。例えば衆議院をみてみよう。政権党の自民党（二〇〇一年一月召集の通常国会における議席数二百三十九）はもちろん、野党第一党の民主党（会派としては民主党・無所属クラブ―同議席数百二十九）も旧社会党議員を除けば、おしなべて改憲に与《くみ》している。

また改憲そのものに反対する日本共産党（同議席数二十）と社民党（旧社会党から党名変更。会派としては社民党・市民連合―同議席数十九）は、その議会（衆議院）構成力においてわずか八％にすぎない。改憲そのものは否定しないが「九条堅持」を主張する公明党（同議席数三十一）をこれに加えても、衆議院の護憲派は、三分の一以上の議席数を確保していた五五年体制時にははるかに及ばない。

世論調査をみても、冷戦崩壊後「改憲」への意識は大きく変わった。例えば冷戦末期の一九八六年改憲賛成が二十二・六％であったのに対し、マルタ会談・ソ連消滅数年後の九三年には改憲賛成が初めて五十％を超え（五十・四％）、二〇〇一年には五十四・一

%になっている（読売新聞社世論調査部編『日本の世論』弘文堂、二〇〇二年）。年代別でみても、二〇〇一年の調査では七十歳以上（四十三・一%）を除けば、二十歳代以上のすべての年代で改憲賛成が五十%を超えている（同前書）。

岸氏が主導した保守合同（自民党結成）は、前述の通り、冷戦を闘い抜く「反ソ」・「反共」のための砦として構築されたものだが、同時に「独立の完成」のための「憲法改正」を射程においていたことはいうまでもない。三十八年間続いた五五年体制すなわち自民党と社会党の「二大政党制」のなかで、自民党は確かに議会構成力の多数を制して「一党支配」を続けてきた。しかし改憲発議の条件すなわち議会（衆参両院）における三分の二以上の議席数をついに獲得することはなかった。岸氏が総理退陣後も密かに政権担当を望蜀《ぼうしょく》したのは、他でもない、低迷していた改憲論議に再び火を点けて憲法改正そのものの道筋をつくろうとしたためであった。

冷戦終焉とともに二〇世紀最後の十年を経ていまや二一世紀、まさに改憲をめぐる日本の政治的地図が変わろうとしている。さて黄泉《こうせん》の客岸信介は、この日本の政治風景をどのように眺めているであろうか。

二〇〇三年一月

あとがき

戦後日本における政治・外交の構造的特質を最も集約的に表現している政治事象の一つは、岸信介政権による「安保改定」の政治過程であろう。私はこれまでにこの「安保改定」の政治過程を歴史的、実証的に再構築する試みとして二冊の著作を公刊した。『戦後日本と国際政治—安保改定の政治力学』（中央公論社、一九八八年）および『日米関係の構図—安保改定を検証する』（NHKブックス、一九九一年）がそれである。これらの著作は一次資料を含む各種「記録された情報」と、オーラル・ヒストリー等の「記録されなかった情報」を併用して執筆されたものである。

また私はこれら二著作の延長線上で、「安保改定」過程における最高意思決定者であった岸信介氏の評伝（『岸信介—権勢の政治家』岩波新書、一九九五年）を発表した。吉田茂のいわゆる「ポツダム体制」を打破せんとしてあの安保改定に取り組んだ政治家岸信介とはそもそもいかなる人物か、これを明らかにしようとしたものである。そしてここでもまた、「記録された情報」に加えて、岸氏とのインタビューをはじめとする「記録されなかった情報」が有用であった。今回岸信介氏とのインタビューの内容を、こうして一冊の書として世に送り出すことになったのは、一言でいえば、私がこれまで著書執筆に援用してきた政治家岸信介の肉声を歴史の共有財産として後世に残す責任を慮《おもんばか》ったからである。

政治家を研究、評価する場合、私たちはえてして好悪の感情に支配されやすい。好悪の感情はその政治家に対する功罪の評価と表裏一体化し、かくて評価と感情が相乗、増幅するという循環が独り歩きする。「思考の型が実は感情の型に深く根を下ろしている」というエーリッヒ・フロムの言葉は、どうやら真実のようである。しかし私たちが重視すべきは、「感情の型」から可能な限り自立した思考の躍動である。歴史に働きかけるその政治家の衝撃力、ないしは歴史を練り上げていくその造形力をできるだけ客観的に見据えていくという立場こそ重要である。こうした観点から政治家岸信介の姿態に迫っていけば、彼の全存在と切り結ぶ歴史の実相らしきものもまたみえてくるであろう。同時にこうした作業を経てこそ、政治家岸信介の歴史的功罪もまた浮き彫りにされてくるのである。

岸氏とのインタビューは単なる質疑応答というものではなかった。それは一個の対話であったといえるかもしれない。しかもこの対話は、緊張と探究の旅歩きであった。岸氏はインタビュー当時（一九八〇年代初頭）の「現在」と、歴史という名の「過去」との間を行きつ戻りつしながら、私の問いかけに答えてくれた。いずれにしても、決して少量とはいえないこのインタビューは、政治家岸信介の言説を通して岸信介その人の実像、ひいては彼がその文脈に深く身を置いた戦後日本の一断面を垣間見ようとする試みであった。

岸氏が死去されたのは、一九八七（昭和六十二）年である。爾来《じらい》十六年の歳月が流れている。「昭和の妖怪岸信介」も、多くの人々、とりわけ若い世代にとってはいまや遠い存在になりつつある。

政治家岸信介は確かに歴史上の人物になろうとしている。私たちは、岸信介なる歴史上の人物をいま一度蘇らせることによって、政治家と時代との交錯が醸し出す歴史の鼓動に耳を澄ましてみる必要があるのではなかろうか。本書がいわば「記録されなかった情報」の記録として広く歴史の理解に供せられるなら、インタビュアーおよび編者としての私の微力もまたそれなりの意味をもつことになろう。

最後に謝辞をのべたい。まずお礼を申し上げるべきは、もちろん岸信介氏その人である。インタビューのために二十数回の日程を組んで頂いたが、面会の時間は一度として約束の時間からずれることはなかった。岸氏はあくまでも律儀であった。インタビューのなかで同氏がみせる抜群の記憶力と怜悧（れいり）な回顧、そして闊達（かったつ）な冗談とたまさかの激しい感情表現等々は、あれから二十余年後の今日でも生々しく思い出される。このインタビューに誠実に取り組んで下さった岸信介氏に深甚の謝意を表するものである。ご子息の岸信和氏には、資料の収集などを含めて種々ご協力を頂いた。厚くお礼申し上げたい。

なお、本書における岸氏の発言に関連して、福田赳夫、三木武夫両元首相をはじめ要路各位が私のインタビューに応じて証言して下さったことに深謝したい。本書掲載の写真を提供して頂いた関係者および関係諸機関にお礼申し上げる。また、本書がこうして上梓されるまでには、その他多くの方々のお世話になった。感謝申し上げたい。

毎日新聞社出版局の山本隆行氏（現在毎日新聞社編集局）は、本書刊行の熱心な推進者であった。同出版局の阿部英規氏には、本書完成に至るプロセスで多くの有益な助言を頂いた。両氏に厚くお礼申し上げたい。

二〇〇三年二月尽

研究室にて　原　彬久

関連資料

日本国とアメリカ合衆国との間の安全保障条約（旧安保条約）

一九五一年サン・フランシスコで署名
一九五二年四月二八日発　効
一九六〇年六月二三日失　効

日本国は、本日連合国との平和条約に署名した。日本国は、武装を解除されているので、平和条約の効力発生の時において固有の自衛権を行使する有効な手段をもたない。

無責任な軍国主義がまだ世界から駆逐されていないので、前記の状態にある日本国には危険がある。よつて、日本国は平和条約が日本国とアメリカ合衆国の間に効力を生ずるのと同時に効力を生ずべきアメリカ合衆国との安全保障条約を希望する。

平和条約は、日本国が主権国として集団的安全保障取極を締結する権利を有することを承認し、さらに、国際連合憲章は、すべての国が個別的及び集団的自衛の固有の権利を有することを承認している。

これらの権利の行使として、日本国は、その防衛のための暫定措置として、日本国に対する武力攻撃を阻止するため日本国内及びその附近にアメリカ合衆国がその軍隊を維持することを希望する。

アメリカ合衆国は、平和と安全のために、現在、若干の自国軍隊を日本国内及びその附近に維持する意思がある。但し、アメリカ合衆国は、日本国が、攻撃的な脅威となり又は国際連合憲章の目的及び原則に従つて平和と安全を増進すること以外に用いられうべき軍備をもつことを常に避けつつ、直接及び間接の侵略に対する自国の防衛のため漸増的に自ら責任を負うことを期待する。

よつて、両国は、次のとおり協定した。

第一条　平和条約及びこの条約の効力発生と同時に、アメリカ合衆国の陸軍、空軍及び海軍を日本国内及びその附近に配備する権利を、日本国は、許与し、アメリカ合衆国は、これを受諾する。この軍隊は、極東における国際の平和と安全の維持に寄与し、並びに、一又は二以上の外部の国による教唆又は干渉によつて引き起された日本国における大規模の内乱及び騒じようを鎮圧するため日本国政府の明示の要請に応じて与えられる援助を含めて、外部からの武力攻撃に対する日本国の安全に寄与するために使用することができる。

第二条　第一条に掲げる権利が行使される間は、日本国は、アメリカ合衆国の事前の同意なくして、基地、基地における若しくは基地に関する権利、権力若しくは権能、駐兵若しくは演習の権利又は陸軍、空軍若しくは海軍の通過の権利を第三国に許与しない。

第三条 アメリカ合衆国の軍隊の日本国内及びその附近における配備を規律する条件は、両政府間の行政協定で決定する。

第四条 この条約は、国際連合又はその他による日本区域における国際の平和と安全の維持のため充分な定をする国際連合の措置又はこれに代る個別的若しくは集団的の安全保障措置が効力を生じたと日本国及びアメリカ合衆国の政府が認めた時はいつでも効力を失うものとする。

第五条 この条約は、日本国及びアメリカ合衆国によつて批准されなければならない。この条約は、批准書が両国によつてワシントンで交換された時に効力を生ずる。

以上の証拠として、下名の全権委員は、この条約に署名した。

千九百五十一年九月八日にサン・フランシスコ市で、日本語及び英語により、本書二通を作成した。

日本国のために

吉田茂

アメリカ合衆国のために

ディーン・アチソン

ジョン・フォスター・ダレス

アレキサンダー・ワイリー

スタイルス・ブリッジス

日本国とアメリカ合衆国との間の相互協力及び安全保障条約（新安保条約）

一九六〇年一月一九日ワシントンで署名
一九六〇年六月二三日発効

日本国及びアメリカ合衆国は、

両国の間に伝統的に存在する平和及び友好の関係を強化し、並びに民主主義の諸原則、個人の自由及び法の支配を擁護することを希望し、

また、両国の間の一層緊密な経済的協力を促進し、並びにそれぞれの国における経済的安定及び福祉の条件を助長することを希望し、

国際連合憲章の目的及び原則に対する信念並びにすべての国民及びすべての政府とともに平和のうちに生きようとする願望を再確認し、

両国が国際連合憲章に定める個別的又は集団的自衛の固有の権利を有していることを確認し、

両国が極東における国際の平和及び安全の維持に共通の関心を有することを考慮し、

相互協力及び安全保障条約を締結することを決意し、

よつて、次のとおり協定する。

第一条　締約国は、国際連合憲章に定めるところに従い、それぞれが関係することのある国際紛争を平和的手段によつて国際の平和及び安全並びに正義を危うくしないように解決し、並びにそれぞれの国際関係において、武力による威嚇又は武力の行使を、いかなる国の領土保全又は政治的独立に対するものも、また、国際連合の目的と両立しない他のいかなる方法によるものも慎むことを約束する。

締約国は、他の平和愛好国と協同して、国際の平和及び安全を維持する国際連合の任務が一層効果的に遂行されるように国際連合を強化することに努力する。

第二条　締約国は、その自由な諸制度を強化することにより、これらの制度の基礎をなす原則の理解を促進することにより、並びに安定及び福祉の条件を助長することによつて、平和的かつ友好的な国際関係の一層の発展に貢献する。締約国は、その国際経済政策におけるくい違いを除くことに努め、また、両国の間の経済的協力を促進する。

第三条　締約国は、個別的に及び相互に協力して、継続的かつ効果的な自助及び相互援助により、武力攻撃に抵抗するそれぞれの能力を、憲法上の規定に従うことを条件として、維持し発展させる。

第四条 締約国は、この条約の実施に関して随時協議し、また、日本国の安全又は極東における国際の平和及び安全に対する脅威が生じたときはいつでも、いずれか一方の締約国の要請により協議する。

第五条 各締約国は、日本国の施政の下にある領域における、いずれか一方に対する武力攻撃が自国の平和及び安全を危うくするものであることを認め、自国の憲法上の規定及び手続に従つて共通の危険に対処するように行動することを宣言する。

前記の武力攻撃及びその結果として執つたすべての措置は、国際連合憲章第五十一条の規定に従つて直ちに国際連合安全保障理事会に報告しなければならない。その措置は、安全保障理事会が国際の平和及び安全を回復し及び維持するために必要な措置を執つたときは、終止しなければならない。

第六条 日本国の安全に寄与し、並びに極東における国際の平和及び安全の維持に寄与するため、アメリカ合衆国は、その陸軍、空軍及び海軍が日本国において施設及び区域を使用することを許される。

前記の施設及び区域の使用並びに日本国における合衆国軍隊の地位は、千九百五十二年二月二十八日に東京で署名された日本国とアメリカ合衆国との間の安全保障条約第三条に基く行政協定（改正を含む）に代わる別個の協定及び合意される他の取極により規律される。

第七条　この条約は、国際連合憲章に基づく締約国の権利及び義務又は国際の平和及び安全を維持する国際連合の責任に対しては、どのような影響も及ぼすものではなく、また、及ぼすものと解釈してはならない。

第八条　この条約は、日本国及びアメリカ合衆国により各自の憲法上の手続きに従つて批准されなければならない。この条約は、両国が東京で批准書を交換した日に効力を生ずる。

第九条　千九百五十一年九月八日にサン・フランシスコ市で署名された日本国とアメリカ合衆国との間の安全保障条約は、この条約の効力発生の時に効力を失う。

第十条　この条約は、日本区域における国際の平和及び安全の維持のため十分な定めをする国際連合の措置が効力を生じたと日本国政府及びアメリカ合衆国政府が認める時まで効力を有する。

もつとも、この条約が十年間効力を存続した後は、いずれの締約国も、他方の締約国に対しこの条約を終了させる意思を通告することができ、その場合には、この条約は、そのような通告が行なわれた後一年で終了する。

以上の証拠として、下名の全権委員は、この条約に署名した。
千九百六十年一月十九日にワシントンで、ひとしく正文である日本語及び英語により本書二通を作成した。

日本国のために
岸　信介
藤山愛一郎
石井光次郎
足立　正
朝海浩一郎
アメリカ合衆国のために
クリスチャン・A・ハーター
ダグラス・マックアーサー二世
J・グレイアム・パースンズ

岸信介関連年表

西暦	年号	年齢	岸信介関連	国内・国際関連
1896	明治29		11 誕生（13日）	9 松方正義内閣（第二次）
1902	35	6		1 日英同盟成立
1903	36	7	4 田布施村国木尋常小学校入学	
1904	37	8		2 日露戦争開戦
1905	38	9		9 ポーツマス条約
1907	40	11	4 西田布施尋常高等小学校入学	
1908	41	12	一学期終了後、岡山の内山下小学校尋常科六年に編入	7 桂太郎内閣（第二次）
1909	42	13	4 岡山中学校に入学	
1910	43	14		8 韓国併合に関する日韓条約
1911	44	15	5 叔父（佐藤松介）死去のため、岡山中学から山口中学に転校	8 西園寺公望内閣（第二次）
1912	45 大正元年	16		7 明治天皇崩御
1914	大正3	18	9 旧制第一高等学校入学	4 大隈重信内閣（第二次）

西暦	年号	年齢	岸信介関連	国内・国際関連
				7 第一次世界大戦勃発 8 日本、対独宣戦布告
1917	6	21	9 東京帝国大学法学部独法科入学	3 ロシア二月革命
1918	7	22		9 原敬内閣
1919	8	23		6 ベルサイユ条約
1920	9	24	7 農商務省に入省	1 国際連盟発足
1922	11	26	7 大臣官房文書課配属	6 加藤友三郎内閣 12 ソビエト社会主義共和国連邦成立
1923	12	27	9 臨時震災救護事務局事務官	9 関東大震災
1925	14	29	4 商工省に配属	4 農商務省―農林省と商工省に分離 治安維持法公布
				5 男子普通選挙法公布
1926	15 昭和元年	30	4 欧米出張	1 若槻礼次郎内閣 12 大正天皇崩御
1929	昭和4	33	10 「官吏一割減俸」反対を主導	7 浜口雄幸内閣 10 世界大恐慌
1930	5	34	1 鋼材調査のため欧州出張 6 臨時産業合理局事務官兼特許局事務官	1 ロンドン軍縮会議
1931	6	35	4 重要産業統制法公布	4 若槻礼次郎内閣（第二次）

					9	満州事変
1932	7	36	1	工務局工政課長	3	満州国建国宣言
					5	五・一五事件
1933	8	37	2	兼任外務書記官	1	ドイツ、ヒトラー首相誕生
			3	工務局工業課長兼任	3	国際連盟脱退
			12	大臣官房文書課長		
1934	9	38	1	大臣官房統計課長兼任	3	満州国帝政実施
1935	10	39	1	対満事務局事務官兼務	8	松岡洋右、満鉄総裁就任
1936	11	40	4	商工省工務局長兼臨時産業合理局事務官	2	二・二六事件
			10	商工省を辞任。渡満、満州国国務院実業部総務司長に就任	3	広田弘毅内閣
					11	日独防共協定
1937	12	41	7	実業部、産業部に改編。産業部次長に就任	2	林銑十郎内閣
			12	満州重工業設立	3	東条英機、関東軍参謀長に就任
					6	近衛文麿内閣
					7	日中戦争開始
1939	14	43	10	満州から帰国。商工次官に就任	1	平沼騏一郎内閣
					5	ノモンハン事件
					8	独ソ不可侵条約成立
					9	第二次世界大戦勃発
1940	15	44			7	近衛文麿内閣（第二次）
1941	16	45	1	商工次官を辞任	4	日ソ中立条約締結

西暦	年号	年齢	岸信介関連	国内・国際関連
			10 商工大臣就任	7 近衛文麿内閣（第三次） 10 東条英機内閣 12 真珠湾攻撃、太平洋戦争始まる
1942	17	46	4 衆議院議員選挙当選	
1943	18	47	11 商工省、軍需省に改編。軍需次官（国務相）に就任	
1944	19	48	7 軍需次官（国務相）を辞任（戦争遂行をめぐって東条首相と対立）	6 米軍、サイパン上陸 7 小磯国昭内閣
1945	20	49	4 山口に帰郷。「防長尊攘同志会」結成 9 A級戦犯容疑者として指名、逮捕令状が出る（11日） 山口県特高課長に付き添われ横浜拘置所に収監 10 大森の旧陸軍俘虜収容所に移送 12 巣鴨拘置所に収監	2 ヤルタ会談 4 米軍、沖縄上陸 鈴木貫太郎内閣 8 広島、長崎原爆投下 ポツダム宣言受諾、敗戦 東久邇宮稔彦内閣 10 幣原喜重郎内閣
1946	21	50	4 起訴状発表、岸、不起訴	2 公職追放令 5 極東国際軍事裁判開廷 吉田茂内閣
1947	22	51		3 トルーマン・ドクトリン 5 日本国憲法施行 片山哲内閣
1948	23	52	12 巣鴨拘置所から釈放	3 芦田均内閣

				6 昭和電工事件 10 吉田茂内閣（第二次） 11 極東国際軍事裁判判決 12 A級戦犯七名死刑執行
1949	24	53	12 後援会「箕山社」設立	3 ドッジ・ライン 10 中華人民共和国建国
1950	25	54		6 朝鮮戦争勃発 8 警察予備隊令公布
1951	26	55		4 マッカーサー元帥解任、後任にリッジウェイ 9 対日平和条約、日米安全保障条約調印 10 日本社会党左右に分裂
1952	27	56	4 日本再建連盟結成 公職追放解除 7 日本再建連盟会長に就任 10 日本再建連盟、総選挙で惨敗	1 韓国、李承晩ライン設定 2 日米行政協定調印 4 日華平和条約調印
1953	28	57	2 欧州に視察旅行 3 自由党入党 4 衆議院議員に当選 12 自由党憲法調査会会長に就任 （1954・11 憲法改正要綱案作成）	1 アイゼンハワー、米大統領に就任 3 吉田首相の「バカヤロー」解散 7 朝鮮戦争休戦協定
1954	29	58	11 自由党を除名 日本民主党幹事長に就任	4 造船疑獄で犬養法相指揮権発動 11 日本民主党結党

西暦	年号	年齢	岸信介関連	国内・国際関連
				12 鳩山一郎内閣
1955	30	59	8 訪米、重光・ダレス会談に同席 11 自由民主党幹事長に就任	10 日本社会党統一 11 保守合同、自由民主党結党
1956	31	60	12 自民党総裁選、七票差で敗北 石橋内閣に外務大臣として入閣	10 日ソ国交回復 12 国際連合加盟 石橋湛山内閣
1957	32	61	1 石橋首相病気のため、臨時首相代理に 2 岸信介内閣 3 自民党総裁に当選 5 東南アジア六カ国歴訪 6 訪米、アイゼンハワー大統領と会談 日米共同声明発表 7 内閣改造、藤山愛一郎を外相に起用 11 東南アジア九カ国歴訪	3 欧州経済共同体（EEC）・原子力共同体（ユーラトム）両条約調印 7 カナダでパグウォッシュ会議開く 10 ソ連、人工衛星スプートニク1号打上げ 11 中小企業団体組織法公布
1958	33	62	6 岸信介内閣（第二次） 12 自民党反主流派閣僚三名辞表提出	5 第二十八回衆議院総選挙、自民党勝利 9 藤山・ダレス会談(安保改定交渉に合意) 10 安保改定交渉開始 11 警職法改正問題で自民党・社会党衝突
1959	34	63	1 自民党総裁に再選 6 内閣改造、通産相として池田勇人再入閣 7 欧州・中南米十一カ国歴訪	3 社会党使節団（団長浅沼稲次郎）訪中、「日中共同の敵」演説 4 安保改定阻止国民会議結成 日米安保条約改定阻止国民会議第一次統一行動 6 第五回参議院議員選挙、自民党「勝利」

1960	35	64	1 新安保条約調印のため訪米 6 臨時閣議でアイゼンハワー訪日延期要請決定 7 岸内閣退陣表明 暴漢に刺される 岸内閣総辞職	1 民主社会党結党 5 新安保条約、強行採決 安保条約反対院外闘争強まる 6 ハガチー事件 樺美智子死亡事件 新安保条約自然承認 7 池田勇人内閣 10 浅沼稲次郎社会党委員長刺殺 12 国民所得倍増計画閣議決定
1961	36	65		8 ベルリンの壁出現
1962	37	66	11 岸派解散、川島派・福田派に分裂	10 キューバ危機
1963	38	67		11 米大統領ケネディ暗殺
1964	39	68		11 佐藤栄作内閣
1965	40	69	1 チャーチル元英首相国葬に特派大使として参列 12 マルコスフィリピン大統領就任式に特派大使として列席	2 米、北ベトナムに爆撃開始 6 日韓基本条約調印
1966	41	70	5 蔣介石中華民国総統就任式（第四期）に特派大使として列席	8 中国、文化大革命始まる
1967	42	71	4 勲一等旭日桐花大綬章叙勲	
1968	43	72	3 日米協会会長に就任 4 家族計画国際協力財団会長に就任	10 米、北爆全面停止

西暦	年号	年齢	岸信介関連	国内・国際関連
1969	44	73	2 日韓協力委員会設立総会に会長として出席 3 アイゼンハワー元米大統領の国葬に特派大使として参列（ニクソン大統領と会談――4月1日） 4 中華民国から特種大綬景雲勲章 12 自主憲法制定国民会議議長に就任	1 ニクソン、米大統領に就任 7 米宇宙船アポロ11号月面着陸 11 佐藤首相訪米
1970	45	74	6 韓国から一等樹交勲章を受ける 10 訪米、ニクソン大統領と会談	6 日米安全保障条約自動延長
1971	46	75	10 ニクソン大統領に招かれて訪米	6 沖縄返還協定調印 8 ドル・ショック
1972	47	76	2 日豪議員連盟会長に就任	2 ニクソン米大統領、訪中 7 田中角栄内閣 9 田中首相訪中、日中共同声明（国交正常化）
1973	48	77	9 日韓協力委員会常任委員会出席（韓国） 10 APU（アジア国会議員連合）総会出席（韓国）	2 円相場、変動制に 10 オイル・ショック
1974	49	78		8 ニクソン米大統領辞任 12 三木武夫内閣
1976	51	80	9 永年在職議員として表彰	7 ロッキード事件で田中角栄前首相逮捕 12 福田赳夫内閣

1977	52	81	9 国際人口問題議員懇談会会長として中南米訪問	9 日本赤軍ダッカ事件
1978	53	82		8 日中平和友好条約調印 12 大平正芳内閣
1979	54	83	8 人口と開発に関する世界議員会議開会式で国連平和賞受賞 10 総選挙不出馬 11 朴正煕韓国大統領が暗殺され、国葬に特派大使として参列 12 崔桂夏韓国大統領就任式に列席	1 米中国交樹立 6 第五回先進国首脳会議（東京サミット）
1980	55	84	9 全斗煥韓国大統領就任式に列席	7 鈴木善幸内閣
1982	57	86	1 自民党最高顧問に就任	11 中曽根康弘内閣
1983	58	87	10 田中角栄邸を訪問、議員辞職を勧告	9 大韓航空機撃墜事件 10 田中角栄元首相に有罪判決
1984	59	88		9 全斗煥韓国大統領訪日
1985	60	89		8 首相・閣僚の靖国神社公式参拝
1986	61	90		5 第十二回先進国首脳会議（東京サミット） 7 福田派、安倍（晋太郎）派になる
1987	62	90	8 死去（7日）	11 竹下登内閣

文庫版へのあとがき

本書『岸信介証言録』は、二〇〇三年毎日新聞社から初版発行（以下「毎日版」という）されたが、このたびおよそ一〇年ぶりに「中公文庫」として再び世に出ることになった。「一〇年」といえば、悠久の歴史のなかでは文字通り一瞬の目弾《めはじ》きにすぎない。しかしその内実をみるとき、この一〇年が実は歴史の曲がり角を画する一〇年であった、といずれ思い知ることになるかもしれない。世界におけるアメリカの指導力が相対的に衰え、その衰えを見透かすかのように中国が急速に軍事大国化しているという、その地殻変動の予兆こそ「歴史の曲がり角」というに値しよう。

国際政治のなかにみえてきたこの構造変容の兆しは、岸信介氏が手がけた安保改定すなわち一九六〇年調印の新（現行）安保条約の政治的・軍事的な意味合いにそれ相当の揺らぎを与えている。「編者補遺」でみたように、冷戦後の一九九〇年代以降、新安保条約では、その重心がいわゆる「五条事態」（日本への武力攻撃）からむしろ「六条事態」（「極東の平和と安全」を危うくする事態）へと傾いていったのは事実である。

しかし最近の一〇年をみると、日本を取り巻く安全保障環境の激変によって、「五条事態」が再び重要視されるようになった。北朝鮮が日本にミサイル攻撃をする可能性とともに、領土問題すなわち沖縄県尖閣諸島の領有権をめぐって中国が日本に武力攻撃をするという事態（あるいは偶発的武力衝突）は、いまや絵空事ではなくなったからである。

問題は、「五条事態」が発生したとき、アメリカは中国に対して（第五条の精神に基づいて）無条件に武力反撃するだろうか、ということである。冷戦時代であれば、超大国ソ連の対日攻撃は、アメリカにとっては直ちにみずからへの攻撃を意味した。ソ連から日本が攻撃されれば、グアム、ハワイだけでなくすぐさま米本土さえ壊滅されるという恐怖は、つねにアメリカの悪夢であった。アメリカが日本を助けるということは、日本のためである以上にアメリカ自身のためであったといえよう。

だが今日、中国が例えば尖閣諸島に武力侵攻したとき、アメリカは日本の危機をみずからの危機と認めて遅滞なく中国に反撃を加えるだろうか。そこにはいくばくかの疑念が残る。なぜなら第一に、冷戦時代のソ連とは違って現今の中国は同じ大国とはいっても、米国の領土を脅かすほどの軍事力をもっているわけではないこと、第二にかつての米ソ関係とは異なって、近年の米中関係はグローバルな市場経済のなかで相互依存を強め、中国だけでなくアメリカもまた相手国との戦争による経済（国民生活）の破壊を強く恐れているからである。

そして第三に中国共産党政府は、アメリカに対して共産主義のイデオロギー攻撃をかけるにはあまりにも資本主義化しており、かつての共産国ソ連とは違って直接米国の自由と民主主義に脅威となるものではない、ということである。

こうみてくると、仮に中国が日本に武力攻撃しても、それがアメリカの危機に直結するとは必ずしもいえないということが分かる。岸信介氏が政治生命を賭して仕上げた現行安保条約も、他の多くの条約がそうであるように、それを取り巻く時代状況によってその意味と機能を変えてきた。それは安保条約が時代の変化に適応してきた姿である。岸信介氏の孫である安倍晋三首相は、最近憲法第九条の解釈変更によって集団的自衛権行使を可とする閣議決定を行なったが、これは祖父が埋めようとして埋められなかった安保条約の「欠落」部分を埋めて同条約延命のための適応を図ろうとする試みでもあろう。

かくて現在の安保条約ができて半世紀余、主権国家間の防衛条約としては決して短命とはいえないこの日米安保条約は、一体どのようにつくられたのだろうか。同条約作成を主導した岸信介とは、そもそもいかなる政治家なのか。そして何よりも、政治家岸信介をして安保改定をなさしめた戦後日本とはどんな時代だったのか。本書はこれらの問題を岸氏自身の肉声を通して、「いま」という時代に語りかけているともいえよう。

今回の文庫版刊行を機に、「毎日版」に若干の加除・訂正を行なった（岸氏の証言の合間に挿入されている関係者の談話についても同様である）。インタビューや編者解説に出てくる人名等については、括弧つきの注記を大幅に増やした。ただし人名の生没年は、インタビュー終了当時（一九八二年）その人物がすでに物故している場合に限ってこれを表示し、略歴は必要に応じて代表的なもののみを記すにとどめた。なお巻末には、関連資料を付加した。

最後に謝辞を申しのべたい。岸信介氏のご親族には、今回も種々ご協力をいただいた。厚くお礼申し上げたい。本書掲載の写真のなかには、今回更新されたものも多々あるが、各種写真を提供してくださった関係者及び諸機関に深謝したい。その他多数の方々からご助力を賜った。深甚の謝意を表するものである。

本書がこうして上梓されるまでの過程で、中央公論新社の郡司典夫氏（学芸局長）は本づくりへの熱意と有能な仕事ぶりを発揮された。感謝申し上げたい。

原　彬久

二〇一四年　深秋

本書は『岸信介証言録』（毎日新聞社、二〇〇三年）を底本とした。
写真　読売新聞社／中央公論新社

中公文庫

岸信介証言録《きしのぶすけしょうげんろく》

2014年11月25日　初版発行

編　者　原《はら》　彬《よし》　久《ひさ》

発行者　大橋　善光

発行所　中央公論新社
〒104-8320　東京都中央区京橋2-8-7
電話　販売 03-3563-1431　編集 03-3563-2039
URL http://www.chuko.co.jp/

印　刷　三晃印刷
製　本　小泉製本

Published by CHUOKORON-SHINSHA, INC.
Printed in Japan　ISBN978-4-12-206041-8 C1131

各書目の下段の数字はISBNコードです。978-4-12が省略してあります。

中公文庫既刊より

さ-4-2
回顧七十年
斎藤　隆夫

陸軍を中心とする革新派が台頭する昭和十年代、「粛軍演説」等で「現状維持」を訴え、除名されても信念を曲げなかった議会政治家の自伝。〈解説〉伊藤　隆

206013-5

タ-5-3
吉田茂とその時代（上）
ジョン・ダワー
大窪愿二訳

戦後日本の政治・経済・外交すべての基本路線を確立した吉田茂――その生涯に亘る思想と政治活動を日米関係研究に専念する著者が国際的な視野で分析する。

206021-0

タ-5-4
吉田茂とその時代（下）
ジョン・ダワー
大窪愿二訳

長期政権の過程を解明。諸改革に見る帝国日本と新生日本の連続性、講和・再軍備を巡る日米の攻防、内部抗争で政権から追われるまで。〈解説〉袖井林二郎

206022-7

よ-24-7
日本を決定した百年　附・思出す侭
吉田　茂

偉大なるわがままと楽天性に満ちた元首相の個性が描き出した近代史。世界各国に反響をまき起した名篇が文庫にて甦る。単行本初収録の回想記を付す。

203554-6

す-10-2
占領秘録
住本　利男

日本史上空前の被占領、激動の日々を現場責任者たちが語る。天皇制、復員、東京裁判、アジア諸国からの亡命者たちなど興味津々の三十話。〈解説〉増田　弘

205979-5

い-118-1
昭和の妖怪　岸信介
岩見　隆夫

「政治の金は濾過器を通せ」「満州は私の作品」。伝説的政治家岸信介とは何者か。満州と日米安保。戦前戦後の断層を巧みに乗り越えた妖人政治家の真実。

205723-4

S-24-7
日本の近代7　経済成長の果実　1955～1972
猪木　武徳

一九五五年、日本は「経済大国」への軌道を走り出す。日本人は何を得、何を失ったのか。高度経済成長期を現在の視点から遠近感をつけて立体的に再構成する。

205886-6